◎ 胡桂兰 毛翠云 著

校研究网商与网络创业第一团队的又一力作

大胜网络

创业管理案例

江苏大学出版社

图书在版编目(CIP)数据

决胜网络：创业管理案例/胡桂兰,毛翠云著. —镇江：
江苏大学出版社,2008.9
ISBN 978-7-81130-054-3

Ⅰ. 决… Ⅱ.①胡…②毛… Ⅲ. 电子商务－商业企业－
企业管理－研究 Ⅳ. F713.36

中国版本图书馆 CIP 数据核字(2008)第 135812 号

决胜网络：创业管理案例

作　　者/胡桂兰　毛翠云

责任编辑/徐云峰　潘　安

出版发行/江苏大学出版社

地　　址/江苏省镇江市梦溪园巷 30 号(邮编：212003)

电　　话/0511-84446464

排　　版/镇江文苑制版印刷有限责任公司

印　　刷/扬中市印刷有限公司

经　　销/江苏省新华书店

开　　本/787mm×960mm　1/16

印　　张/18.25

字　　数/390 千字

版　　次/2008 年 9 月第 1 版　2008 年 9 月第 1 次印刷

书　　号/ISBN 978-7-81130-054-3

定　　价/38.00 元

序 一

创业激活了当今最强大的经济力量!

过去 10 年令人瞩目的世界"创业革命"已经渗透到中国经济的方方面面。沃尔玛的萨姆·沃尔顿、微软的比尔·盖茨、联邦快递的佛瑞德·史密斯等所表现出来的创造力,对世界的经济发展产生了难以想象的影响力。

网络的崛起和电子商务的发展,提供了这种机遇,推进了这种进程。

正因为如此,中国近年来电子商务获得了快速发展,不但开始走出了"网络寒冬"的阴影,而且脚步雄健地迈向网上营销的大市场,开始了网上营销的创新探索和网商创业的历程。党的十六大明确指出:要放手让一切劳动、知识、技术、管理和资本的活力竞相迸发,让一切创造社会财富的源泉充分涌流。本书记载的许多案例,就是这种迸发和涌流中的几朵浪花。透过这几朵浪花,我们不仅可以窥见网络的惊涛、网上掘金的艰难,还可以感受到网上商业资源的富有,以及网络帮助实现买家和卖家之间最短路径连接,以最快速度成交买卖,从而推动生产力跳跃式向前发展。

本书中的 16 个案例,真实而又亲切。

无论是探寻到网络与传统产业交汇点的陈伟,还是意识到网络魔力和价值的"拖鞋王子"黄木华;无论是面对网上价格战能打出金庸小说里"七伤拳"的网商小姜,还是能让"皇朝漆"这朵民族奇葩崛起的何伟;无论是"常将有日思无日,莫待无时思有时"的主动进取精神,还是"静坐无所为,春来草自青"的管理理念;无论是最早意识到手表收藏功能及文化内涵的商业嗅觉,还是"发现新需求,并对各种商业元素进行融合,将导致商业模式普遍改变"的商业创新意识:这一切,真实地记录了这些网上创业者初入商海时探索的脚步和认知的觉醒。

特别是《袖珍姐妹花的不袖珍人生》,真实地记录了阮彦君、阮鲜花这一对"袖珍姐妹"从梦断北京求学路开始的 9 年艰难生活历程,生动地说明是一个淘宝小店给了她们生活一片新的蓝天,让这对袖珍姐妹找到了人生的新支点。

以上这些网商的成长经历,代表当今网络经济发展的走势,反映新一代网商的崛起和奋进,折射新一代网络创业者的智慧和活力,提供网上创业管理的鲜活案例,一定会给我们很多启迪和警示。

本书的案例告诉我们:创业需要专注。

网商王晔在 4 年中,为了一个目标,一次又一次地与诱惑和机遇擦肩而过。他放弃了很多可以即得的利益,坚持"百年成一事",专心打造自己的网上金牌店。正是这种专注,这种执著,才锻造出闪闪发光的网上金牌店。

本书的案例告诉我们:创业需要管理思维创新。

"大宅门"中白景奇毅然放火烧假药,让所有药行提高诚信经营意识;"三创农民"出于对质量严格把关,竟然也烧掉了自己不合格的产品。正是这把火,烧出了"没有质量就没有市场"的意识,在员工中树立了"从我们手下出去的每一个产品都应该是放心产品"的崭新理念。

本书的案例告诉我们:诚信已经成为网上创业的一种战略资源。

"柠檬绿茶"和"诚信666"都是靠诚信崛起的十大网商之一。诚信,已经成为这两个网店崛起的金钥匙和创业的聚宝盆。这说明建设社会诚信体系对于发展电子商务和网络经济来说很重要,"诚信"已成为网络企业一种重要的战略资源、一笔重要的无形资产,为企业带来滚滚的财源和无尽的商机。

本书的案例还告诉我们:创业需要有风险经营意识。

创业,是在激情和风险的浪尖上跳舞。风险经营意识和风险管理历练,将是新一代网商商业品格的锻造和人格魅力的冶炼。无数网上创业者勇于正视风险,科学地迎战风险,适时地规避风险,巧妙地转嫁风险,提升了风险经营能力,找到了化解网上经营风险的最佳方法。

本书的可贵之处在于,作者没有停留在对创业者心音脉动的寻踪,没有满足于对创业者艰难历程的描述,没有止步于对创业者感人事迹的讴歌,没有简单地记录一代网商成长的足迹,而是以深邃的眼光、独到的视角、理性的思索去探寻、去挖掘、去提炼、去升华,捕捉在那些浮光掠影的东西之下的重要的创业管理内涵及价值。

本书之所以沉甸甸的,是因为这些案例朴实而厚重。

本书大量鲜活的网上创业案例说明:创业不仅为知识增量、能力提升、展示自身价值提供了极好机会,还是我们从"滩头原生态竹林和岩石夹缝里的御泥开发中",探寻如何在创业实践中"调节代谢的平衡,吸附产生细菌的污垢",锻造欢腾的创业团队并使之崛起的大熔炉。

看完本书,您会得到愉悦和鼓舞:因为,网络已经向无数有志者敞开大门。只要您抓住人生崛起的支点,像本书案例中的创业者那样,扬起生命的风帆,灿烂的明天、美好的未来就一定会从网络中向我们走来!

中国信息经济学会电子商务专委会副主任　王汝林

2008 年 8 月于天津

序 二

　　在管理类人才培养类型上,高校需加强与完善创业教育,培养创业型人才。自主创业不仅是学生自主就业的重要途径,更是学生成才的重要模式。早在 1998 年 10 月于巴黎召开的世界高等教育会议上就有人明确提出这样的观点:"高等学校,必须将创业技能和创业精神作为高等教育的基本目标,为了方便毕业生创业,高等教育应主要培养创业技能与主动精神",要使高校毕业生"不但成为求职者,而且成为工作岗位的创造者"。联合国教科文组织在"面向 21 世纪教育国际研讨会"上要求把创业能力提高到与目前学术性和职业教育同等的地位,提出了学生学习的"第三本护照",即有关创业能力的"证书"。

　　当电子商务变成互联网经济的主流时,如何在新的经济模式下进行新的商务运作、新的商务管理、新的商务创新思维,才能赢得创业的平台和机遇?

　　本书用典型案例予以解答:创业者借助电子商务,经营化妆品、健康食品、拖鞋、高档手表等产品,"三创农民"开创"农村包围城市"模式,"天香堂"在一年多时间内发展成为淘宝网药妆第一自主品牌、华南网商第一店;"星月交辉"从 5 000 元开始创业,每月销售额达 10 万,成为"一朵"的网络第一店;"痞子杨"开办奢侈钟表店(奢侈钟表,网络销售中最不看好的产品之一),一举超越其他店,跻身淘宝网钟表类大卖家之行列;"柠檬绿茶"在短短几年时间内通过网络成为中国 C2C 第一店;一对袖珍姐妹,从家乡走到北京,经历人生的酸甜苦辣,通过网络创业走出人生的困境;等等。

　　创业者创业历程不同,创业对象不同,创业定位不同,但都折射出创业者对创业的热烈渴望、对创业过程中面临一系列挫折和困难所表现出来的坚忍精神、对经营管理工作的创新意识。他们探索出来的创新成果如下:通过网络探索营销新模式和销售新方式,通过网络把劣势变为后发优势,在经营方面把员工培养成为连锁店老板,等等。

　　本书为读者展示了在中国电子商务的大潮中许多中小企业在网上定位产品、走销市场的成功经验,为读者展示了创业与创新的新舞台——活力无限、魅力无穷的电子商务。虽然创业者在网上用的营销方法不同,但他们的成功案例都证明了这一点:电子商务造就了新经济形式。"网商"已成为新的商人群体的一个代名词,他们正以强大攻势出现在主流商务世界里;这是互联网时代"网民—网友—网商"演变过程中出现的一个意义重大的新鲜事物。虽然这一新鲜事物的出现只有短短的几年时间,但是我们时时刻刻感受着他们创新突破的营销方式、艰苦奋斗的创业精神、心系天下的社会责任感。当一代代"网商"正在中华大地崛起之时,让我们衷心祝福他们:一路走好!

我们衷心希望,高等院校的学生,特别是工商管理学院的学生,应该耐心地、认真地读一读这本书,学会创新的学习、创新的思考,创新地去分析问题、解决问题,为培养具有"创新、创业技能"新"证书"而努力。

教授、博士生导师

2008 年 8 月于江苏大学

目 录 Contents

第一章

黄金搭档之"三创农民"的网络营销奇迹^①

摘　要：本案例全面记述"三创农民"创业合作历程,他们合作创造的"三创农民"模式、农村包围城市的模式以及为实现领跑电子商务的目标而不懈努力的过程。

关键词：创业　诚信　服务

---

①　本案例是江苏大学工商管理学院教师胡桂兰收集整理编写而成。未经允许,本案例的所有部分都不能以任何方式与手段擅自复制或传播。本案例授权中国 MBA 培养院校案例中心共享使用。由于企业保密的要求,本案例中有关细节作了必要的掩饰性处理。

引言

> "如果没有一个成员在乎是谁得到荣誉,那这个团队将会取得惊人的成绩。"
>
> ——美国著名篮球教练约翰·伍德恩(John Wooden)

2008年6月24日上午,中国互联网络信息中心(CNNIC)发布《2008年中国网络购物调查研究报告》,当中的数据显示2008年上半年中国网络购物金额达到了162亿元人民币。2007年淘宝网实现交易额300多亿元,2008年的目标是1 000亿元人民币,随着网络购物的发展,网络购物市场的未来前景无限美好。网络经营者在多年的经营之后,已经比较理性,知道在我国网络购物的发展中应该做什么和如何做。没有人怀疑我国网络购物会发展成为互联网应用的一个重要方面,也没有人怀疑网络购物未来巨大的市场规模和美好发展前景。根据iResearch艾瑞咨询最新推出的《2007—2008年中国网络购物行业发展报告》数据显示,2007年中国网络购物市场规模为561亿元,同比增长117.4%,艾瑞咨询分析认为这主要得益于占据市场交易份额绝对优势的淘宝网在2007年交易额的大幅增加以及垂直类B2C电子商务市场的快速增长。艾瑞咨询预计随着2008年奥运会的召开及百度等新进入者对市场发展的拉动,网络购物市场将继续保持95.0%的高速率增长。考虑主要影响未来3年中国网络购物市场发展的因素,总体而言,利好因素多,影响也大,因此艾瑞咨询预测,至2011年中国网络购物市场规模将达到4 060亿元人民币。

有一个团队,他们渴望能成为网络购物的领跑者,渴望能够创造新的传奇,他们是谁呢?

2005年,他们因为淘宝网在长沙的一次大型活动而相识,并首次合作且取得了良好的效果。他们用电子商务让梦想起飞,他们试图掀翻一个行业规则,创造一个全新规则,渴望创造一个新的行业,领跑电子商务行业,他们就是"三创农民"。

"三创"本名吴立君,因为经历三次创业,最后落户淘宝,所以取名"三创",自喻人生需要不断的创业,不断的追求和不懈的努力。"农民"本名戴跃锋,因为出身农村,并要大力发扬农民的憨厚品质,所以取名"农民"。

他们有一个共同的梦想:利用网络拯救和推动民族品牌的发展。他们已成为网络第一承包商,他们的最终目标是领跑电子商务行业。

　　他们3年3个步伐、3个台阶、3次飞跃,创造了黄金搭档的奇迹。从化妆品到农产品,从双人搭档到团队领航,从四处招聘到被猎头公司物色,奇迹在他们领导的团队中一次又一次出现。他们告诉我们:团队的力量就是让平凡的人作出不平凡的成绩。

发展历程

　　2004年,戴跃锋在淘宝网卖二手笔记本。

　　2005年7月,戴跃锋组织湖南淘友20人左右在长沙南方明珠大酒店聚会,同时进行淘友间的当面交易,结识了吴立君。

　　2005年7月,吴立君专职在淘宝作二手办公设备卖家,吴戴二人初步合作。鉴于二手笔记本电脑的局限性,他们开始考虑逐渐放弃这个项目而开发自有品牌。二人事迹受到《三湘都市报》、湖南卫视等媒体报道。

　　2005年11月,吴戴二人组织第二次湖南淘友大聚会,参加淘友达50余人。恰逢淘宝即将联手湖南经视举办淘宝"超级买家秀"节目,吴戴二人承担此次活动直播现场的组织工作。

　　2005年12月24日,淘宝"超级买家秀"冠军产生,淘宝总经理孙彤宇以及其他淘宝高管亲自前来颁奖,同时为吴戴二人颁发"优秀组织奖"。

　　2006年,吴戴二人发起成立淘宝网湖南商盟,9月湖南商盟获批,吴戴二人分别成为

正、副盟主。

2006 年 10 月 5 日,湖南商盟正式举行开盟大会,湖南各地市级淘友 150 余人到会。戴跃锋在湖南商盟开盟大会上发现已做电子商务但仍处于摸索阶段的"御泥坊"公司。

2006 年 11 月 8 日,吴戴二人与"御泥坊"达成合作协议,三方共同出资进行合作——滩头御泥有限公司负责生产,吴立君和戴跃锋负责市场开发和销售。

2006 年 12 月,第一批货由于质量问题被烧,"三创农民"秉承坚持质量第一的理念,之后高调在长沙南方明珠国际大酒店(四星级)召开新闻发布会,省市县各级领导均有参加,多家媒体予以报道。

2007 年 3 月 8 日,御泥坊旗下的网店正式开业,此时真正属于自己的产品只有 11 件。10 天后成功升三心。

2007 年 9 月,御泥坊公司结识怡情源茶叶品牌,出于打造一支全国优秀网络营销团队和立足一个具有长远生命力行业的理念,与"怡情源"达成合作协议。

2007 年 11 月 28 日,怡情源淘宝店"三口农茗"正式上线,并开展活动,1 元包快递,获得极大反响,引起轰动。5 天升钻,55 天升冠,刷新淘宝信誉增长速度记录。

2007 年 12 月 24 日,"御泥坊"荣获 2007 年度淘宝网化妆品终评榜最佳面膜奖,2006 年度最佳面膜奖获得者——国际品牌贝佳斯屈居第二。

2007 年底公司总经理考虑到团队对公司 2008 年目标信心不足,郑重承诺:若 2008 年公司目标未实现,总经理将本人 2008 年全年工资全部摊给 2007 年在职员工,显示出公司高层的极大信心。

2008 年 3 月 22 日,随着公司规模的扩大,公司整体迁入新办公区,办公场地从一年前 50 平方米增扩到 600 平方米,团队成员从一年前的 2 人增加到 20 人。

2008 年 4 月,"御泥坊"全面在淘宝投放广告,单天发单量高峰突破 1 000 票,单项目一季度同比增长 1 058%。

2008 年 6 月,公司由长沙百拍网络科技有限公司更名为长沙御泥生物科技有限公司。"三创农民"正式兼并"御泥坊"品牌及其生产基地,"御泥坊"通过网络口碑传播而成长为网络主流品牌之一。

2008 年 6 月 18 日,鉴于前期"三口农茗"的良好业绩,怡情源公司董事长无条件主动提供 100 万人民币的成本价产品。公司再次在淘宝网追加广告,形成公司主营店铺广告在工作日连续一年不间断投放态势。

2008 年 6 月,公司规模再上新台阶,一线销售员工人数增至 37 人,公司团队总人数达 50 余人,拥有自有品牌和代理品牌各一个。

团队经过一年发展,2007 年进入公司的成员,均进入管理层并持有股份,公司 30% 以上员工持股。

现在他们制订的 3 年目标是:公司与合作单位共同上市,一个亿的销售额,一个中国电子商务行业领跑的团队。

"御泥坊"辉煌百年,艰难今日

"御泥坊"是一个以独有矿物泥浆面膜及纯手工吸油面纸为主打产品的特色品牌,原料来自湖南省滩头小镇。滩头,一个湘西边陲小镇,始建于隋朝,是全国 72 个古镇之一。"漫山遍野的楠竹、清澈见底的溶洞溪水和古朴淳厚的民风"是国内外游客和记者对它的一致评价。国家首批非物质文化遗产——滩头年画、滩头香粉纸、滩头御泥被称为"滩头三绝"。滩头年画及香粉纸的加工都需要滩头御泥作原材料。

滩头原生态竹林中有大量的竖式夹层结构花岗岩。花岗岩夹缝中,夹有薄薄一层泥块,这就是神秘的御泥!经清华大学分析中心等多家研究机构实验分析得出结论:滩头矿物泥浆富含 21 种人体必需的矿物微量元素。滩头矿物泥浆不但具有显著的吸附污垢、收缩毛孔、美白嫩肤、抑制细菌生长的作用,而且能有效改善机体的生理生化状况,干预细胞信息的传递,调节代谢的平衡,松弛神经,抗疲劳,延缓皮肤衰老等。为保持大山的原生态环境,泥块的开采全部由村民人工挖掘,用古树芯特制木棒人工敲打去杂质,反复 5 次以上后,倒进大池,放入山泉水,反复物理沉淀去除泥及杂质,取悬浮在水中的泥浆,经 6 个月以上自然物理沉淀,沉淀在底层的泥浆便是村民们用来护肤的佳品,也是御泥坊用来加工护肤产品的半成品,此加工过程未添加任何防腐剂、香料、色素等。

一百多年前的清代,滩头御泥就凭借独有的天然优势远销海外。由泥发展而来的吸油面纸拥有上百年的生产历史,曾得到以挑剔出名的慈禧的喜爱,民国期间出口到欧美等地,如今半成品出口到日本等国,是风靡一时、辉煌一时的百年品牌。但如同很多其他民族品牌一样,在小农经济难以扩大生产的现实情况下,小作坊式生产、内部无序竞争导致利润微薄,最后在工业化的逼迫下逐渐走向了衰落。滩头御泥的家乡人期望能让她复活,可是资金缺乏、人才缺乏、交通闭塞、信息闭塞,种种因素使这个想法在美好的愿望和艰难的现实之间徘徊。

土生土长的"御泥坊"CEO 刘先生从父辈那里耳濡目染了关于滩头御泥的"疗效",渴望通过现代技术让这块历史的瑰宝重放光彩。在刘先生的不懈努力下,2006 年,采用滩头御泥生产出的护肤用品正式以"御泥坊"注册商标推向市场。护肤品市场竞争激烈，虽然御泥坊是很好的产品，但是由于种种原因，一直没有完全打开市场。公司后来抱着试试看的心态将产品放在淘宝网上卖，但由于网络不是销售重心所在，精力投入有限，因此网上的经营也没什么成效。

怎么办呢？难道让这个中华民族的瑰宝就此消失不成？

结缘民族品牌御泥坊，网络三叉金颉

2006年10月戴跃锋在湖南商盟"开盟大会"上认识了一位大会赞助商，第一次见到御泥坊的产品。他马上觉得这个产品不一般，回去专门搜索了一下相关资料，知道此产品不仅曾作为贡品献给慈禧太后，而且远销欧美和日本，至今半成品仍出口到日本、韩国等地。他马上想到：一个很有特色的产品，为什么只能出口半成品呢？地处大湘西，信息、交通不畅通，营销、资本、人才缺乏是关键！他想，如果能通过网络来推广，那么该产品应该很有前途。凭直觉，戴跃锋觉得这是个好项目，不过谨慎的他还是仔细了解了所有情况后，让自己的朋友吴立君一起来决定是否做这个项目。在创办长沙三创网络科技有限公司前，吴立君最初在一家生产显像管玻璃澄清剂的企业工作，曾带领团队攻克了行业内一个世界性难题，有比较丰富的化学知识，同时也有丰富的创业经历，三次创业，落户淘宝后生意兴隆。经过调查研究，吴立君也相当看好这个有悠久历史的产品，两人一拍即合，随即向"御泥坊"的掌门人刘先生提出了他们的合作意向。

"当时他们的精力主要放在泥浴山庄的经营上，护肤品只有最基础的洗面乳和面霜等3款，而且对网上经营没有经验，我们分析觉得这是销量不高的原因。"正在为此发愁的刘先生获悉他们有这个合作意向时表示了赞同，之后进行了谈判。短短一个月的接触，厂家从怀疑到看好，从犹豫到坚持，从摇摆到稳定。2006年11月8日，双方达成了合作协议，由三方共同出资金进行合作，滩头泥浴开发有限公司负责生产，戴跃锋和吴立君负责御泥坊产品的市场开发和销售，按批次返给厂家固定收益，双方共担风险。就这样，网络"三叉戟"开始征战护肤品市场。

烧产品烧出质量

"三创农民"接手后的第一步不是卖东西，而是烧产品。第一批产品运到长沙后，细心的"农民"发现其中的面膜产品颗粒不均匀，虽然质量没有大问题，但是影响整个品牌的定位与声誉，于是"农民"主张一把火烧掉。老股东很不理解，他们中一部分人认为就是网络卖卖而已，没什么大不了。但"农民"清楚质量就是生命，是发展的保障。最后"三创农民"自掏腰包烧了这些不适合市场运作的产品，并在烧产品的会上明确说明：以后产品不符合市场需要的，他们还会继续烧。

这件事情让笔者想起红顶商人胡雪岩。在经营中他的竞争对手以次充好，以假乱真，拼命降价，而胡雪岩却说真货不二价，并且放火烧虎骨，用火烧虎骨的举动证明自己的虎骨是真的。此举让竞争者败北，也使胡庆余堂名声大振。与胡雪岩的处境不同，"农民"并非是迫于竞争者的恶意价格战，而是出于对质量的严格把关，此举说明了在"三创农民"心中质量占据重要地位。"农民"说："质量是企业的生命线，没有质量就没有市场，而且一家公司没有强有力的质量管理文化背景，也不足以抵挡任何短期或长期的危机，更不可能长久生存。遍览那些基业长青的企业，质量都是过硬的。尤其对于化妆品、护肤品，关系到面子工程，更要注意质量，丝毫不能马虎大意。"企业产品质量的好坏，最终是由用户来检验的，质量好的产品才能深得用户的青睐，才能占领市场，企业才能得到发展；反之，企业就无法生存。所以"农民"的做法确实值得称道。

接着他们又做了一件老股东不理解的事：大张旗鼓地召开新闻发布会。一个湘西小镇的企业有了新动作，还要搞什么新闻发布会，又求领导又花钱，而且是在省城星级酒店召开。请那么多人参加，预算费用就好几万。老股东非常不理解，但"农民"说这样做是为了提高影响力，告诉大家：我们有诚信。

"三创农民"模式

新闻发布会搞完之后，老股东想，你们现在应该开工干正事了吧！开工是开工了，但却不是传统的开工方法。招各地区代理、开专卖店、去商场铺货、进美容院，他们一样没做，却从网络入手开了个网络小店。很多人跟他们的老股东一样，不相信马云说的："多少年之后，只要做生意就要通过网络！"

很多人不相信马云说的，是因为我们习惯了相信巷子里卖豆腐脑的大婶，整天在楼下吆喝着给你磨菜刀的大叔，他们这辈子是不会通过网络来卖豆腐脑、磨菜刀的，他们只想做这条巷子的生意，只希望其他人不要来这条巷子卖豆腐脑、磨菜刀。"三创农民"绝不仅仅只是卖豆腐脑和磨菜刀，他们的梦想是利用网络开发新的商业模式。如果传统路线把一个产品送到真正用户的手中需要 1 元钱,那么通过网络应该是 1 分钱,甚至是 0.1 分,这就是"三创农民"的梦想。让网络改变生活,让创新铸造传奇。

"我们目前着重发展网上市场。"戴跃锋很直接地表明了御泥坊的经营方向。虽然传统营销认为,通过美容院将产品介绍给它的消费者是不知名的护肤品进入市场的一条"捷径",但相对于开拓传统渠道的高昂渠道成本以及营销费用,网络渠道是御泥坊低成本、高速度推广的唯一"捷径"。现在网上购物的主力军是年龄在 23 ~ 37 岁的女性,这个群体对护肤品的需求非常旺盛,而且她们也愿意尝试新鲜的产品。更重要的是,目前的网络购物仅仅是个开端,选择网络购物的人相对于中国国民人数来说还是相当少的,这个比例可能只有国民人数的 8%。随着网络的蓬勃发展、迅速发展,甚至是飞速发展,他们积累起来的信用将引导更多的人选择这个天然产品。在戴跃锋看来,御泥坊产品本身独特的原料配方以及历史底蕴是它与其他产品区分开来的最好特质,尤其是在如今追求自然健康的大趋势下,这个产品一定会得到顾客青睐,并且路将越走越宽广。这个完全依靠网络、依靠新型电子商务工具来推广的模式被称为"三创农民路线"。

一个网店与它的产业链

2007 年 3 月 8 日,"御泥坊"在淘宝网正式开业。作为厂家旗舰店,真正属于自己的商品只有 11 件,10 天后即 3 月 17 号成功升三心,卖出 190 个宝贝,总交易额达 80 141.19 元。当周在类别"彩妆/香水/护肤/美体"的支付宝交易额中排名为第 105 名,有 35 个橱窗位,但只有 18 件宝贝。截至 3 月 20 日晚上,交易额突破 11 万。7 个月时间,以不到 20 件宝贝成功升为五钻。特别值得一提的是,在淘宝网同一个页面的促销活动中,"御泥坊"与很多国际大品牌放在同一位置进行销售,销售单价也在同一个档次,结果却大不相同,一期活动下来,"御泥坊"的面膜一般销售 300 瓶左右,最高销售到 700 多瓶,而其他国际大品牌却是在 20 件左右。

"御泥坊"在网络能够迅速走红,其中一个很重要的原因就是利用了网络的开放性、互动性。作为新型的市场和一个超大容量的虚拟市场,它为数量众多而又分散的微观经济主体提供了一个便捷、低成本的交易场所。在该交易场所内,开放的环境让经营者选择的空间无限巨大,选择的范围无限宽广。也正由于这一开放性,使传统的民族品牌摆脱了以往的"好酒深在巷中无人识"的状况,开始走出深闺,走向世界。

随着网店销售额的高速上升,加工御泥坊产品的整个产业链发生了质的改变。"农民"在 2007 年 12 月说,由于原材料的特殊性,现在已经开始牵制他们产品开发的步伐。根据他们现在市场成几何倍数增长发展的状况推算,保守估计在近 3 个月内需要消耗矿物泥原材料 100 吨左右。同时,该泥从开采到加工提炼成化妆品级的泥浆耗时需要 6 个月左右,所以现在他们在一个月时间内至少需要准备好 300 吨到 500 吨原泥,而一个农民一天只能够开采 100 千克左右原泥,单开采这一道工序就需要 100~170 个农民连续开采一个月;接着就是敲打去除杂质(据湖南卫视《晚间新闻》报道:把泥块敲碎去杂质的过程应纯属手工操作,以保证泥的品质),为了生产出好的泥浆,公司在全镇"招兵买马",这一过程同样需要 100~170 个农民连日敲打一个月以上;接着是沉淀与提炼成泥浆,这道工序仅时间上就需要 5 个月。另外就是他们的特色产品吸油纸的生产时间。据中央电视台报道,从竹子加工到看似有点粗糙的纸也是纯手工完成的,然后在纸上刷矿物泥浆,一张张刷,一张张凉,再收下来,一张张刮,刮了又刷,刷了又凉,"刷——凉——刮"这个过程需要反复 5 次以上,"而且不能够出错,一次出错就全部作废了!"这是当地民间艺术家钟海仙在接受采访时说的。这么一算,笔者当时就傻了!一个网店单在产品原材料初加工上就解决了好几百农民的就业问题!然后还有成品加工、包装、运输、销售等一系列工作……天啊,一个网店竟然直接解决了上千人的就业问题,而原来从事上述工作的人员加起来不到 30 人,事实证明一个网店让整个产业链发生了质的变化,让当地经济找到了新的发展思路,让这个民族品牌从死亡的边缘再次找到了希望!

一个网店启动一个品牌

由于市场反应比他们预期要好,"三创农民"开始了战略大转移的第一步,从开发试探市场阶段进入了快速发展阶段,销售分公司搬进了 5A 级写字楼,同时"招兵买马",快速发展。

"农民"认为,目前生产环节是他们的一个瓶颈,主要原因是原料开采过程一时跟不上,为了保证原汁原味,他们的产品全部是人工开发和物理加工,这样才能保证其产品的天然性,这样一来,就限制了进度,无法与高速发展的市场接轨。但是正因为这种瓶颈和一定程度的限制,确立了他们的长效发展;产品的特殊性奠定了市场的独有性,原材料的稀缺性也决定了市场开发渠道的不同;在 Web2.0 已经成熟、网络贸易高速发展的今天,通过淘宝一个小店启动一个品牌,对于这种民族特色产品来说,已经开始演变成现实。正如淘宝网总经理孙彤宇所说:"他们正在用爬的姿势完成飞的过程!""三创农民"就是他们中的代表。

"御泥坊"产品渐渐在网上打开了销路,原来的办公场所已经很难适应发展需要,3个月后,从原来的办公场所搬到了长沙火车站附近的凯旋国际写字楼。这里交通方便,物流发货便捷,代理商来洽谈业务时也方便。

无论是赠品派送,还是网上选代理,"三创农民"让"御泥坊"这个品牌真正在网上扎下了根。然而在这背后,"御泥坊"本身也在经历不断的发展。网络为这个老品牌找到了重生的平台,但"三创农民"接手时"御泥坊"仅3款产品的现状还是让他们感到棘手。这时,熟悉市场的吴立君、戴跃锋与熟悉生产的滩头泥浴开发有限公司开始发挥专长,通过他们前期的市场调研,现在已经开发出60多个产品。滩头泥浴开发有限公司刘先生坦言,要是没有这次合作,就不会有这些新产品的开发,他们公司也很有可能倒闭!

生意红火了,原来的人手实在难以应付,坚持走"线上经营"的他们自然通过网络来选代理商。想当他们的代理商却并不是一件容易的事情,因为需要考试。"对这个品牌我们已经付出了很多心血,因此我们对代理商的选择会很严格。"吴立君认为:"这个考试是希望那些想成为'御泥坊'产品代理的店主能有一个清晰的经营思路,相互理解,这样大家才有共同合作下去的前提。"目前在淘宝上"御泥坊"已有近100家地区核心代理商。"御泥坊"这个有上百年历史的民族品牌开始渐渐复苏。

"农民"在这个时候开始转移到幕后作战略策划,前台工作包括代理洽谈等全部移交给新雇员。"三创农民"及其运作的"御泥坊"品牌在短短的7个月时间内,先后受到CCTV2、CCTV6、CCTV7、湖南卫视、长沙电视台、隆回电视台、北京《电子商务世界》杂志、《深圳青年》杂志、上海《东方早报》、《潇湘晨报》、《三湘都市报》、湖南电台经济频道等多家媒体关注。

从网络第一承包商到网络购物业第一领跑团队

小企业小品牌,在发展前期,首要任务是求得生存,但是在求得生存的同时,也要把眼光放长远,要考虑企业的长远规划或者企业远景,这个事情,其实是"磨刀不误砍柴工"的。

毛主席在打仗前就已经考虑好了第一仗、第二仗、第三仗以至最后一仗怎么打,总是成竹在胸,"没有全局在胸,是不会真的投下一枚好棋子的"。"三创农民"同样如此。与毛主席同为湖南人的"三创农民"一直建议笔者看一本书,叫《湖南人凭什么》。虽然到目前为止,笔者还没看,但是能理解其间所体现的湖南人的霸气与勇气。在一个大家都坚持做大做强品牌的年代,"三创农民"逆常规而行,他们要把自己打造成为中国第一承包商,要在电子商务领域领跑。传统的人们都害怕冒进,害怕枪打出头鸟,"农民"则不然。他总是选择自己的选择,坚持自己的坚持,经商于他们已经成为乐趣,成为生活的必需,而不是单纯的金钱需要。

做企业,做品牌,预见至关重要,一旦没有预见,也就等于没有规划,常常会出现走一步算一步,甚至最后艰难到走不下去的局面,虽然也有一些小企业能走出困境,但无论如何,不确定远景的小企业和小品牌,最后都摆脱不了一些关键性问题的困扰。所以,对于小企业小品牌,确定远景成为关键性的一环。

企业远景也叫做愿景,它表明了企业的性质、长远目标和经营理念。它是企业存在的价值,成果判断的标准,是整个企业的核心信仰,更重要的是表明了企业将来的方向,而这些都和企业的创建者有着非常密切的关系。

日本松下电器的创始人松下幸之助曾经讲到,中层经理一旦进入松下,就会被告知松下未来 20 年的远景是什么。首先告诉他松下是一个有远景的企业;其次,给这些人以信心;第三,使他们能够根据整个企业未来的发展,制订自己的生涯规划,使个人生涯规划立足于企业的发展远景。

如果一个企业有远景,员工就会追随它,而且也不会迷失方向。"三创农民"的企业是十足的小企业,小到目前的员工只有 50 多人。他们经营的"御泥坊"产品来头却不小,一个有着百年历史的民族品牌,一个曾经一度辉煌的品牌。一旦衰落,其间多少无奈。当一切落定后,两个年轻人,"三创"和"农民",走上了舞台,承担起推广这个民族品牌的责任与重担,有几分激荡的民族荣耀的情怀,有几多复杂的感觉,当然更有商人的远见与机敏。网络帮助这个名不见经传的小小"三创农民"店找到了延伸的空间和舞台,大手笔、善营销的"三创农民"销售三把火一挥而就,捐一分送二十,6 个月无条件退货支持,火爆招代理,销售额很快突破 18 万,几天后销售额突破 40 万,代理突破 50 多家;之后是搬家,招聘新员工,在紧锣密鼓的活动中迅速发展企业规模,"三创农民"始终没有忘记的是,企业发展的前途和远景。渴望打造成为中国第一承包商的他们,一直在朝这个目标努力,而今天他们已经实现了这个目标了。下一步,三创农民希望领跑电子商务行业。

我们一定要做行业领跑团队

笔者就成为行业领跑团队提出了自己的疑问。"农民"告诉笔者:"区域是在中国,行业是网络购物,领是领导,如果想领导就必须靠跑,不能靠走,所以是领跑,我们靠的是团队,不是个人,不是公司,也不是销售额,因为这个行业高速发展,我们无法确定3年后是怎样的,但是只要我们的团队是领先的,其他的一切不是第一也会是第二,追求团队领先可以避免短期行为。所以我们不追求销售额,也不追求利润。把团队的能力放在第一,大家都有一个共同的使命。当我们团队中每一个相应岗位的人做到在中国这个岗位保持领先地位的时候,我们这个团队自然就领先了。所以我们现在只需要做一件事情,就是'团队中每一个人把自己的能力提高到本岗位在中国行业中的领先水平'。因为目标很简单,所以容易实现。我们不需要太多的目标,只有一个简单目标,而且团队价值与个人价值得到了有效结合。"

"农民"强调,他们这个团队一定要成为一个学习型团队、合作型团队、高效型团队。他们努力在团队内部形成一种学习力,帮助员工提高技能及综合素质;从员工进来的那一天起,他们就着手从各个方面进行培养与培训,并且形成一种约束力,使员工在潜移默化中与公司同成长、共命运。

他们的店铺文化是服务文化、团队文化、品质与历史文化。服务上,他们认为,如果世界上只有一种人是永远正确的,那么这种人是顾客。"对于团队,顾客永远是第一的;对于公司,团队永远是第一的。"戴跃锋用一句很简单的话给笔者解释了公司、团队、顾客三者之间的关系。

在团队发展上,他们坚持走团队创业之路,把小公司当作家来经营,人人是主人,现有30%的成员通过不同形式拥有股份,曾经以一元拍的形式把公司价值15 000元人民币的股份在员工内部进行拍卖,员工最低出价515元拍下一份,最高出价1 050元拍下,总共拍出5份。最值得一提的是,"农民"讲到他们的食堂。为了大家的身体着想,为了卫生,员工轮流与食堂负责人专门去麦德隆超市采购米、油、菜。

对于公司而言,他们的企业文化就是"产品即人品"。企业倡导什么样的理念,跟企业领导人相关。因此领导们真诚待人,真诚对待每位顾客,以创造美丽绿色生活为己任。Natural Life! Natural Beauty!

笔者问"农民",你们能实现这个梦想吗?最简单地说,目前C2C第一网店是"柠檬绿茶",你们怎么有可能超越他们呢?"农民"告诉笔者,通过他们参加上海、杭州一些大卖家交流会的情况来看,他们团队已经在某些方面超越了"柠檬绿茶",光打包而言,已经实现一人一天300多个包裹的效率。他们相信,在和谐的团队氛围里,在大家拧成一条心的前进道路上,只要管理目标明确,责任分工到位,就一定能实现梦想,只是时间早晚的问题。

团队建设

2007 年,"农民"开始招聘员工,有一点要求特别引人注目:勤奋好学,吃苦耐劳。(此要求非常重要!如"我们每天需爬 31 层楼,非吃苦耐劳人士免入"。)笔者感到奇怪,如此非同寻常的广告,能有几人应聘?于是问"农民"有几个人来应聘。他告诉笔者,5个职位来了 500 多号人;再问他,你这个瘦弱身板能爬上 31 楼吗?他骄傲地说,天天我第一。笔者再问,能坚持下去吗?他说他们已经坚持 5 个月了,从未间断过!早上来上班,第一件事情就是大家在楼下集合,一起爬楼。这个已成为公司文化的一部分。有很多意思在里面,比如,你认为坐电梯是最好的,拿他公司的员工作个对比,用行动来对比:电梯唯一的优势就是节约了几分钟时间,但空气不好,人人都坐着,资源有限;爬楼不需要等电梯,不怕停电,又节约了有限的资源,虽然每天多花了几分钟,但上天会多给你几年人生,因为你锻炼了身体,节约了能源,还培养了团队的合作精神,增加了交流的深度和广度。更重要的是,可以领悟一些道理:从长远来看,有些大家都在走的路,不一定是正确的。所以,他总在做一些和别人不同的事情,走自己独特的道路。"三创农民"把爬楼当作企业文化的一部分,一个锻炼身体与意志的好方法,他们觉得爬楼可以节约社会资源,可以培养战斗情谊。这个爬楼活动,让笔者想起南方李锦记集团的澡堂文化,大家都一起洗澡,彼此什么都坦诚公开,不用掩饰,不用伪装,不必顾及彼此的职位高低,却真正地凝聚了企业的人心。笔者相信,这个逆常规而行的爬楼活动,将成为"三创农民"企业中极为重要的凝聚人心的举动的一部分。

"农民"说,再进一步来看,网商看起来日益风光,但是大家的身体素质却由于长期不活动而呈现整体下降趋势,尤其是颈椎病越来越突出,所以良好的身体是员工的第一要素,为了公司的发展和未来,必须强化意志与锻炼身体,现在在他们新办公区,乒乓球、羽毛球、篮球、象棋、跳棋、围棋一应俱全。

新员工进入公司,一般培训一周时间,内容包括公司文化、团队使命、产品知识、销售技巧、岗位流程及公司制度等,主要通过 PPT、管理层分享、现场演示、游戏等方式进行,目的是强化新员工的学习能力、团队精神、主动意识等,考核随机进行,目前的阶段着重培养大家的积极性。一旦进入,就真正当作一个团队成员来带,满足团队成员多样化需求,包括归属感、成就感、荣誉感、认可度以及物质保障。

留住"海龟"员工

更有意义的是,"三创农民"曾经招聘了一个"海龟(归)",每月只拿800元薪水,一个现在睡在阳台上面的"海龟"。之所以能留住"海龟",应该有很多方面因素,最重要的是"海龟"对"三创农民"的价值观、理念、企业文化认同与欣赏。

首先,"三创农民"公司有明确的战略发展目标,让所有的人感到公司有前途、有希望、有方向。"海龟"看中远景,期待创业,而不仅仅是金钱。

其次,"三创农民"的项目可以说是黄金项目,虽然不是互联网的新型经济,但传统产业却一直是屹立不倒的行业,尤其是凭其独特的原材料、独特的产品、独特的市场,必然有着独特的前景。作为"海龟",比其他人更多一份远见与认可。

再次,"三创农民"必然给了"海龟"更大的、更远的事业发展平台,促使他在短期内成长,脱颖而出。

第四,"三创农民"的创业经历、创业理念与思想,对于未来的展望,打动了"海龟",换句话说,他们有共同的价值观和理念。建立在经济基础上的合作是不长远的,是暂时的;只有建立在共同的价值观基础之上的合作才能长远。

第五,"三创农民"和"海龟"在未来的利益分配方面有很好的协调与沟通,相信他们一定是考虑了诸多因素之后才精诚合作的。

"三创农民"坚持"不管怎么发展,我们只做电子商务",3年内争取成为中国行业领跑团队。这是他们组建团队不到一个月就确立的核心价值观。他们要去的地方,不是他们要找的地方,而是他们要创造的地方!这就是"三创农民",一对金牌搭档,一对青年才俊,一个让所有创业者值得参考借鉴的案例。

在淘宝投放 2 000 万元广告

御泥坊在淘宝大量投放广告,一年内投放广告的金额,按淘宝官方报价达到2 000万元。这样的大手笔,让人震撼的同时也引人深思:为什么?"三创农民"站在高远的角度回应了笔者的疑问:

"'御泥坊'作为一个民族特色品牌,它的市场的主战场是网络,而这个网店又是主战场的主战区;它的原材料从开采加工到提取泥浆,都是通过人工物理方法完成的,完成这个初级过程最少需要 6 个月以上,后面还有深加工与成品开发。所以目前我们这个网店承担着上百农户的生计与希望,也承载着我们生产和销售两家公司 60 多人的事业与梦想,但这仅仅是开始,'御泥坊'旗下所有的同事有着一个共同的使命——做中国矿物泥浆护肤第一品牌! 这就是这个网店必须承担也必然能够承载的历史使命! 可喜的是,我们这群像疯子一样的年轻人已经在为这个使命日夜奋战! 这里可以偷偷透露我们同事间鼓舞士气的一句话:'民族品牌网上开花,国际同类品牌很想回家。'我们民族品牌做好了,国际上的一些品牌在中国日子不好过了,他们就当然想着回家呀,'三创农民'想这应该是每一个国货品牌应该也是必须努力做到的。"

历史使命感和民族的荣誉感经常告诉他们应该怎么做。随着网络市场的高速发展,特别是淘宝网市场规模的高速成长,有四大理由让"三创农民"把 80% 的市场推广费用投在了淘宝:

(1) 便于通过低成本完成品牌阶段性的推广与传播;

(2) 用相对低的营销成本达到销售目的;

(3) 快速、方便地掌握全国市场动态;

(4) 给传统中小企业提供了一个新的发展机会,能够直接与国际大品牌同台竞技。

经过近一年的市场摸索,对于"御泥坊"而言,2008 年是全面拓展网络市场的一年,"御泥坊"的目标不是今年的销售额要比去年同期翻多少倍,虽然一季度已经是去年同期的 10 倍,但这不是他们的目标,这只是他们在完成今年使命过程中的一种必然产物。他们今年的使命是要让"御泥坊"占领网络同类市场 60% 以上份额,也就是网络上 10 个买泥类护肤品的顾客中,应该有 6 个以上选择"御泥坊",具体到传播数据上,是要让 1 000 万个潜在顾客认识并了解"御泥坊"! 这个数据怎么去实现呢? 淘宝是他们的主战区。他们的员工之间流行这样的一句话:以后我们出门,如果新认识一个朋友,做自我介绍时应该先问对方知不知道淘宝网。如果对方知道,下句就说,"我是在淘宝网作'御泥坊'的!"

为了实现这种骄傲的自我介绍,为了民族荣誉感和历史使命感,他们毅然决定 2008 年在淘宝购买 2 000 万元广告,把 80% 的市场推广费用投放在淘宝这个市场上,包括淘宝的 C2C 和 B2C 两大平台。

2 000 万元是否可以马上赚回来呢? 这应该是大家最关心的问题,"三创农民"给董事会的答复只有两句话:

(1) 今年不可能赚回;

（2）2 到 3 年之后，5 年之内，也许给董事会赚回 10 个 1 000 万元。

广告投放后的事实证明确实是这样的：每次广告做下来，总销售额基本小于广告费，还不谈产品成本、运营成本、快递费用等。

2 000 万元广告费怎么用？"三创农民"对董事会的回复也很干脆，淘宝 B2C 和 C2C 两家旗舰店共用 60%，代理店用 40%，也就是 800 万元是给代理商免费投放的。为什么要给代理商这么多的费用？因为他们的代理是有一定客户基础的代理，也就是有自己店铺客户源的代理，只有这样的代理，才有利于开拓占领新市场，有利于共同成长与发展。这个想法获得了很多知名卖家的认同，比如淘宝网上闻名的"小也香水"的肖总。

猎头公司

随着团队的发展，"三创农民"的公司已经在一定程度上被猎头公司瞄上了。"三创农民"说现在很多同行一直在通过不同的渠道以多种方式挖走他们公司的骨干，公司的每一个骨干都接到了多次出价，有出 2 倍工资的，也有出 3 倍工资的。

"三创农民"说，想告诉各位同行的是，人才不是钱能够解决的。如果钱能够解决人才问题，那么不用出现有工资的几倍，多出 100 块钱就可以了。但他们出到 3 倍的价钱，"三创农民"的团队成员还是一个都没流失。这说明什么问题？人才需要培养，更需要成长的土壤，"三创农民"给同事提供的不仅是工资，而是一种成长的环境，一种希望与未来，一种使命感、责任感，因为共同的使命感让他们聚集在一起，在使命没有完成之前，团队中的每一个人都不愿也不舍得选择离开。人才聚成了团队，团队成就了个人，个人成就着团队！钱是必需的，但只要我们都能够生存，那钱就仅仅是一个数字；而我们未来的数字会很大，所以大家共同选择了未来！

再来看看曾经带来千人竞聘的广告，也许更能说明一些问题。

千人竞聘

2008 年 5 月 27 日，一则招聘信息一发布，吸引了上千人去应聘。原文如下：

招聘客服、电子商务、广告新闻类人才公告

我们是一个平均年龄不到 25 岁的年轻团队,富有激情与梦想,人际关系透明简单,工作环境舒适,薪酬福利制度相对完善,无限的个人发展空间和学习机会是公司最大的特点,热情期待有志之士加入团队,共同见证、参与、受益电子商务的高速发展!

"三创农民"及其运作的"御泥坊"品牌在不到一年的时间内,先后受到 CCTV2、CCTV6、CCTV7、湖南卫视、长沙电视台、隆回电视台、北京《电子商务世界》杂志、《深圳青年》杂志、上海《东方早报》、《潇湘晨报》、《三湘都市报》、湖南电台经济频道等多家媒体关注。

中国驰名商标"怡清源"茶业网络市场的全面推广与销售是团队第二大项目,鉴于我们团队的运作方式,湖南"怡清源"茶业有限公司董事长特批在网络市场投放 600 万元广告及成本价 100 万产品支持,全权由我团队运作。

2008 年,公司已买下淘宝网 2 000 万广告资源,于近期启动"大卖家合作扶持计划"、"品牌全面提升计划";全力打造中国矿物泥浆护肤第一品牌! 现急需各类人才加入,共同创造新的未来!

职位一 总经理助理

职位描述:

1. 参与协助各类市场推广广告活动的策划与实施。

2. 执行淘宝网广告位的投放与数据统计分析。

3. 品牌在市场推广活动中的跟进监督。

4. 协调、监督、考核各项目工作执行情况。

5. 根据总经理思路起草各种具体文案。

6. 副总经理候选人。

要求:

1. 认同本公司企业文化,并愿与团队一起发展成长。

2. 市场营销、广告学、新闻传播学等相关专业本科毕业。

3. 有严谨的工作作风和扎实的工作态度。

4. 有相关工作经验者优先。

职位二 宣传推广部经理

要求:

1. 具备天生的宣传推广细胞。

2. 有网络推广营销经验,能够独立完成品牌在网络推广宣传中整体方案的起草及执行。

3. 沟通能力强。

职位三　网络推广专员

要求:

1. 具有较强的宣传推广意识,爱好发贴灌水。

2. 有论坛工作经营者优先。

3. 有严谨的工作作风和扎实的工作态度。

职位四　网店客服

要求:

1. 与客户洽谈聊天,快速高效促进交易。

2. 有相关工作经验者优先。

3. 沟通技巧与沟通速度是本职位的生存之本。

人才绿色通道　如你在网络销售领域有独到之处,上述岗位暂不适合发挥你的才能,请发邮件给我们,说明你的独到之处与选择我们的理由及职位要求,我们会第一时间联系各路英雄加盟我们的团队!

基本待遇:

1. 分享特有网商文化和公司文化,有空前的学习机会和发展空间。

2. 所有热爱自己工作的员工,将见证并参与创造一份新的事业,实现个人人生价值与社会价值的结合。

3. 有发展潜力的员工,将成为公司核心创业团队成员。

4. 特别是踏实优秀(前提是踏实)的员工(不分职位),将获得公司持股权,更有可能以零资金获得公司股份(现有团队中50%成员拥有公司股份)。

5. 基本物质待遇高于同地区传统行业类似职位平均水平。

6. 国家法定保险及福利。

应聘方式:

1. 请将简历及你认为应该提交的资料和你想要说的话发邮件至 hnsncg@126.com。

2. 我们将在一周内电话通知面试,在一周内未接到电话通知者,将自动进入我公司人才后备库。

3. 在正常上班时段(早上 9：30—12：00；下午 14：00—18：00)接受电话咨询(电话：0731-2285158-0)是否收到简历，拒绝回答其他问题。

4. 谢绝私自来访，未接到电话通知私自前来面试者一律拒见。

本次招聘时间：2008 年 5 月 27 日—2008 年 6 月 25 日

工作地点：长沙市(公司可解决食宿)

面对这样激发人心的招聘广告，面对如此全面的招聘信息，确实能激发所有应聘者的信心，能打动他们进入这个团队。

其实，笔者欣赏"农民"的是他的思想，他的风度，有傲骨而从无半点傲气，不吹嘘，不炫耀，有着战略家的智谋，有着勇者的风度，有着天生销售员的才能，还有着民工的体力和超乎常人的学习能力，这样的人能不成功吗？笔者同样欣赏"三创"，虽然我们接触并不多，但他的钻研精神，他的认真态度却让笔者汗颜。在他工作最风光的时候急流勇退，为了家庭和后代放弃高位，这不是一般人能办到的。他们的逆常规做法，恰恰显示了人生别样的美丽风景。

笔者问"三创农民"，害怕竞争对手吗？他们说："我们唯一的榜样与对手是国际品牌贝佳斯，我们要向他学习；而将来我们没有对手，有也是我们自己，因为我们做的是一个由我们自己创造的领域。心中无敌，就可无敌于天下。"2007 年 12 月，全球最大中文女性论坛——淘宝网美容居，公开投票评选年度最佳面膜，"御泥坊"与包括 2006 年度最佳面膜奖获得者在内的国际九大著名品牌同步参选，经过半个月网络公开投票，御泥坊以36.318% 超高支持率打败包括 2006 年度最佳面膜奖获得者在内的国际九大著名品牌，被现代时尚女性评选为 2007 年度最佳面膜。

现在，他们的对手就只有自己！

结语

1. 商业模式比技术创新更重要

庞大的低端消费市场的存在，决定了在未来寻找新的消费模式至关重要。日益稀薄的利润，已经使众多企业纷纷开始寻找新的出路，到底是技术创新还是商业模式创新，在实际范围内存在很大争议。在中国，商业模式的创新，显然比技术创新更为重要。其根本原因在于中国存在一个庞大而低端的消费市场，而且这个市场在绝对意义上说远远没有饱和,无数商品还没有被寻常消费者享受,商业并没有得到广泛普及。在短期内,国民的收入不会发生大的变化,这导致中国对高端消费的抑制。这个时候,发现新的需求,并且创造出新的需求模式,显得尤其重要。

成功者总是令人羡慕。但是,成功不能复制,成功者往往是最不可学的。在2005年西湖论剑时,很多人对阿里巴巴并购雅虎中国表示羡慕。几年之前,阿里巴巴不过是一个婴儿;几年之后,阿里巴巴成为IT界的巨子。当年大家都搞互联网的时候,只有搜狐、新浪等门户网站赚了大钱;等到大家都去搞门户的时候,互联网却遭遇"寒冬",反而是做B2B的阿里巴巴赚钱了;等大家都去做电子商务的时候,没有想到出来个陈天桥,人家搞游戏发财了:发财的人,都是走与别人不一样的路。

新的商业模式不仅仅表现在IT行业,在其他各个领域也出现了新的商业模式,如酒店改变传统模式,简化酒店功能,以连锁模式获得了商务人士的广泛推崇;分众传媒,"发现"了楼宇广告,并且开创了户外媒介传播的新方式。"三创农民"的模式刚出现的时候,也许并不被人看好,有人甚至认为做不大、做不强,还有人会忽略他们的存在。他们采用农村包围城市、网络包围实体的模式走出了一条新的道路。这个新的模式,是一种探索,是创新,是敢于营销天下的勇气与远见。

事实上,发现新的需求,并且对各种商业元素进行融合,将改变商业现有模式。新商业模式的出现,很大程度上取决于对未来的预测。只有那些具有异常商业嗅觉的人才能够把握商机,迅速崛起。这就是新的商业模式往往由新势力创造而不是由相近领域的传统势力所创造的原因。

在日益激烈的市场竞争中,新的商业模式也层出不穷,而这正是商业社会的魅力之所在。也许某一天,从一个不知名的角落里,就会崛起一个巨大的商业帝国。"三创农民"合力创造出来的新模式,也许将培养一个新的销售帝国。

2. 创业考验综合能力

(1)创业需要选好项目。

好项目是成功的重要保证,好的项目可以让企业顺利发展,迅速步入正轨。"三创农民"的项目,有着弘扬民族的大义,有着百年文化的积淀,有着深厚的文化底蕴和人文情怀,正是这些基础让我们激发民族的热情与自豪感。

(2)创业需要选好合作伙伴。

今天,笔者又一次观看了"赢在中国"的录像,那些一直走得很好的人,其实背后都是有团队支撑的,不是一个人单打独斗的结果。在一个小平台上,一个人可以单打独斗;但是在一个需要发展、面临许多困难的平台上面,依靠个人力量已经不够了。"三创农民"

不仅仅深刻意识到了这一点,他们还一直在寻求合作,从小项目到大项目,从小事情到大事情,彼此的交流与信任使他们的合作持续下去,一直走出一片新的天地。

(3)创业需要价值观与传播理念。

创业的种类有很多,创业最后的形式也有很多种。但是一个要走得远而持续的创业,必须依靠一种理念、一种精神、一种价值观或者一种信念。做中国第一承包商是"三创农民"的梦想,今天这个梦想已经实现了,但是他们不仅仅只满足于这个要求,还希望实现更大的梦想和远景:领跑电子商务行业。只有高远的目标,才能激发更高的斗志与潜能。

(4)创业需要坚持与执着。

"三创"应该说是第四次创业了,人生中经历如此多的创业,实在是一种财富。笔者佩服他的韧性与执著。"三创"告诉笔者,"农民"非常着急:深山的泥开采不出来,赶不上销售的速度,但是他特别期望能够保护好这个祖国的瑰宝。"三创农民"执著地认为,应该继续向前,坚持这个梦想,坚持把民族的品牌打响,走出网络,走出中国,甚至能够走向世界。

(店铺链接: http://shop34260288.taobao.com/)

资料一　　　　　　"三创农民"现有团队核心领导简介

吴立君,男,31岁,湖南省邵阳县人。曾在某私营企业先后担任过车间主任、试验室主任、生产科科长、管理者代表,为公司创造了两项发明,其中一项发明解决了世界性难题。现任法国戴漫丽国际集团股份有限公司(香港)、长沙三创网络科技有限公司、长沙三口农茗茶业有限公司、长沙御泥生物科技有限公司等公司的董事长。创业事迹曾被湖南卫视、湖南经广、《潇湘晨报》、《三湘都市报》、红网、《商界》、《电子商务世界》等媒体多次报道,并被清华大学出版社的《网海淘金——成功网商创业案例》一书收录。

戴跃锋,男,26岁,湖南省洞口县人。现任法国戴漫丽国际集团股份有限公司(香港)、长沙三创网络科技有限公司、长沙三口农茗茶业有限公司、长沙御泥生物科技有限公司等公司的总经理;任淘宝大学讲师,湖南水利水电职业技术学院电子商务专业外聘专家、电子商务专业课程设置委员会主任。创业历程先后被CCTV2、湖南卫视、湖南经视、上海《东方早报》、北京《电子商务世界》杂志、《深圳青年》杂志、《年轻人》杂志、《潇湘晨报》、《三湘都市报》、长沙电视台、潇湘电影频道等多家媒体多次报道,并被清华大学出版社的《网海淘金——成功网商创业案例》一书收录。

刘海浪,男,32 岁,湖南省隆回县人。隆回县政协委员,曾荣获"邵阳市青年科技示范带头人"称号。2003 年创办隆回县滩头泥浴开发有限责任公司,兴建国内首家保健泥浴与休闲娱乐一体的生态农庄,是御泥坊品牌创始人。现任法国戴漫丽国际集团股份有限公司(香港)、长沙三创网络科技有限公司、长沙三口农茗茶业有限公司、长沙御泥生物科技有限公司等公司的副总经理。创业历程曾被中央电视台、湖南卫视、潇湘电影频道、湖南政法频道、邵阳电视台、隆回电视台等多家媒体报道,并被《湖南邵商名录》一书收录。

资料二　　　　　　　　　　**小诗一首**

一个平均年龄不到 25 岁的团队

富有激情与梦想

上班不坐电梯坚持每天爬 31 楼

主动加班不要加班费

一人一天接待上千顾客记录在这里产生

一个 85 后经理分管全国上百家代理商

一个设计师一年的作品超过 365 件

件件如意

发货速度全国同行第一

顾客增长速度全国同行第一

……

太多的记录在这里创造又被刷新

这就是我们

让太多的不可能在这里变成可能

这就是我们的使命

这就是我们的未来

本案例使用说明

一、教学对象与目的

1. 本案例主要适用于 MBA 的创业管理课程、工商管理类别的相关硕士课程的教学和管理培训,也适用于电子商务类、经济类、管理类本科课程。

2. 本案例的教学目的在于帮助企业各层级的管理者和想创业的人以及已经创业的创业者更好地理解创业的实质,把握创业中遇到的机会和管理的重要细节,重视基础管理。

二、思考题

1. 试列出"三创农民"合作的动机和机缘在哪里? 从案例中说明为什么两人能如此紧密的团结合作?

2. 试从"三创农民"的合作来分析团队的价值和重要性。

3. 试说明"三创农民"的合作中为什么敢投入 2 000 万元的广告? 他们是如何计算和估算风险的?

4. "三创农民"的招聘为什么能吸引"海龟"和 2 000 多人竞聘? 他们为什么能被猎头公司盯上?

5. 创业中如何看待创业模式? 我们应该怎么分析和看待"三创农民"的模式?

三、教学思路

教师可以根据教学目标灵活使用本案例。以下思路,仅供参考。

1. "三创农民"的合作源于他们之前曾经的合作和共同的理想与目标,二者性格与能力互补,为他们的合作奠定了良好的基础。

2. 团队是发展的根基和根本,要想突破与发展必须有坚强的团队。

3. 其实"三创农民"在投入广告前已经进行了深入分析和核算,风险已经被他们剔除,最大的可能是赔钱,但是却能让自有品牌深入人心,奠定顾客基础,积累信誉,而且产品本身是重复性使用的快速消费品,加上又是日化用品,亏的可能性相当小。必要的广告是必不能少的,与其说是广告,倒不如说是投资。

4. 从"三创农民"的团队被猎头公司盯上,可以看出公司的发展具有强大的潜力,团队成员的价值开始体现。这说明公司具有良好的发展势头和发展潜力,也间接证明团队领导的正确性和前瞻性。

5. 当今的创业形势应该说已经进入了以创业模式为要求的时代。

四、教学要点

1. 把握"三创农民"创业的基点和合作的发展进程。所有发展的背后,都有他们的精诚合作和团队的不懈努力。

2. 了解创业中管理的重要性,尤其是如何培训和管理员工,在家族创业型企业中,怎么样激励家庭成员,了解家族制背后的各种积极作用。

五、建议课堂计划

本案例适用于专门的案例讨论课,在创业管理的课程中进行。以下是建议的课堂计划,仅供参考。

整个案例课的课堂时间控制在80~90分钟。

课前计划:提出启发思考题,请学员在课前完成阅读并作初步思考。

课中计划:简要的课堂前言(2~5分钟)。

分组讨论(30分钟)。

引导全班进一步讨论,并进行归纳总结(15~20分钟)。

课后计划:如果有时间,请学员相互交流,写出自己的读书报告。

第二章

淘宝药妆第一品牌"天香堂"①

摘 要：本案例向大家讲述"天香堂"做大、做强、努力实践淘宝店铺公司化模式经营的创业过程。

关键词："天香堂" 品牌 GMP 药妆

---

① 本案例是江苏大学工商管理学院教师胡桂兰收集整理编写而成。未经允许，本案例的所有部分都不能以任何方式与手段擅自复制或传播。本案例授权中国 MBA 培养院校案例中心共享使用。由于企业保密的要求，本案例中有关细节作了必要的掩饰性处理。

引言

随着人们生活水平的提高,消费者尤其是女性消费者对皮肤护理的要求越来越高。随着年龄的增长,为了保持靓丽的容颜,人们非常乐意投资皮肤护理。全球药妆品市场在 2005 年已经达到 133 亿美元,据来自 WendyLewis 的数据统计,2005 年全球皮肤护理销售额达到 70 亿美元,而且据预测,药妆品销售额到 2010 年将达到 170 亿美元。目前,虽然我国的药妆品市场还比较小,但正以每年超过 10% 的速度向前发展。

是什么力量在推进我国药妆品市场向前发展的呢?媒体的狂轰滥炸、明星代言、女士们薪水的增长、网络的广泛传播、化妆品的医学处理、医学美容渐渐成为主流以及消费者对新增加的化妆品种类的接受,这些都是加速我国药妆品市场向前发展的动力。

药妆品概念与历史

药妆是行业用语,不是法律规范(比如药品),因此关于药妆的概念目前还是比较混乱的,没有统一的概念。其实药妆源于目前国际上非常盛行的一个概念——医学护肤。在一些西方发达国家,人们有了皮肤困扰不再盲目地去商店买各种化妆品来试,而是由皮肤科医生开出处方,对清洁产品、药品或辅助治疗产品以及跟随产品(包括防晒、眼霜等)等提供针对性的护肤建议。能赢得医生信任的医药化妆品(简称"药妆品"),配方必须完全公开,所有成分及其安全性必须经医学文献和皮肤科临床测试证明,且经公认不含致敏源。

从古到今,我国女子一直有着使用人参、灵芝、茯苓、当归、珍珠和花粉等中药材进行美容养颜的传统,古代宫廷和民间均流传着许多美容养颜的中药配方。据北京同仁堂鸿日药业有限公司化妆品事业部负责人介绍,中药外用美容也是有历史传统的:早在三国时期,东吴孙权之子宠爱的邓夫人不经意以外用中药治疗其他疾病期间,竟发现自己当时的面部皮肤白里透红,比往日更加美丽动人。到了清朝慈禧执政期间,养颜、驻颜、抗衰老的中药外用配方非常多,可以说是中药外用美容发展的鼎盛时期。截至现在,这种传统仍然保留了下来,譬如大家所熟悉的"乌鸡白凤丸"、"太太口服液"、"红桃 K"、"排毒养颜胶囊"和"朵而"等,一个个中药美容产品畅销于世,正说明了这一点。

不过,与西方注重开发作用于肌肤表面的药妆品不同的是,传统的中医中药美容理论一向强调的是"以内养外"。《黄帝内经》在阐释肌肤衰老的机理和原因时认为:"女子,五七阳明脉衰,面始憔悴,发始堕;男子,五八肾气衰,发堕齿槁。"也就是说,女子,以7年作为一个阶段,35岁以后,前额、面部的经脉首先开始衰弱,接着颜面出现斑、纹的衰老表现;男子,以8年作为一个阶段,一般在40岁以后,开始出现肾气衰减的生理特征。中医理论认为,肾为先天之本,一个人肾气充足,他看上去就比实际年龄年轻许多,相反,如果一个人的肾功能不好,那么,这个人的容颜衰老得也比较快。所以,人只有保持肾气的充足,才能真正地延缓衰老。"内补肾",可以培植"正气",人的"脸色"也会随之变得更加有光泽。"气"又有过与不足之分:气血不足者,脸色不好,皮肤没有光泽;气血旺盛者,易长青春痘和粉刺。因此,中医中药美容养颜,主张从内部进行"滋补"和"调整",通俗一点说,就是"补"和"泻"。

发展中的中国药妆品市场

到底是什么原因让我国诸多消费者对药妆品感兴趣呢?

(1)消费者的功能性需求。

现在的消费者对化妆品的要求已经不仅仅停留在以前所谓的名牌效应上,更多的人把目光投向了化妆品的疗效和功能上,而中药又是我国传统"国粹",在消费者心目中代表着"天然、植物以及安全无副作用"等概念,迎合了消费者的这一"中间体"需求,直接导致介于化妆品和药品之间的中药化妆品产生。虽然说现在还是化妆品占主导地位,但药妆品市场也不容忽视,其销售额正以每年10%的速度递增。

(2)制药企业经营困境给药妆品市场带来了契机。

近年来,我国制药行业因为受医药分销变革、GMP认换证、原辅料涨价、政策性降价和招标采购等各种因素的影响,行业利润不断下滑。据中国化学制药工业协会2004年的数据报告显示,化学医药工业重点企业在销售收入增长超过10%的情况下,利润总额同比下降了11.5%,企业亏损面达到17.7%,特别是中药生产企业,亏损面高达30%。相关报告则显示,我国美容业虽然一直保持着每年15%的快速增长水平,产值超过1 800亿元,然而与发达国家相比,我国人均美容消费的水平还很低,还有着更加巨大的利润增长空间。预计到2010年,我国的美容业产值将超过3 000亿元。这种一亏一盈的对比,使众多药企把寻求新的经济增长点的目光锁定在制药领域的"蓝海"市场——"药妆品"市场。

药妆品市场发展虽然有很大潜力,且在高速发展,但是还是有许多问题值得研究。

(1) 渠道的先天不足。

在美国,凡是被FDA认为是含有药用成分而非化妆品成分的化妆品都被认为是药妆品;但在中国,一般认为在药店销售的化妆品就是药妆品。北京和南方的市场调查情况显示和当今化妆品专卖店相对应的药妆品专卖店数量极少。

(2) 目前药妆品市场所占份额不大。

我国药妆品行业刚刚起步,"门槛低、利润高"。与医药行业相比,美容产品的利润比药品高了很多,且准入门槛相对较低。这对于拥有专业的技术设备和强大的资金实力的药企来说,确实具有很大的诱惑力。但药妆企业鱼龙混杂,法律定位模糊,只不过是制药企业可能要开发的市场而已。

国产药妆市场飞速发展

药妆品将成为化妆品行业的一个新兴产物,药妆品市场是一个飞速发展的市场,尤其是在皮肤抗衰老领域。目前在这方面的研究已经越来越多,而且据许多消费者反映,药妆品效果不错。

随着中国与国际的接轨,我国美容界对西方的现代美容护肤理论有了更多的认识,中国的科学家和美容专家开始研究如何引入现代美容技术,开发直接作用于肌肤表面的中药美容养颜产品。在这种潮流之下,一批含中药成分、具有疗效作用的化妆品应运而生,这就是药妆品,如中药眼贴膜等。

1998年,法国化妆品品牌薇姿(Vichy)登陆中国,首次为中国消费者带来了"药房护肤品"的概念。其后,依泉(Uriage)、理肤泉(LaRoche-Posay)、雅漾(Avene)、日本的菲璐泽(Ferzea)、嘉娜宝(Kanebo)等也陆续来到中国,加入药店专营的化妆品行列。通过几年的耕耘,它们以"健康护肤产品"、"皮肤科辅助性治疗产品"、"敏感性肌肤专用产品"的品牌形象逐步深入人心,广受女性消费者的追捧,薇姿、依泉、理肤泉、雅漾均以温泉水而著称,温泉水有神奇的功效,可以治疗皮肤病、风湿和其他慢性病。薇姿和后三者疗效有所不同:依泉、理肤泉、雅漾属于"疗效性护肤品",医生可以开处方,主要针对有问题的肌肤;薇姿可以使健康肌肤充满活力,但它不能列入处方。

继众多国际知名药店专销化妆品品牌纷纷进军中国药妆品市场之后,国内医药企业涉足美容化妆品领域的"热度"也在不断上升:

上海家化已经建成国内最先进的专注于化妆品研究的中草药研究机构；

中药老字号同仁堂于2001年斥巨资成立同仁本草亚洲护肤中心，引进国外先进生产设备与工艺流程，推出排毒、祛痘、美白等"同仁本草"系列护肤品；

王老吉药业在2004年上半年推出了外用治疗痤疮的产品——"祛痘凝胶"，探路药妆品市场，反应不错，坚定了其进军化妆品市场的信心；

敬修堂药业2005年9月正式宣布进军中药美容化妆品行业，投入500多万元进行药妆的GMP认证及设备改造，推出了面膜、霜膏、精油、药包等70多个化妆品种类，同时，还创办了首家"药妆店"旗舰店，大量吸纳加盟者，迅速扩军；

片仔癀药业增资6 000万元控股漳州市化学品厂，成立了皇后公司，创制中药护肤品"美容之宝"；

浙江康恩贝集团养颜堂制药有限公司运用先进技术，从天然药用植物积雪草中提取有效成分，研制开发出用于治疗由各种创伤引起的疤痕及皱纹的"扶原平皱嫩肤素"，已推向市场。

除了广大中药企业进军化妆品市场，还有众多的化学药生产厂家也不甘落后。例如，以外用药见长的广东顺峰药业，也不失时机地推出了整套护肤用品。

随着我国科学技术的快速发展和市场营销人员的日趋成熟，我国的药妆品企业会奋起直追，不会心甘情愿地把中国这块市场拱手让给那些洋品牌。我们应该更好地发挥自己的特色和优势，毕竟，只有民族的，才是世界的。

前景看好

国际上的许多品牌公司非常看好中国药妆品市场这块大蛋糕，他们纷纷进入中国。譬如英国药妆品品牌开始启动中国内地攻略，知名药妆品品牌清妍（Simple）于2006年6月进入中国内地市场，首期进入200家药店以及个人护理店。这是继薇姿、理肤泉以及日本芙丽芳丝3家药妆品品牌之后，第4个进入中国内地市场的主要药妆品牌。Simple由英国著名的Accantia Health & Beauty公司经营，是英国市场上最畅销的护肤品牌之一。之前，该品牌在马来西亚、新加坡、中国香港已经有20年的销售历史，但是该公司副总裁Duccio Baldi坦言，公司对于中国内地市场不甚了解，因此此次选择了经销商来负责拓展渠道的做法。据称，此次与Simple合作的代理商在成都刚刚收购了1 000家药店。因此Baldi确定，这将是拓展渠道的一个很好的办法："将选择上海作为第一个进入的城市，

2006 年首先进入 50 家顶级的药店以及个人护理店。然后在 2006 年 9 月份进入成都,进入 150 家药店。2007 年 3 月进入南京、北京市场。此后再逐步向其他城市拓展。"目前,除了在欧洲有 3 家工厂之外,该品牌在亚洲还没有工厂。Baldi 称,公司或许会选择一个工厂作为合作方,并授权该工厂生产该产品。

芙丽芳丝(Freeplus)进军沪药妆品市场。日本第二大化妆品品牌佳丽宝旗下药妆品品牌芙丽芳丝 2005 年 12 月初进入中国市场,已经成功进驻上海 11 家药店,其进军全国的步伐正在进行中。2006 年 4 月 12 日,芙丽芳丝在北京举办芙丽芳丝透润妆前乳液等 5 款新产品的发布会,高调宣布其进驻北京之举。

许多外国品牌来到中国,给我国的药妆品品牌的压力可想而知。但是,一个国家、一个民族有自己悠久的历史和深厚的文化积淀,并不见得能够接受这些外国品牌。我国的药妆品生产商和制药领域的同仁应该紧紧抓住"中药"这个关键点,只要抓住中药是无任何添加剂的天然产品,想必就能赢得消费者的青睐。中药药效有针对性,如人参能益补气血,当归能养血活血行气,黄芪与人参相合能补气生血气血旺盛,珍珠粉能嫩肤白面、增颜消斑,茯苓能润泽皮肤等,这些早已被国内及周边国家人民所熟知并接受;而胡萝卜、当归、人参、灵芝、花粉、珍珠粉、鹿茸、胎盘和牛乳等提取物则因其内含丰富的氨基酸、维生素及天然保湿因子而受到国际权威美容专家的好评与消费者的认可。因此,如能结合我国传统中医学与西方医学对人体衰老机制的研究,把现代科技应用于中国传统医学,开发各种具有疗效性的中药化妆品,无疑有着非常好的发展前景。

诞生

淘宝网是一个创造奇迹的地方。短短几年时间,淘宝网从一无所有到发展成为中国最大的 C2C,从几年前几钻卖家就是高端卖家发展到现在多皇冠卖家才是高端卖家,从一个店铺一年几万元的销售额到现在淘宝最大店铺一年几千万元的销售额,这都是让人惊讶的奇迹,而且更多的奇迹还在创造着。

淘宝网药妆第一品牌"天香堂"创建于 2007 年 4 月,经过快速发展,已成为华南网商第一店,到目前为止是淘宝同行中发展最快的自主品牌。

"天香堂"的主人是一对夫妻。他们放弃在澳洲的优越生活,放弃体面的工作,专职在淘宝做中药美容生意。妻子沈女士原本是淘宝的顾客,后来开始卖一些自己的闲置产品,在无意中发现,她自己购买的一些美容产品的效果还不如自己配制的美容产品,而这些产品却销售的非常火爆。于是出生中医世家的她打算在淘宝试验销售自家的中药美容产品。沈女士的奶奶是医生,父母都是中医,她本来也打算去澳洲读医科。丈夫李先生的外公是冯玉祥的私人军医,解放后一直在某三甲医院任院长,妈妈是医生。两家人掌握着大量的中医秘方。淘宝上很多中药美容产品可谓良莠不齐,并不见得特别专业,而他们夫妻出身中医世家,对于中药很了解,把握较准,能让顾客得到良好的产品和服务。

基于以上考虑,2007年1月,夫妻俩在淘宝开店,尝试在淘宝出售自己家的拳头产品——中药美容茶。本来也是抱着试试的心态,没想到购买的顾客反映效果相当好,市场由此打开,销售量几乎是天天有变化,月月有进步,速度之快,变化之迅速,让他们惊喜不已。在对未来的前途充满了期待和百倍信心的情况下,她和先生放弃了去澳洲发展的计划,毅然决定留在国内发展,将淘宝的小店铺做成一番大事业。李先生的加入,使小店如虎添翼,小店经营开始走上了长远规划之路。李先生在澳洲读书,取得工程专业和管理专业双硕士,读完书后,本来计划让太太到澳洲学习医学学位,共同在澳洲研究中药,想把中药保健做好做大。2007年4月23日,澳洲E. S. COSMETIC公司成立,"E. S."品牌正式诞生,旗下拥有"天香堂"品牌及注册商标"E. S.",准备在澳洲大干一场。他们开设的店成为第一家进驻澳洲市场的淘宝药妆店。没想到国内市场发展更快,于是改变了发展思路,先发展国内市场,再发展国外市场。

李先生充满豪情地说:"论疗效,我们是很有信心的;论管理运作经营经验,之前我在世界500强企业新加坡电信澳洲分部OPTUS作推广拓展经理,参加过在南澳洲省营销分部设立和拓展的工作。我自己又在澳洲知名管理学院学习过,因此在产品和经营方面我们都是过硬的。加上中医现在越来越被全世界的人接受,而且初期的配方基本都是我们自己研究的,是在聚集了众多精华因素基础上所得出的配方,都经过了长期的实践检验。"他对于中药美容的远大前途充满了信心。

核心竞争力

化妆品和保健品是非常适合淘宝经营的商品。对于中药美容化妆品来讲,它有着西方化妆品所不可比拟的优势。中药美容在淘宝已经蔚然成风,中药美容化妆品在淘宝的销量非常可观。但淘宝上的中药美容化妆品在质量上却是良莠不齐。他们期望,作为中药美容化妆品和保健品,"天香堂"要成长为一个知名品牌,不仅要销量,更要创品牌。因此保证产品质量是重中之重。

　　夫妻俩出身中医世家，耳濡目染，从小对中药产品的质量有一定认识，在进入淘宝前拥有了很多已经经过实践检验的好产品。进入淘宝后，夫妻俩组建了专业的研发队伍，专门开发研制新产品。

　　"天香堂"产品投石问路后，受到市场欢迎，此时夫妻俩决定将产品生产完全流程化、规范化。于是他们想找工厂合作。为了保证产品质量，"天香堂"对合作工厂的选择非常严格，他们找的厂家是通过 GMP 认证的企业，产品的成本通常是一些小化妆品企业的 3 倍。"钱是多花了些，但产品质量却有了很好的保证，这对立志做大、做强的'天香堂'来讲是必须的。只有产品质量过硬，才能最终创造出'天香堂'的巨大品牌效应。"李先生如是说。

　　"GMP"是英文 Good Manufacturing Practice 的缩写，中文的意思是"良好作业规范"，或是"优良制造标准"，是一种特别注重制造过程中产品质量与卫生安全的自主性管理制度。它是适用于制药、食品等行业的一套强制性标准，要求企业在原料、人员、设施设备、生产过程、包装运输、质量控制等方面达到国家有关法规规定的卫生质量要求，形成一套可操作的作业规范，帮助企业改善企业卫生环境，及时发现生产过程中存在的问题。随着 GMP 的发展，各国普遍实施了药品 GMP 认证制度。GMP 提供了药品生产和质量管理的基本准则，药品生产必须符合 GMP 的要求，药品质量必须符合法定标准。我国卫生部于 1995 年 7 月 11 日下达卫药发(1995)第 53 号《关于开展药品 GMP 认证工作的通知》。药品 GMP 认证是国家依法对药品生产企业(车间)和药品品种实施 GMP 监督检查并取得认可的一种制度，是国际药品贸易和药品监督管理的重要内容，也是确保药品质量稳定性、安全性和有效性的一种科学的、先进的管理手段。同年，成立中国药品认证委员会(China Certification Committee for Drugs，缩写为 CCCD)。1998 年国家药品监督管理局成立，建立了国家药品监督管理局药品认证管理中心。自 1998 年 7 月 1 日起，未取得药品 GMP 认证证书的企业，卫生部不予受理生产新药的申请；批准新药的，只发给新药证书，不发给药品批准文号。严格新开办药品生产企业的审批，对未取得药品 GMP 认证证书的，不发给《药品生产企业许可证》。

　　说到找 GMP 代工工厂确实不容易。刚开始"天香堂"的销量并不多，一个月只有十几万，当他们找到合作工厂后，对方的第一感觉就是量太小。"天香堂"选择的企业是通过 GMP 认证的，是只为国内一些大品牌、大集团代工的厂家。夫妻俩没有退缩，他们三番五次地找到潜在合作企业，讲"天香堂"的产品优势，讲"天香堂"的发展前景，讲"天香堂"事业发展的理念。最终"天香堂"极大的市场潜力得到了潜在合作企业的认可，开始为"天香堂"代工生产，并一直合作到今天。现在双方不但成为生意上的伙伴，而且成了朋友，双方都为当时的眼光和决定感到高兴。

用中药做美容的人很多,在淘宝"天香堂"是最专业的。他们配备了专业的客服、专业的培训师,而且所有客服都是有相关医学学历背景的,比如说是药学院毕业的。"因为中药美容的要求和普通的化妆品不一样。既然我们想做淘宝最专业的中药美容店,那肯定就要从基本做起,方方面面都专业,甚至所有的服务用语都专业化、规范化。我们的产品基本上都是属于慢热型的,越用体会越好,我们的回头客人在80%以上。其实开始找GMP企业合作时成本大幅度提高,按我们给最大的代理商的折扣算下来我们是赔钱的,但是提升产品质量是必须的。"

"天香堂"的员工如是说:"老板舍得投资改善生产工艺和提升产品疗效。实话说我看到公司从短短一年的时间升至二皇冠甚至即将得到三皇冠,面对如此多的网店,如此激烈的竞争,能在竞争中立于不败之地,还是靠产品的竞争力,我们佩服老板独特的胆识和见解。"

走品牌长远发展之路

李先生说:"我们坚决不为了见效快而放弃宗旨,我们的产品以后会流行的,像瘦身的产品。现在市面流行见效快、利润高但里面有违禁成分的产品,我们知道会卖得好,保证一个月减15千克,现在国内相当流行,某些名牌就是这样干的。其实里面的成分国外已经禁止使用了,但在中国照样卖,而且厂家有许多这样的产品;我们却宁愿空几个月时间,自己开发出自己的产品,我们开发的中药减肥产品,不但吸收了国外流行的蛋白代餐粉和膳食纤维等成分,而且还融合了中药的特殊减肥功能成分,可以说是国内乃至国际上首创的,但按照现在市场上流行的消费观念,开始肯定不会热卖,因为我们不能保证,一个月狂减多少斤,但是我们保证是天然的,对身体无害、对健康有利。现阶段只能对聪明的顾客才有说服力,但是我们坚信会领导未来潮流,我们愿意放弃小利益而追求大发展。"

公司化模式经营

在淘宝高端卖家中,自己的淘宝店铺该如何发展,以哪种模式向前走,是大家经常考虑并努力探索的,在这方面,"天香堂"走在了前面。"天香堂"致力于打造公司化模式经营,他们想作引领淘宝店铺发展的人。

谈到公司化模式经营,他们非常强调 3 点:

(1) 要打造一个强有力的团队,人才是第一位的。他们认为人才是公司化模式运作中最重要的因素,要让团队中每一个人都清楚公司是在创业,自己可以把现在的工作当作一项事业来做。

(2) 公司要舍得投入,有舍才有得。公司注重的不是现在的一得一失,不是注重现在赚了多少钱。他们要把现在赚来的钱都用在公司的再发展上,他们注重的是公司的成长、公司的发展,是要把公司真正做大、做强。

(3) 要进行公司化模式经营,要打造专业的中药美容化妆品公司,打造叫得响的拥有自主品牌的产品是他们不可缺少的一环,而且无论过去、现在还是将来,他们的发展都不会离开自身的优势,那就是中医世家的专业背景及对中药美容的专业理解。不管什么时侯,他们都一直会致力于中药美容化妆品和中药美容保健品上。

他们在 2007 年 4 月创建淘宝店铺,2007 年 10 月成立公司。品牌名"天香堂"取自唐人李浚《摭异记》诗句:"国色朝酣酒,天香夜染衣。"

他们现在已经拥有一个 40 人的专业的研发团队,有专业的销售团队、策划团队和售后服务团队。"天香堂"淘宝店铺月最高销售额已经突破了 100 万元,"天香堂"要在 3 年内达到年销售额 2 000 万元,5 年内达到年销售额 5 000 万元,5 年后公司要上市。

在"天香堂"经过快速招聘、迅速扩张之后,公司逐渐向正规而规范的方向发展,现在已经有客服部、产品开发部、营销策划部、售后服务部、办公室、物流部。客服部负责淘宝以及其他渠道的产品推销和客户售前咨询,产品开发部负责跟加工厂家联系并确认订货,营销策划部负责广告的联络与制作设计活动,售后部门负责客户投诉并收集客户资料,办公室负责处理公司杂务,物流部负责发货代理等。

在"天香堂"看来,要想真正做大、做强,走公司化模式经营,最重要的一点是要有一个有竞争力的优秀团队,公司发展到任何程度都要坚持这一点。对于如何打造一个优秀的专业的团队,"天香堂"有着自己的理解:专业的团队不只是招来一群有学历、专业对口的大学生,不只是在外面租个写字楼然后挂个公司的牌子,不只是弄几台电脑、做做淘宝。对于打造有竞争力的、能够保持公司长久发展的优秀团队,最重要的一点是,公司的发展要有前景,要有做大、做强的理念,大家来这里工作不但是为了赚钱,而且是在一起共同创业,大家是把自己的工作当作一种事业来做。这些东西不是来自几句空洞的口号,而是要实实在在地让大家亲身感受到。只有这样,优秀的人才才能留得住,才能保证公司持久发展。

"天香堂"的员工亲身感受到,这是一个成长型的公司,是一个有远大抱负的公司,是一个要做大自主品牌的公司,是一个要致力于在中药美容行业内创造一番天地的公司,是一个值得你全身心投入的公司。"天香堂"的员工说："我们是淘宝店铺中致力于中药美容、致力于公司化模式经营的淘宝药妆品第一品牌和领路人。"

"天香堂"的员工切身感受到良好的工作环境和氛围，在培训中成长，看到的是公司把赚来的钱大把大把地用于公司再发展，看到的是公司业绩一步步地增长，看到的是公司三年、五年后的发展前景，甚至是上市的美好愿景。

广告投入为哪般

2008年，"天香堂"一年要在淘宝投放广告800万元。在淘宝所有投放广告的商家中"天香堂"排第二。对于一个成长型的小公司来说，能如此做，非一般魄力可言，肯定是有着长远的打算和规划。用李先生的话说："只要大方向是对的，我们不在乎钱花多花少。比如广告，我们知道做广告是做品牌的必经道路，因此不管如何先做了再说。这个时候是不考虑投入产出比的，等作了一期的试验再来分析。开始时钱少赚点或者少赔点无所谓，只要路子走对了，迟早会回来的。想的远，我才能走的远。我们注重的不是当前的销量多少，为公司带来了多少眼前利益。我们更关注"天香堂"品牌的影响力推广了多少，公司向前成长了多少，公司的核心团队是不是前进了一步。我们有一个很朴素的想法，就是要把公司创业初期赚来的钱全部用于再发展上。作为公司化模式经营，在网络营销上我们要舍得花钱，做大手笔，我们不看现在的一得一失。只有这样，公司才能有跳跃式的发展，这样才会离我们的目标更近些。当然我们不会蛮干，钱花出去，我们是有道理的，而且这些钱花的时机也都有专业的策划。"对这一年800万元的广告费，"天香堂"主人很有胆识。

在淘宝经营，网络营销的方法很多，但他们只找那些能够使公司快速成长、适合公司化模式经营的方法。前期，他们做了大量的淘宝直通车，也就是在淘宝竞价营销，购买关键词，以点击计费，开始效果非常好，但随着参与人越来越多，淘宝直通车的成本越来越高，性价比降低。他们转而通过淘宝广告来推广"天香堂"。

作为淘宝广告大户，为了使广告效果更有效，"天香堂"在2008年3月和4月做广告时，吸取了以前广告的优点和不足，对广告投放内容进行了专业策划，每周推出一期广告，广告的内容和链接各不相同，这样，整个广告期内，始终给买家以新鲜感，最后广告的效果非常好，广告期的销量是广告前销量的3倍，更重要的是宣传了"天香堂"这个品牌，促进了中药美容理念的推广。有了前期的广告效果，现在对于淘宝广告投放，"天香堂"的信心更大了。

严格代理制度

为了扩大"天香堂"的品牌知名度,他们也在淘宝上招代理,代理方的起点至少是一皇冠卖家,而且对本行业要非常熟悉,这一条件在整个淘宝网上是绝无仅有的,淘宝第一网店"柠檬绿茶"成为"天香堂"的代理商。对于近乎苛刻的条件,他们的解释是,"天香堂"是为了创牌子,不是为了追求销量。如果是为了追求销量,可以放宽条件,但为了公司能够长久发展,他们不会这样做,代理的高起点也是对品牌的一种宣传。良好的品质,促使淘宝最大的化妆品卖家"柠檬绿茶"率先代理"天香堂"的产品。近期皇冠卖家"闺秀名妆"和香港平价店"双生儿"的加盟,是对天香堂产品和销量的肯定。

问到新的打算,"天香堂"告诉笔者:"我们近期准备把网店业务扩大,通过网络平台面向全国招商。再花心思把产品包装及宣传做好,争取走入超市和药店,现在正在紧张筹措中。我们还打算用阿里巴巴来招商呢。现在每天都有很多人打电话来要作实体代理商,但是现在还腾不出精力来搞这个。我们打算一个省招一个有实力的总代理,他要有自己成熟的网站,卖过多年类似的产品,这对我们有好处。"

思路是先稳定了网络,然后发展线下,一步一步稳稳地走,不盲目扩大冒进,致力于细化服务、提高产品质量与公司化运营。专业化的公司运营成为他们的第一个目标,也是终极目标,而所有其他一切战略目标都围绕着这个目标而进行。

除了让自己优质的产品走出去,他们还希望引进像"天香堂"一样的有竞争力、有市场前景的产品,这个产品现在可以做的非常小,而且可以只是网下的产品,但前提是这个产品一定要像"天香堂"一样优秀,一样有卖点。他们可以和对方合作,作对方的淘宝总代理,甚至进行更深层次的合作,把优质的产品引入淘宝,共享他们的淘宝资源。

除了优质产品的走出去、请进来,"天香堂"还把自己的爱心随同产品销售传达出去。淘宝有个爱心捐助榜,"天香堂"自成立以来一直把每笔交易额的1%捐出来,"天香堂"成为这个捐助榜捐助总额最多的淘宝商家,在单周的排行榜上经常也是第一。

团队缔造传奇

"天香堂"一直都秉着以人为本的理念,每一个光临"天香堂"的人,"天香堂"的每一位员工,老板都是笑脸相迎。"天香堂"的每位员工工作都很努力,积极进取。大家互帮互助,互相提醒,共同接单,团结一心,士气非常高涨,这就是"天香堂"的希望。凡是来咨询的客人,客服均以热情的态度接待,以最快的速度回复,耐心解答每一位客人的问题,真正做到售前针对性介绍,售后服务更加周到,凡是使用或服用有任何问题而前来询问的,均一一耐心地解决,不管是产品质量问题还是物流的问题,均积极地解决。在好评里面可以看到大量的客人对"天香堂"服务的好评,这一点"天香堂"人非常骄傲和自豪。有一位客人,第一次使用"天香堂"的产品,结果有一点过敏,就向售后客服投诉。售后客服人员详细了解客人的使用方法后,通过旺旺和电话等方式,细致地跟客人沟通,告诉客人的解决办法,使用产品的一些注意事项,以及日常皮肤护理保养的正确方法和技巧等。客人被公司的服务折服,非常感动,不但没有责怪,而且从此以后天天都用"天香堂"的护肤品,成了"天香堂"的高级 VIP。2008 年 2 月,"天香堂"已经拥有几千名客户,到 3 月突破了 1 万,比 2 月份增长约 62%,平均每月客户量以 25% 的速度增长,拥有忠实 VIP 客户约 1 万人。面对这些信任的客户,"天香堂"唯有做好自己的产品,做好自己的服务,以最好的服务来感动客人。这样的例子太多了。

"天香堂"主人说:"客人的肯定是我们最大的支持,也是我们前进的动力。每当听到客人的赞扬,我们都深感骄傲,深知未来责任重大。发扬祖国中药国粹,任重道远。虽然前路艰辛,但是一定要坚持下去,弘扬中华文化、中华文明。"

激励员工创造奇迹

"天香堂"奇迹的背后其实是成功领导与团队奇迹的再现。李先生说:"我鼓励员工一有想法就先做,看了效果再来论对错。我们的团队就像一个大家庭一样,大家相互鼓励,相互支持,团结友爱。我们有一个共同的心愿,那就是用努力换来客人的满意。"

"天香堂"目前其实只是一个一周岁的网店,就像婴儿一般,还需要更多的理解和支持,要经历更多的风风雨雨才能成长。"天香堂"的员工都怀着一颗真诚而感恩的心,愿意为每一位买家提供贴心而满意的服务。"相信每位光临'天香堂'的顾客都是善良而有爱心的人,我们希望与客人成为永远的朋友,让每一次交易都不留遗憾,为社会增添一份和谐美好。"这是他们的承诺。

能做到这些,与李老板的成功管理分不开。他说:"我平时做琐碎的日常管理,做好了,做通了,才能保证管理起来很方便。在管理上,更多是用远景和未来激励员工,告诉他们我们曾经创造了奇迹,你现在就工作在一个善于创造奇迹的团队里,在这个团队里,你会学到很多东西,学会成功做事的习惯,获得成功做事的心态。公司是迅速发展的,随着公司的发展,你会感受到工作环境的改善、收入的增加、人员的壮大,你会伴随公司一起成长。我们拥有最先进的管理流程,每个人在这里都有再培训与提升的机会,主管以上员工工作两年可以再深造,学费都可以报销,包括 MBA 等学位。我们这里工作环境很融洽、很自由,没有上下级压力,没有限制发挥思想和想像力的制度,除了原则问题,其他都很伸缩自由。"

所有这些激励,保证了团队的战斗力。

结语

成功就是一种习惯。"天香堂"主人认为,如果一直都用正确的方法、正确的思路做事,那么长此以往,成功就很容易了,就会成为一种习惯。如果每次做事都有积极的心态,加上信心和正确的做法,成功就是自然而然的事情了。对于创业者而言,必须要有一个好的心态,这是决定做事成功的保证。

淘宝网商在发展过程中经历了两个重要的阶段。

第一个阶段是 2006 年下半年,淘宝网商遇到了如何做大、做强、上规模的难题。从个人店铺如何发展为规模店铺,淘宝商家在资金、人力、技术等的发展上遇到了瓶颈。

第二个阶段是 2007 年下半年,在淘宝网店度过第一阶段的发展瓶颈后,在规模经营的基础上,随着网店经营规模的不断扩大,淘宝网商将以什么样的模式来经营、来发展,成为众多淘宝高端卖家不可回避的一个问题,在这个过程中,众多淘宝高端卖家进行了公司化模式运营的实践。

未来的淘宝发展将呈现两极化态势:一个是规模化经营,另一个是个体特色经营。因此,准备创业的人,一定要做好准备,要有长远的规划。"天香堂"是未来两极化发展中规模化、公司化的典型代表之一。"天香堂"一直采取公司化运作,他们一直坚持采取先进的经营理念,把赚来的钱用于公司再发展,把公司做大、做强,用专业的公司化模式来经营。正因为如此,他们一直致力于培养优秀的团队,使团队成员具有为自己创业的理念,都把工作视为一种事业;公司化运作使他们能够作长远规划。1 年 800 万元的淘宝广告投入成为公司快速发展的强大动力,5 年后年销售额上 5 000 万元,公司争取上市的目标将使"天香堂"的公司化走得更彻底、更迅速,将为未来的创业者和经营者提供典范。

本案例使用说明

一、教学对象与目的

1. 本案例主要适用于 MBA 的创业管理课程、工商管理类别的相关硕士课程的教学和管理培训,也适用于电子商务类、经济类、管理类本科课程。

2. 本案例的教学目的在于帮助企业各层级的管理者和想创业的人以及已经创业的创业者更好地理解创业的实质,理解和掌握公司化运营的重要性。

二、思考题

1. 试指出"天香堂"主人为什么会创业? 又为什么从澳洲回到中国?

2. 试从"天香堂"的发展来看公司化运作的重要性和必然性。

3. 试说明"天香堂"产品为什么能保证高质量?

4. 如何评价"天香堂"人?

5. "天香堂"团队建设有哪些特点? 给我们哪些启示?

6. 试预测"天香堂"的发展。

三、教学思路

教师可以根据教学目标灵活使用本案例。以下思路,仅供参考。

1. "天香堂"的创业完全是偶然的,但发展却是经历了偶然后的必然,产品满足了市场的需要,迎合了顾客的需求。市场机会促使了创业。

2. "天香堂"的发展从初步显示出发展潜力时就开始进行了一定的规划,为了着眼于品牌化运作和经营的目标,公司化的运作成为必然之路。

3. 优质的产品源于中医世家的专业背景,优质的产品源于追求优质产品的理念,优质的产品源于严格的产品质量控制(优质的代工合作厂商),优质的产品源于大量资金的投入。

4. 这是淘宝上领先的一群人。领先的产品,领先的专业背景,领先的经营理念,领先的经营模式,这是一群能够影响很多淘宝店铺的经营模式,能作淘宝店铺经营范例之一,这是一群可以真正推动拥有自主品牌的发展,想进行专业化、公司化模式经营,能推动淘宝发展的人。

5. "天香堂"的团队建设有着独特的特点,但也体现了创业型、成长型公司的共性。

6. "天香堂"向股份制发展,将是必然的道路和选择。

四、教学要点

1. 把握"天香堂"创业的基点和创业的思路。

2. 了解创业中团队管理与建设的重要性。

五、建议课堂计划

本案例适用于专门的案例讨论课,在创业管理课程中进行。以下是建议的课堂计划,仅供参考。

整个案例课的课堂时间控制在80~90分钟。

课前计划:提出启发思考题,请学员在课前完成阅读并作初步思考。

课中计划:简要的课堂前言(2~5分钟)。

分组讨论(30分钟)。

引导全班进一步讨论,并进行归纳总结(15~20分钟)。

课后计划:如果有时间,请学员相互交流一下,写出自己的读书报告。

第三章

百年成一事的"星月交辉" ①

摘　要：本案例讲述"星月交辉"的主人王晔坚持塑造一个金牌店铺而所做的一切努力。他执著地追求"星月交辉"的梦想，坚持不懈，终获成功。

关键词：创业　诚信　服务

"错位"

随着和他越来越熟悉，笔者最深刻的感觉是"错位"。他最喜欢的是小动物，少年时代的理想是做个动物园园长，期望和大自然、动物有亲密地接触，过自在人的生活，结果阴错阳差创业了，成为一个公司的老板；他做老板的期望是做个好人，打造自己的品牌店铺，但经历一系列折磨和无奈，这个好人却很难做成；从他的性格特征上来看，他有点忧郁的个性和悲天悯人的浪漫气质，特别适合去做哲学家、思想家或者诗人，但偏偏却从事了最不浪漫的活动——创业；他不善言谈，却精于思考，没有其他创业成功者的那份雄辩，似乎也没有创业者的那种激情，可他偏偏是个不折不扣的创业者。在他身上，似乎一切都

王晔

① 本案例是江苏大学工商管理学院教师胡桂兰收集整理编写而成。未经允许，本案例的所有部分都不能以任何方式与手段擅自复制或传播。本案例授权中国 MBA 培养院校案例中心共享使用。由于企业保密的要求，本案例中有关细节作了必要的掩饰性处理。

是"错位"的，却又是那么完美地结合在一起。

他就是100%好评皇冠卖家"星月交辉"的老板王晔，也是上海依蝶雅化妆品有限公司的创始人和负责人。他这样介绍自己："大家好，我的名字叫王晔，因为比较喜欢繁星满天的夜晚，所以为自己的小店取名'星月交辉'，希望店铺能像星月交辉的夜晚那样美丽，令人着迷!"

他对顾客如此承诺："'星月交辉'——以我们最诚恳的心，换您最满意的笑容!"

目前为"娥佩兰"、"一朵"、"卡姿兰"等品牌化妆品网络首席形象店;四年品牌诚信经营，综合评估名列淘宝第55位，好评率100%;2006年CCTV2国庆节目特邀嘉宾;网商丛书、《生活周刊》转载的明星网店;高标准产品承诺服务，售出一周内发现质量问题，无条件退换。

他真能做到吗? 在淘宝成为中国C2C第一之后，在产品大规模挺进商城的时候，推出一周有质量问题无条件退换的承诺，"星月交辉"能执行下去吗?

5 000 元开始创业之旅

王晔创业最初也是一个缘分，因为内心一直向往自由的生活，所以毕业后他选择在上海一家医院做网络管理员工作。工作环境是一个10平方米的机房，岗位就自己一个人，只要能安排好日常的维护工作，这份工作是比较自由的，可以做很多自己想做的事情。最初他很多的时间用在玩网络游戏上，2003年在一次浏览网页的时候，不经意点击进入了易趣购物网，发现还真有不少好的商品，而且很多店铺也做得蛮有特色，所以自己也免费注册了一个。

易趣的网店开了，卖什么呢? 第一个要考虑的就是货源。上海交通便利，产品丰富，货源也丰富，但是王晔不希望做成杂货铺，而且资金有限，只能从小批量做起。经过认真考虑，最终选择了化妆品，因为做化妆品有很多便利之处，化妆品的介绍宣传都可以通过网络实现，不需要自己重新拍摄加工，而且体积小，很适合邮购。

决定卖什么之后，紧接着就是定位市场，一个好的定位能决定了今后的发展道路。如何才能集中优势突出销售? 王晔的想法是单品牌突破，做成特色品牌的专卖店。大家都知道，现在市场上的化妆品品牌繁多，光是热销品牌就超过百种，想把市场上众多的热销品牌都收入自己的店铺，需要不小的资金（据了解取得一线品牌的地区经销权所需资金约500多万元），而且很多成熟品牌对市场管理十分严格，利润空间非常小，再花钱从不同品牌大大小小的经销商处批得产品,希望做个成功的网店实在是很难,而且绝对不会有竞争优势。王晔认为当时顾客选择网络购物的最重要原因之一就是价格便宜,因此,不如化零为整,把打算进10种品牌化妆品的钱,全投给一个处于发展中的二三线品牌,这样至少在这一品牌上有优势,如能最后参与品牌建设,也就成功一大半了。考虑好之后,他开始考察品牌,最终选择了"一朵",2002年"一朵"在北京首先上市,第一年即销售3 000万元。目前,在全国大部分省市均有销售,年销售额6 000万元。其产品有抗敏感、易吸收的特点,在年轻的女性客户群中有良好口碑。由于过分扩张,导致资金链断开,一度陷入困境,最后被迫撤去很多专柜,但是其产品的质量却是有目共睹的,是一个具有潜力的二三线化妆品品牌,正好王晔的一个朋友是"一朵"的经销商,于是王晔揣着5 000元购进了"一朵"护肤产品,开始了自己的网店经营生涯。

赢得知名度

网店开始之初,最难跨越的障碍就是缺乏知名度。在2003年,网络购物是相当新鲜的事物,还没有今天这样风行和普遍,而且网店是个虚拟的购物平台,它的产品不可能实实在在展现在顾客面前,因此交易本身具有一定的难度。一般顾客网上买东西,都非常看重网店信用度,否则很担心买到假货次品。为了能迅速积累第一批顾客,王晔采用了两种方法:(1)完全信任每一位来小店光顾咨询的顾客,坚持货到满意后再汇款;(2)刚开始成交单数不多,本市范围尽量坚持自己亲自上门送货。

采用了这两种方法后,结果是在店铺信誉还很低的情况下,迅速提高了成交量。采用第一种方法的结果是有5%的顾客在收到产品后没付款,但王晔认为以这点损失换得绝大多数顾客的忠诚和信任,完全是值得的,而且这让店铺得以快速成长起来,有了上佳的口碑与信用度,其中部分顾客光临支持小店达几年之久,一直是最忠实的顾客之一。经过这个艰难的开始后,王晔小店的生意就日益兴隆起来了。

以弱胜强

然而成功的道路总是曲折的,在这个充满竞争的年代,在网络缺少规则监管、弱肉强食的空间里,王晔店铺上佳的销售记录很快就吸引了几位地区高级别代理商的注意,他们对这个弱小的竞争者的出现既害怕又痛恨，害怕他发展成为大的代理商而影响他们的利润，痛恨他通过新的渠道夺取了部分市场，他们想让这个刚出世的婴儿夭折，于是凭借自己的价格优势发动了敏感的价格战。品牌销售，货源制胜。相同的品牌，如果缺少价格品种优势，销售量将随着竞争力的减弱而直线下降。对于王晔和他刚刚出生最多能算满月的小店来说，这是致命的袭击，不突破只有死路一条。怎么办？只有寻找他们的缺点，然后采取相应对策。王晔善于思考，他经过慎重而缜密的考虑后，决定采用以下 3 种办法与大代理商抗衡。

（1）四两拨千斤。当时期望压制和扼杀"星月交辉"的几位经销商，他们实力强，拿货价格有优势，而且网上销售相对实体销售少了很多中间环节，他们就全面调低了网上售价。王晔的店因为进货量少，代理级别低，价格上没优势，如果自己也采用相同方法调低价格卖，几乎是白干，坚持一段时间后最后就是放弃，撤退关闭。为了应对价格战，王晔采用了主打明星低价产品的方法，靠主推几款热卖特价产品，用几款超低价来抗衡全面的低价，以此吸引和留住顾客。

（2）草船借箭。品牌销售业绩很大一部分取决于对这品牌的货源的控制。因为每家公司生产上都有一个周期，全部产品一个轮次的生产周期比较长，所以王晔非常关注公司什么产品有可能缺货，然后他就积极备库，甚至不惜从网上其他卖家那里购买，以全货比拼其他卖家的短缺，从而赢得顾客对店铺的信任与依赖。

（3）断臂求生。顾客在购买化妆品产品时都十分在意生产日期。凡是进货量大的经销商，都用先进先出的库存管理方法。王晔发挥自己店小而灵活的优势，就把产品后进先出倒着销售，而且特别标注"最新鲜"字样。因此吻合了顾客"喜新厌旧"的心理。

王晔成功运用这些战术，在这场旷日持久的价格战中赢得了胜利，再次扩大了销售量，月销售从最早的几千元，提升至如今每月 10 万元的销售额，"一朵"公司提高了他的代理级别。

这番较量，绝对不是单纯意义上的胜利，它为"星月交辉"店最终成为真正意义上的"一朵"网络第一店铺奠定了雄厚的基础。

明确目标

希尔（N. Hill）用 25 年的时间采访了 500 名各行各业的杰出人士，归纳出了成功者的 15 个人格特征：目标明确；自信；有储蓄的习惯；有进取心和领导才能；有想像力；充满热忧;有自制力;付出多于报酬;有吸引人的个性;思想正确;专注;有合作精神;敢于面对失败;宽容他人;己所不欲,勿施于人。名列前三的名人是亨利·福特、富兰克林、华盛顿,在上述人格特征中,"目标明确"和"专注"最重要。

"星月交辉"王晔就是一个目标明确而专注的人。

王晔说,光阴流逝,日月交替。人的生命时光短暂而易逝,在创业道路上的脚步,有时总会觉得越来越沉重,最终迷失了自我。所以凡是要成就什么事业,必须先设立目标。有了目标,保持一个平和的心态,不急于求成,不好高骛远,一步步地积累,一点一点地向着目标的方向努力。人生的目标,不要求非常详细、具体、精确、细致、一目了然,只要如了解东西南北的方向就可以了。自己目前从事的事业可以是一两年或者三五年的目标,如在淘宝网拓展新天地的时候,就订过以下目标:(1)通过网络打响一个品牌;(2)用3年的时间,在同行中成为优异的网店;(3)能汇聚一批优秀的人才和优质店铺实现"星月交辉"的梦想。

事实上,后来对很多事的坚持,也确实是遵循了这个最初的目标。这很像是小时候玩的游戏,刚开始总是一个人,有一个梦想,默默无闻从一个小村庄出来,最终结局是组成了一群经受磨炼的团队,但现实是很多人会中途放弃,游戏没有结果。目前王晔已经坚持了4年多,有了一些志同道合的朋友,随着时间的推移,他相信这样一群人会越来越多,这个团队就是"星月交辉"最终的财富!

4年中,为了坚持这个目标,他曾经一次又一次与诱惑和机遇擦肩而过,甚至还得罪过朋友。4年中,他遇到过一次又一次可以加盟很多种类化妆品牌的机会,他总是在权衡、考虑后放弃了,坚持做自己的金牌店,坚持只发展几个品牌,不盲目拓展与推进。甚至在朋友要求进驻和代理一些化妆品的时候,由于考虑到它们和自己总体的目标不符合,虽然相当为难,但最终还是委婉拒绝了。当然,坚持成为金牌店的好处是顾客的忠诚度和回头率很高,顾客的信任度也非常高,可是却一次又一次失去了能够在短期内快速发财与升级的机会。那么他为什么能抵制住金钱的诱惑呢?

一个人之所以抵制不住诱惑,往往是因为他被一种强烈的好奇心所驱使。当然,这种好奇心并非都是坏事,像爱迪生的创造发明、哥伦布的远洋冒险,不就是受了好奇心的驱使么?可是,好奇心有时确实也会带来麻烦和危害。究其原因,主要是自己对不良的诱惑盲目无知或认识不足。常常只知其有趣的一面,而不知其有害的一面,至少知之不详。因此,要抵制不良诱惑,首先应当提高自己的识别能力,增强自己的"免疫力",要能把握事物的优劣主次,特别是当某一具有诱惑力的事物有人反对时,应该多听听、多看看,冷静地思考一番再决定取舍。

更重要的是,要加强自己的意志锻炼。许多人抵制不住诱惑的一个重要原因,就是缺乏自我控制能力。自我控制力的高低影响一个人成就的高低,经过研究发现,自控能力越强的人越容易成功。笔者想起马云曾经说过,一定要坚持不贿赂,坚决抵制回扣等不正当手段。为了这些,王晔曾经开除过相当优秀的员工,甚至使公司几度面临破产的困境,但是最后一切都挺过来了,成就一个知名公司的梦想和对正义的坚持与执著都成为现实。

王晔也一直在抵制与自己公司和店铺的经营目标与战略不相符合的举措与诱惑。他坚信百年成一事,坚持着自己的梦想和目标。笔者想,王晔能抵制这些诱惑,与他的高尚情趣有关。一个具有正确的人生目的、崇高的思想情操、丰富的精神生活的人,才能抵制住各种不良诱惑。若诱惑与自己的志趣相悖,则实现自己的理想就必须抵制诱惑。王晔大概也经常"自我激励",不断的"自我激励"促使他自觉地抵制住各种不良诱惑。

与同行融洽相处

"星月交辉"拥有很多荣誉,上过报纸,进过书籍,还到 CCTV2 接受了访问。其实笔者从不同的渠道与途径很早就知道了"星月交辉"。关于同行,关于竞争对手,笔者在他这里没有听到任何诋毁,甚至一个稍微的鄙视或者一言半语的指责都没有。王晔说同行间竞争激烈,价格战多,但一定要注意保持自己的形象,关于形象店铺的想法与实践,就是在一而再、再而三、此起彼伏的价格战的袭击下得来的。

其实很多人更感兴趣的是"星月交辉"店铺在长达 4 年的经营中,享有三皇冠信誉且目前能保持 100% 的好评记录,是如何做到的。王晔说,说实话,相当不容易。以下几点建议供大家交流。

(1)不能在没有生意时,到同行信誉评价中挖顾客。把这作为第一点,并非因为我们信誉高、顾客多,担心同行来挖生意,只是这种行为实在不适合您的店铺长远而健康地发展。弊远大于利,赢来的顾客忠诚度也不高!切记,在同行间也丢人!

(2)根据自身实力成本,厚道定价,赢得顾客的信任。绝不能为了吸引顾客而不计成本,标新立异,乱打价格战。这既不能保证买家售后的利益,又得不到同行的支持。

(3)同行间需要帮助时,尽可能协助,以赢得尊重。同行间融洽相处,会创造一个很舒适的交易环境。

对于价格战,相信很多卖家都深有体会,同行间挖顾客似乎是正常的事,俗语说"同行是冤家",在网上似乎表现得更明显,因为这里价格透明,有人就是定价比你少一块,或者几毛,或者几分钱。也有一些特别不齿的卖家,专门找对方的顾客,然后揭短,揭开商业上的机密,甚至歪曲事实,故意诋毁别人来抬高自己,这样的卖家也许能够做到一笔两笔生意,但如此做法实在是有辱人格,也无法获得顾客的真正信任,任何一个皇冠卖家,任何一个做得比较好的卖家,都是经受了风雨而来的,都有过深刻的体会,所以要厚道,经商即为人,98%的经营依靠人性,要长久留住顾客的唯一办法就是依靠人性,人性化的店铺,人性化的经营,人性化的服务。一定要记住"小胜依靠智慧,大胜依靠德行"的道理。让笔者尊敬的是,在这4年经营中,"星月交辉"店从不进行恶性竞争,同行很少对"星月交辉"进行恶意评价。真正发生同行恶意的评价只有一次,最终也是通过相互沟通解除的。王晔对笔者说:"沟通,真诚的用心的沟通是解决一切问题的关键。"

坚持做化妆品

4年来,王晔有过很多机会从事其他行业,甚至可以去做自有品牌,卖高档奢侈品赚取暴利等。但是他还是坚持做化妆品,原因有很多。

首先,他觉得化妆品适合网上销售,从产品文字描述到图文并茂的宣传,能够很容易把化妆品的功能特性介绍给消费者。商场豪华的全岛、半岛式形象专柜让很多普通顾客望而却步,不敢长久驻足了解自己需要的产品,但网络精美的页面介绍可以向每位爱美的女性提供轻松选购的环境,不用担心自己长久观望而招致专柜柜员不满。

其次,化妆品也是消耗品,只要平时做好顾客的产品咨询,有良好的售后服务保障,很多顾客都将成为回头客,生意长久,每月的成交额比较稳定,而且女性有爱好购物的天性,在这一点上购物理性的男士是不能相比的。

再者,化妆品体积小,邮购方便,只要平时在包装上下点功夫,注意部分玻璃易碎品的防震保护,一般顾客接到货都会满意。所以王晔目前把化妆品作为网上主要销售的产品,而且要做顾客口碑良好的品牌形象化妆品。只有这样才能赢得朋友的长期惠顾和支持,为网站今后更多的发展奠定基础。

塑造品牌店铺

从开店的那一刻起,王晔就想塑造一个品牌店铺,让"星月交辉"成为真正的金字招牌。但是现实中同类产品会有价格差异,卖相同产品的店铺会有不相同的销售业绩,而且很多品牌能够长久,很多则不能。王晔认为品牌信誉起了很重要的作用。每个产品有各自的品牌,店铺也有各自的品牌,所以王晔认为经营一个网店等同于经营一种品牌,即品牌店铺。产品品牌的塑造很难,店铺品牌的塑造同样需要经营者分外小心谨慎。

王晔说,相对于产品而言,他更重视店铺品牌,因为产品不好可以换,店铺不好却只能撤,不然前方的路会越来越窄!在淘宝经营的4年中,因为店铺一直处于一个上佳的位置,所以有过非常多的合作机会,但考虑到要成为一家品牌店铺,长久地发展经营下去,因此一定要以顾客利益为根本,站在他们的立场为他们考虑,只有这样才能赢得他们的信赖和支持。一切商业技巧、营销策略,如果脱离了这个根本,也许短时期会有不错的业绩,但很难成就一个品牌。在店铺的经营过程中,这一想法在他的脑海中越发坚定。每当出现合作机会,他总会考虑这些产品是否真正符合顾客的根本利益,它们是否足够安全,产品品牌经营者是否有成就品牌的理念。在产品品牌的选择中,王晔一般会考虑一个发展进入中期并呈上升趋势的品牌,因为这样的产品往往会有一个长期稳定的合作时期,才能让顾客买得放心,店铺品牌才能发展。

因此当有买家询问"星月交辉"店铺中某些产品的特点时,王晔常常会道其不足,而且真的实话实说,结局常常有买家作出了别的选择,但他相信为小店赢得了信誉。"一朵"品牌曾有一款防晒霜系列,油水容易分离,退货率很高,但公司的改良新品到4月还迟迟未推出,王晔向顾客就实话实说了。用有质量问题的产品卖给不知情的买家赚钱的想法,在"星月交辉"这里从来没有过,因为销售劣质产品的过程其实也是个拆铺的过程。"这世界上有许多的追求,但千万别输了自己。"王晔坚定而执著地说。

信任的力量

笔者反复追问王晔最难忘的事情是什么,王晔终于给了笔者一个回答。他说:"经营4年以来,确实经历了很多很多,也许应该有许多值得难忘的事,但却有一件小事不知道为什么,印象如此深刻。时间大概在2006年春节前,在我们傍晚发货快结束时,收到短信,内容大概说,曾经一直关注我们店铺的一位老顾客,看中一批产品。因为学校放假,马上要离开,但晚上去银行汇款,银行又关门,希望今天能帮忙把产品先发出来,钱明天汇到。当时因为考虑是老顾客,也没多犹豫,就把产品发出了,价值200多元,后面的情况大家也许都料到了,产品一去不复返,可钱迟迟没有收到。考虑再三,最终我们也发了一条不抱希望的短信,意思是 200 元对在校学生可能不算少,但肯定没有我们对你的信任价值高。在这之后的第三天,接到一个电话,说她就是那位没汇钱的女孩,看了短信觉得挺难受,现在钱已经汇在工行账号上了。这之后时常有顾客来买产品,说是她介绍的。信任的力量有时候就这么强大,世界就这么神奇,每当想起这件事,内心总是觉得无比宽慰。"

其实人与人相处最重要的就是相互信任,有谁不渴望获得他人的信任呢?亚当·斯密认为,人性结构中有一种自发的道德秩序,体现着个人的自爱、同情、正义和自制这些美德。这些美德就是源于我们对他人的信任,对生命的认同,对人生信念的肯定。在人们的相互关系中,信任对于人类就像空气对于生命一样重要。有了信任,思想与思想才能交流,心灵与心灵才能沟通,人与人才能合作。同样,有了信任,斥责才能变成鼓励,虚伪才能化为真诚,仇恨才能变得宽容,猜忌才能转为理解,狡猾才能成为单纯。信任是一种弥足珍贵的东西,没有人用金钱买得到,也没有人用利诱和武力争取得到,它来自人的内心深处,是活在灵魂里的清泉,它可以拯救灵魂,让心灵充满纯洁和自信。构建健康而和谐的社会,需要全社会和每个公民共同推动,只有在双方同步发展的过程中互相支持,我们才能在社会生活中处处见证信任的力量。

王晔从一开店就支持先发货满意后付款的做法,一直到现在。顾客收到货物后不付款的现象经常发生,但是越来越多的人开始信任"星月交辉"。

100%好评

可能很多网店的卖家会羡慕"星月交辉"的三皇冠店铺和保持100%的完美好评的记录,会想这有什么秘诀才能做到。王晔认为其实好评率在95%～100%的店铺并没有本质的区别,因为这样的店铺一般都能做到卖正品而不是卖假冒伪劣产品,这是最重要的。另外,王晔和他的"星月交辉"店在品牌选择上比一般店铺更谨慎,需要有正规品牌授权保证才上架销售,这样就增加了售后保证。同时,要多站在顾客立场着想,多些理解,多些交流。"星月交辉"偶尔出现中差评,却总是能撤的那么快,个中原因,正在于此。

能做到100%好评,关键就在于用心对待顾客,真心对待顾客。

2007年12月,上海商盟第一次聚会。王晔突然被邀请到台上讲话,由于事先没有准备,他只简单地讲了几分钟。王晔讲,很多店,尤其是级别高的店铺,由于生意量大,经常会对快递公司压价,但是王晔从来不这样做,他总是要求快递公司一定要及时、安全、准确地送达，而不仅仅是单纯追求便宜的价格。也因为如此，他的公司的货物丢失率最低，到货率最高，顾客反映快递员态度恶劣的情况少而又少。他的话刚完，台下淘宝网"说天说地"的掌门鲁燕玲马上讲述了一件难忘的事。周五晚上她在"星月交辉"店购买了产品，结果周六早上 8 点，自己还在睡觉，就被快递员叫醒，快递员已经送货上门了。不谈产品的包装如何精美，感叹的是这个速度。真正站在顾客的角度为顾客考虑，站在快递公司的角度为快递公司考虑，站在合作伙伴的角度为合作伙伴考虑，才能真正做到共赢。在与供应商及物流公司合作时，王晔注重平等共赢及更好的服务保障。如果一味求低价，相信供应商对你的服务质量会下降，合作关系也会紧张。换个角度想想，如果顾客每次购物都要求更低的优惠价格，长此以往如何维持产品的质量生命呢？

同时王晔说，还有一些事情，不推荐卖家尤其新来的卖家做：

（1）为求信誉，卖 1 元产品。这样做虽会增加您的"信誉"，但很容易遭到中差评价，而不是好的评价。实际上，在笔者访问的过程中，确实遇到类似的现象，总有人反映便宜卖产品却捞不到好，各种恶意评价由此而生。

（2）通过小号或者朋友多拍产品增加信誉，但这样的信誉来得快，去得也快！

（3）高调做事，低调做人。网络发帖，论坛发言，尽可能讨论问题，绝不发攻击性言语。

团队的协调

"星月交辉"目前是化妆品品牌"娥佩兰"、"一朵"、"卡姿兰"的网上首席商铺，也是不多的几家 100% 好评的化妆品皇冠店铺，是一个所有顾客都评价包装认真的店铺，是一家有着自己品牌形象的皇冠店。"星月交辉"说他们经营的成功，不是靠单独一个人，而是靠一个团体。

随着市场竞争的日益激烈，企业更加强调团队精神，建立群体共识，以达到更高的工作效率。特别是遇到大型项目时，想凭借一己之力去取得卓越的成果，可能非常困难。单打独斗的时代已经结束了，取而代之的是团队合作。王晔一再强调，做到今天是依靠团队的力量。

事实上他从来都没有把员工当作员工，而是把员工当作朋友。他总是遗憾和自责，自己没有给他们带来更高的收入，但他骄傲的是这个团队是他最大的财富之一。4 年前步入化妆品行业是依靠朋友的帮忙，目前靠的是团队力量，所有的一切都不是一个人完成的,而是大家共同努力的结果。2006 年 7 月,笔者首次和王晔沟通,当时"星月交辉"店共有 5 名成员,不久增加到 6 名,12 月王晔告诉笔者又有两位朋友加入了。他们分别做客服、库管、发货、平面、设计、摄影、策划等工作。王晔坦白地说,做好一个网店其实真的很不容易,甚至比做好实体店更难,需要关注更多的细节,应对更多可能出现的问题。大家都需要很努力地做好每件事,比如推广、店铺经营、如何开拓等。

团队的组成不是一个人,个人需要融入团队,和其他成员共同努力、精诚协助。每个成员都是团队不可或缺的。在团队成员的招聘中,王晔首先考虑品德。他要求自己的员工做到以下 3 点:

(1)懂得信任。相信自己的伙伴,相信他们能够与你协调一致,相信他们会理解你、支持你。一个团队只有在信任的氛围中才可能有高效的工作。如果大家相互猜忌、互不信任,那么分工合作就不可能做到,因为总有一些任务依赖于别的任务,同时,猜忌的气氛让每一个人都不能全心投入到工作中去,也不利于成员们充分发挥自己的工作能力。

(2)能为他人着想。不要事事都从自己的角度考虑。如果遇到什么问题,先从别人的角度想一想,看看怎样能让他人更加方便。这样的人在团队当中会很受欢迎,同时也更有亲和力,而亲和力对于团队合作来说是很重要的。

(3)愿意多付出。付出并不是什么坏事。多做一些,可以让团队的工作进展更快,也得到更多的好评,能力上也有提高,何乐而不为呢? 当然也不是付出的越多越好,如果所有的事都让自己做了,其他的人一定会有意见。

王晔在招聘团队成员时,还强调效率和执行力。员工光有品德,不能创造价值,也是不行的。为了创造价值,必须强调效率和执行力,通过以下方式可以做到高效执行。

(1)分工明确。一个好的团队,必定有明确的分工,有合理的奖罚机制,每一位成员清楚自己要做什么,什么时候做完,做到什么程度。当分工确定后,如果某一任务的负责人员遇到了某种困难而无法按期完成,其他成员要给予帮助,不要死守原来的分工。

(2)做好自己的事情。团队合作中,最起码的事情就是把自己的事情做好。团队的任务都是有分工的,而且相互的协作如同马达齿轮般丝丝相扣,分配给自己的任务就要按时做好。否则,因为一位成员的效率低下,就会影响整个团队的工作进程。

承诺

王晔说自己招聘员工一般都去劳务中介公司,而且不管是否录用,王晔都自己先垫付全部中介费,赢得了劳务中介公司的赞赏,所以大家关系很好。一旦王晔有招聘员工的需要,劳务公司总是第一时间给予介绍。笔者问为什么这么做,王晔说给所有的人一个机会,也就是给自己更好的机会。因为第一轮面试后,应聘者的能力是否符合招聘的要求还很难说,必须通过试用期,但这时可能这位能力优异的应聘者身边没有钱,想找一份工作,愿意尝试一下,而劳务公司介绍成功一般要收应聘人的钱。第一次的面试其实是"星月交辉"在选择员工,同时应聘者也在考虑是否选择"星月交辉"。若需要花钱做这个选择,应聘者就会很谨慎甚至放弃机会,这样可能会导致"星月交辉"失去一个很好的人才。

针对现在满大街招聘广告,王晔对此有自己不同的理解:人员的稳定性很重要。一家公司,一天到晚招人,要么就是变相广告,要么就是这家公司不稳定。"星月交辉"店特别强调员工的品德,然后对其品德与工作能力有一个考察期。不管应聘者有没有通过"星月交辉"的考察,劳务公司中介费都由"星月交辉"支付。这样劳务公司也愿意推荐优秀的人才来,可以给公司增加机会。

王晔是个不折不扣的好老板。这个好老板,除了信任、激励他的员工,以身作则外,更多的是给他们期望的远景、公平的待遇。因为"星月交辉"有很长的路要走,所以王晔对自己的员工有以下承诺:

(1)感情承诺。感情承诺也可以理解为信任相对进入较早的员工。员工在这里的时间比较久,说明他们非常爱这个集体。对这样的员工,要从感情出发,在很多方面,比如生活上、福利上提供更好的待遇。

(2)规则承诺。团队的发展,离不开公平的奖罚激励。让每一位成员都能在协作中有机会获得更好的回报,必须有一个公平的环境,定下相应的制度和规则,除非外界因素有较大改变,否则先前定下的奖惩比例必须兑现。

(3)待遇承诺。定下的激励金额、奖金数必须按时给予兑现。这样才能在下次推出相应政策时,成员共同努力达到最佳效果。

(4)发展承诺。尽可能给每一位团队成员多些培训学习的机会、实现自我价值的机会。让个人与团队一起发展,共同进步。

双龙吐珠

王晔说,经营4年来,成为金牌店铺,成为受人信任的公司,有两点是最根本的、最重要的因素,就是"双龙吐珠"。

1. 做店就是做人,尊重顾客

王晔一直抱着为朋友做点事、成交应该是快乐的想法经营店铺,在淘宝努力的几年间认识了非常多的朋友,大家彼此至诚的情谊让人感觉舒畅,产品的价格、成交与否,其实已经并不重要,更多的是朋友间相互传递的融融暖意。有这个想法作基础,所有的灵感创意都有了同一个目标,即理解顾客,前提是,必须打心底里尊重顾客,不能敷衍了事。比如因为"星月交辉"每天发货量比较大,到北京等地的快递都是 8 元,如果有些北京的顾客,自己拍下支付了 10 元的快递,店员都会在包裹里放入 2 元。合作的快递公司称赞"星月交辉"店是为数不多把实际价格写在快递单上的用户。尊重每位顾客,发生问题能如同朋友般站在顾客角度思考,这样也就得到了很多顾客朋友般的理解与支持,所有这些使在店铺里买东西的顾客很放心,钱像放在自己家里一样不会少,这一点很重要。因此,虽然"星月交辉"没在论坛发帖,没做过特别的宣传广告,但是口碑宣传却使生意兴隆。网络的口碑效应几乎同病毒效应一样,蔓延很快。时间久了,朋友多了,生意自然也就好了。

不过王晔强调,尊重不表示无原则的迁就。比如一个买家来他们店咨询订购,通过店员对产品的详细介绍,她选择了适合自己的产品,但接下来如果提出很过分的打折要求,在了解店铺确实做不了而依旧要求希望店铺不赚钱卖货的话,那么就是不尊重店员的劳动,店员可以选择拒绝,因为尊重是相互的。对顾客,必须有所选择,这样才能更好地服务于每个信任他们的朋友。

2. 坚持是成功的最大保证

坚信成功没有捷径,王晔在开店最初的 3 个月中成交量总共就 30 笔左右,但他坚持努力,生意平稳增长,没有大起大落。他希望很多人不要期望一下能够有多么快的增长与飞跃,平稳的发展、健康的发展比一切都强。

王晔说坚持真的很难,要忍受寂寞与孤独,做到这一点不容易。尤其是很多刚来淘宝开店的朋友,大都揣着颗浮躁的心,觉得自己的店铺没人光顾,信誉低,生意不好,非常着急,有的人就容易迷失方向,随意改变自己的经营方向,有的人在入不敷出中干脆选择了放弃。经营化妆品 4 年,在淘宝也有不短的日子了,他曾经看到有的化妆品店铺做着做着就沉了下去,"星月交辉"也许并不比别人具有多么明显的优势,尤其是他刚来淘宝开始卖"一朵"时,当时在众多卖"一朵"的店铺中,"星月交辉"是没有什么名气的。能够做到今天完全是因为坚持,坚持就是胜利。王晔建议所有的卖家朋友们要尽力做好每件事,毕竟人生有许多的追求,千万别输了自己。

做好售后服务

有句老话说："要生财,久开店!"一个产品的发展前期是看销售,但要保持良好的持续经营就必须看后期的维护服务。网上很多卖家都会遇见日益激烈的价格战,一味追求低价招揽顾客,利润坐标最终会趋向零。怎样才能扩大销售求得长久的生存呢? 这跟售后维护服务有关。试想一个买家一直在你家购物是为了什么,是希望价格一次比一次更低吗? 买家一次次光临,店家感觉就像末日即将来临,这当然不行。首先要了解买家的需求,基本要点是:(1)店铺必须是持续经营的,没有顾客愿意自己今天所买产品的店铺明日就消失;(2)产品需要不断更新,因为世界是不断进步的,多个选择总是好的;(3)要有家的感觉,这也是提前销售的概念,预想顾客可能需要的。

王晔特别强调最后一点。主要方法是为每位顾客准备一张会员卡,记录下详细的信息(包括每一次的购买记录、肤质状况、购买产品使用后的效果反馈)。有了这些,一个家的轮廓出现了;接着当然是根据每位顾客的需要,进行采购。这些说起来比较笼统,但所需投入的时间和精力是销售一件产品的好多倍,不过绝对值得。有一句营销名言说:"定位不是要你在产品上动手脚,而是要你在潜在顾客心中动脑筋,并把你的产品放进去。"所以,王晔认为,营销的真谛是为顾客建造一个梦想中的家。王晔强调,真正的、最伟大的营销不是靠广告,而是靠推荐给顾客他真正需要的产品,站在他的角度考虑他的需要,为他出谋划策,这样的营销才是受欢迎的营销,才是能够长久的营销。

也许正因为这些,"星月交辉"店的评价都出奇的好:

> 店家哥哥的东西真的太好了,服务也超一流,今天收到东西真的是被细心的包装给吓到了,没多少钱,可卖家哥哥却如此细心地对待,真的感激不尽。这也许是淘宝每一个店家值得学习的地方,在这儿的确有宾至如归的感觉! 谢谢!
>
> 睫毛膏是我最满意的,拿到手我就试用了,一整天的时间果然没有出现熊猫眼,还没试完,但我想应该不错。这个睫毛膏好!
>
> 产品很好用,这已经是第N瓶了。卖家很好。继续支持。

看了类似的评价,对王晔和他的店铺就会更了解、更信任、更加觉得亲切,顾客也会更加忠诚。

虽然说买家是上帝,但顾客是形形色色的,什么样的都有。为了避免不必要的麻烦、误会和冲突,王晔说:

(1)成交前尽可能把有关产品的各类信息都介绍清楚。让顾客在购买时心里踏实,当然也可以避免出现不良顾客的无聊行为。

(2)成交中发生问题,尽快答复并给予解决,不能卖了产品就完事。

(3)成交后如果确有误会,买家给出中差评价时,请先了解情况,主动沟通,解决问题,不推荐直接提交投诉、让淘宝评判的做法。

王晔说自己在多年的淘宝生活中,从未投诉过一个买家,从未给出过一个中差评价!

常存忧患之心

"常将有日思无日,莫待无时思有时。"常想这样的老话是有效果的。王晔觉得目前经营范围需要拓展,所以考虑同时开拓服装业务之类,但化妆品业务还是会稳定发展。目前考虑和"星月交辉"一起开创服装品牌的朋友,都是来自非常好的服装公司,每个人都有独立设计的能力。服装设计师很专业,可以根据顾客日常工作、学习等情况,用专业的眼光,帮顾客选择搭配服饰,提升顾客的生活品味。另外,由于目前店铺大了,经营的产品越来越多,成本越来越大,加强公司库存财务管理工作不容忽视,所以必须不断提升公司财务管理的能力。

登高必自卑。虽然发展事态良好,但王晔始终觉得自己是求生存多于发展。店铺短时期销售好很容易办到,保持长时期销售好就很难了,正是如此,才让他格外清醒地意识到自己的弱点与优势,一直争取不落后。

整合资源,长久生存

市场营销的发展已经经历了 4 个阶段:第一个阶段是以产品为中心的时代;第二个阶段是以消费者为中心的时代;第三个阶段是以竞争者为中心去思考问题的时代;第四个阶段就是以整合营销传播作为主要观念的时代。

什么是整合营销传播呢?其实就是一个营销传播规划的理念,"星月交辉"目前就处于这个阶段，希望自己能够在这个阶段结合品牌店铺做好、做强。第一，很重要的一个观点就是由外而内地思考问题，就像我们钓鱼一样。我们知道，要想钓到鱼的话，首先要了解鱼在什么地方，没有人会跑到游泳池里去钓鱼。第二，我们要知道鱼喜欢吃什么，而不是我们自己喜欢吃什么，这样才可能投其所好。

我们来分析一下：整合就是将各个分散的片断组合成一个连贯的整体，这个企业在广告创作当中，包括广告定位的统一都是很重要的。营销就是以消费者的眼光来看企业。若以消费者的眼光来看企业，则会发现企业许多新的现象。传播是双向的，是连续的，也是互动的，所以必须具有市场的眼光。

现在，大家已经越来越认同网络购物了，没有了当初开拓的艰难，网络购物市场成长很快，但是门槛相应也提高了。随着市场的不断成熟，竞争的压力越来越大，单纯依靠个人英雄主义已经不行了，必须依靠团队的整体力量。淘宝网从最初的起步到今天成为C2C行业老大，前期依靠个人魅力，能够得到皇冠，现在依靠个人英雄主义，则要受到很多限制，将来的道路也会受到影响。那么怎么办呢？必须靠团队的力量，必须靠联合、联盟。与之同时，还要加强学习，要发现那么多铺天盖地的皇冠和钻石商铺的背后，他们有哪些弱点，然后进行互补。98%的资源都是要靠整合的，通过整合，发挥各自的优势，才能长久地生存。

本案例使用说明

一、教学对象与目的

1. 本案例主要适用于 MBA 的创业管理课程、工商管理类别相关硕士课程的教学和管理培训,也适用于电子商务类、经济类、管理类本科课程。

2. 本案例的教学目的在于帮助企业各层级的管理者和想创业的人,以及已经创业的创业者更好地理解创业的实质。

二、思考题

1. 试列出"星月交辉"店主创业的动机和机遇。他对项目的抉择说明了什么问题?

2. 王晔在激烈的价格战中有哪些生存之道,这些背后说明了什么问题?

3. 试从王晔坚持金牌路线来论述企业建设应该走什么道路? 他为什么能抵制住种种诱惑?

4. 试从王晔对员工的承诺来看团队建设应该走什么道路?

5. 如何看待"百年成一事"的思路?

三、教学思路

教师可以根据教学目标灵活使用本案例。以下思路,仅供参考。

1. 王晔创业的动机是认为网络销售产品之道可行,他选择化妆品是经过了深思熟虑的,而不是贸然行事。这样做,与他本人的性格和个性有很大的关系,应该说这些都是他创业能走远的保证。

2. 王晔在激烈的竞争中之所以能成功,是因为方法加坚持。采用正确的方法,分析了敌我优势与劣势,长时间坚持,敢于"断臂求生"。

3. 王晔的金牌路线其实是具有很强的前瞻性的,应该成为我们创业所吸取的经验。创业想要走远,必须想远;创业想要成就一番事业,必须坚持抵制诱惑,必须坚持目标,虽然目标在发展的过程中可以不断调整,但是必须要坚持,必须要让大的方向与梦想不发生根本性的偏移。

4. 王晔对员工的承诺都是基于对员工的信任与培养的角度出发的,他把员工真正当作团队集体的一个重要部分,而不是获取利润的工具。

5. "百年成就一事"是我们应该提倡的理念,在社会日益急功近利的情况下,在世风日下的状况中,他的坚持具有教育意义。

四、教学要点

1. 把握王晔创业的目标,了解坚持这个目标的艰难与过程。

2. 理解创业中创业者的重要性,尤其是在把握航向方面的重要作用。

五、建议课堂计划

本案例适用于专门的案例讨论课,在创业管理课程中进行。以下是建议的课堂计划,仅供参考。

整个案例课的课堂时间控制在80~90分钟。

课前计划:提出启发思考题,请学员在课前完成阅读并作初步思考。

课中计划:简要的课堂前言(2~5分钟)。

分组讨论(30分钟)。

引导全班进一步讨论,并进行归纳总结(15~20分钟)。

课后计划:如果有时间,请学员相互交流一下,写出自己的读书报告。

第四章

"痞子杨"的奢侈钟表店[①]

摘　要：本案例全面记述杨东岳放弃在日本蓬勃发展的事业而回国选择淘宝网进行创业的全部过程。杨东岳选择的产品，比较特殊，是网络销售中最不看好的产品之一，即高档奢侈品。他在具有劣势的环境中后来居上，个中原因值得探究。

关键词：奢侈品　创业　诚信　服务

背景

对于手表，许多中国人把它看作是一种计时工具。然而，在天津海鸥手表集团总经理王德明的眼中，手表的作用绝不仅限于此：

"实际上，手表是一个蕴含着丰富文化的产品，它不仅具有很强的装饰和收藏功能，而且还与一个人的地位、经济状况、品位等密切相关。目前，世界上最贵的钟表是由瑞士顶级钟表制造商百达翡丽生产的一款机械表，其拍卖价为数百万美元，这个价位足以与其他代表高品位的奢侈消费品相媲美。"

他的话代表了很多手表消费者的心声，在钻石奢华张扬的背后，很多人喜欢选择钟表来体现尊贵和身份。目前我国奢侈钟表的消费越来越走强。

来自中国海关和中国钟表协会的有关统计资料表明，近些年来，随着人们生活水平的不断提高，中国钟表业的生产和消费呈快速增长之势。目前，中国手表年生产量（含组装生产）已达 8.7 亿只，约占世界手表年产总量的 70%；中国时钟年产量（含组装生产）

---

① 本案例是江苏大学工商管理学院教师胡桂兰收集整理编写而成的。未经允许，本案例的所有部分都不能以任何方式与手段擅自复制。本案例授权中国 MBA 培养院校案例中心共享使用。由于企业保密的要求，本案例中有关细节作了必要的掩饰性处理。

为4.2亿只,约占世界时钟年产总量的80%;中国钟表产品的年销售量已达1 000万只(含商业促销),且高档手表消费增长明显。这些数字表明,中国已成为世界钟表生产和消费大国。特别是在代表高技术和丰富文化内涵的高档机械手表的消费上,中国已成为全球最具增长潜力的市场之一。2004年9月,作为世界第一大钟表生产集团的瑞士历峰集团,首次在中国太庙举行会展展示其旗下多个品牌的钟表,此举向业界传递了这样的信息:中国市场已具备了对高档手表品牌的消费能力。

长期以来,由于受经济条件的制约和对钟表文化的理解,中国消费者对手表的消费主要停留在计时功能上,导致了具有浓厚文化内涵的机械手表在市场上出现非理性消费。目前在中国,每年消费的1 000万只手表中,机械手表的消费量不足30%;在瑞士,这一数字接近70%。但随着讲究品位、讲究文化等生活富裕人群及"白领、蓝领"消费群的不断增加,这种状况悄然发生着变化。

眼下,手表所代表的独特装饰、收藏功能及其文化内涵,正在逐渐被中国理性消费者和经济富裕人群所接受。比如,目前在中国沿海经济发达地区,人均拥有手表的数量已达4~5块,他们已开始注意在不同的场合佩戴不同品牌、不同款式的手表,使手表与氛围、身份相吻合。对于一个讲究品位和文化的人来说,他会佩戴欧米茄打高尔夫球,佩戴劳力士进行商务洽谈,而戴浪琴表时一定是在做运动。尽管这种消费理念已在中国出现,但沿海发达地区人均拥有手表的数字,还是远远低于发达国家人均十几块手表的水平。相信在未来几年内,中国消费者人均拥有手表的数量将大幅上升。

与此同时,为了吸引更多消费者,瑞士每年春天举办两大国际钟表展览。2005 年,在巴塞尔举办的第 33 届世界钟表首饰展吸引了约 9 万名参观者,展览共进行了 8 天。日内瓦主办的国际奢侈钟表展更加高档,只邀请展出品牌的专业客人。尽管参观者较少(2005 年有11 500人参观),但是该展览被视为是日内瓦一年中的主要活动之一,仅次于汽车展。客人可以看到顶级手表品牌最近的创新成果,以及限量而特殊的手表。作为瑞士手表展览的补充,瑞士钟表工业联合会于 2003 年开始举办世界巡回展览,以"思索时间,思索瑞士的卓越"为主题,在世界贸易博览会、集会和讨论会上展出,使参观者能更好地认识钟表工业。第一个举办地是俄罗斯的圣彼得堡,接下来分别是布鲁塞尔、曼谷和孟买。

神交

12 月 7 日夜,杭州。

笔者的好友杨凯曾几次提到淘宝最牛的 OMIGO 奢侈表卖家。笔者一直不知道这个人是什么样的,对他充满了期待,真没想到,能在杭州见到他。

第一次见面是在车上,他从前面回头和笔者打招呼,开口就是"美女好!",第二句话就是"买表吗?",直接而干脆,笔者马上知道这个人肯定是北方人,他的外形与说话口气已经将他的籍贯透露出来了,豪爽而不乏机敏,商人的气息迎面扑来。

杨凯介绍说这个人就是杨东岳,淘宝网最牛的 OMIGO 钟表大卖家。他不忘记告诉笔者:"淘宝真是个藏龙卧虎的地方,人外有人,天外有天,原来以为自己就够牛的了,没有想到,还有比自己更牛的人呢。"

后来,我们在杭州"外婆家"饭店吃晚饭,席间听杨东岳和杨凯神乎其神地侃大山,也逐渐明白为什么杨凯说杨东岳比自己牛的原因了。

杨凯和杨东岳是通过网络认识的,原本是买卖关系,杨凯受朋友所托,买 OMIGO 表,经过比较,他选择了杨东岳的店,在聊天过程中,杨东岳被杨凯给忽悠住了:"我在想,这个人的想法怎么这么牛呢? 太强了,人才,很想认识他。"其间,杨东岳这样的话大概重复了三到四次,这一点都不奇怪,因为笔者与杨凯认识快两年了,他天马行空的跳跃式思维笔者曾深刻体会过，他思想的魅力在于思想具有无穷的活力，因此杨凯被笔者称为"忽悠大王"，在淘宝逐渐闻名。

杨东岳的行为更令人咋舌。杨凯要买的表接近3万元人民币，还没付款，手表已快递到济南。之后，杨凯的朋友认为这个表的风格不太符合要求，打算更换，新的款式又一次航空到了济南，也就是说在杨凯还没付款前，两块表，共价值人民币6万多元，全部到了他手中。杨凯说："当时就一个感觉，强，实在是太强了，一定要认识这个人。我原来自己承诺7天包退换，就觉得很强了，这人太强了，比我还强好多倍。"同样，杨东岳也是，他觉得天马行空的杨凯能出很多好点子，而这些是他想不到的，他也特别渴望认识杨凯。他俩惺惺相惜，于是有了杭州之行。

23万元与一元拍

其实，笔者一直觉得杨东岳的外形特别类似痞子，包括他说话的口气，但他讲述的内容却不痞。笔者一直在琢磨，到底是什么在他身上起了作用？

笔者很感兴趣地问，为什么想到卖手表？杨东岳讲，其实自己卖奢侈钟表，是偶然的机遇。他轻描淡写地说，当时自己每次回国，所戴的表都被"摸"走了（他非常形象而生动地用了"摸"这个词），突然有一天，他发现了网络，发现很多人在卖手表，并且居然能卖得不错。为什么自己不干呢？他稍微考虑了一下，认为这个非常有前途，便把日本的生意盘掉。那时正是他生意最鼎盛时，他曾经在东京最奢侈的地段银座拥有3家店，可他放弃了，回到老家大连开始卖钟表，虽然不是孤注一掷，虽然不是有十足的把握，但用他的话说，他能很快发现许多经济盲点，然后去实践。

回到大连，当时人手很少，想法也不成熟，但他立即招兵买马，锣鼓齐鸣，行动起来。电脑、办公室等武器都配备好了，人手也有了，下一步就是做生意了。但，生意异常冷清，可说是"门前冷落鞍马稀"，冷清到大概连个询问的人都没有。怎么办？杨东岳大概开了淘宝的先河：一元拍，而且这个拍卖绝对是包运费的，从日本航空快递的运费，还不是我们国内快递的运费。有评价为证：这是一个让人吃惊的卖家，这是一个让人难忘的卖家。

某顾客发帖说："2007年某月某日某时某分，鄙人经6天的苦守，终于拍下了该宝贝，准备作为女朋友的生日礼物。之前还以为低价拍到的宝贝卖家不会很热情对待，谁知拍下后联系卖家，卖家不但及时给予回复，还在10分钟之内迅速发货。仅短短一天半的时间就收到了宝贝，一看邮袋，上面贴着航空邮票，我知道了那么快的原因。想想，对低价拍出且要包邮费的宝贝,能有这种态度的卖家有多少? 和这种卖家合作,放心,痛快!"。

"这个价格能拍到的话,只能用幸运这两个字来形容了。恭喜您,感谢您的信任和支持,期待再次为您服务!"这就是杨东岳的回帖。

顾客拍下的这个产品,是价值300多元的斯沃琪全自动机械表。这样的拍卖进行了一段时间,很快就吸引了大量人群,网店浏览量直线飙升,带动了销售。这个活动,增加了信用和流量,同时也让顾客更好了解了他的专卖店(瑞士正品手表旗舰店)。

杨东岳告诉我们,最刺激的一次是卖一块价值23万元的手表,当时和对方聊得相当愉快,但是对方并不是特别信任店主,这么贵的手表,万一出事,怎么办? 杨东岳想来想去,觉得确实可以理解,换了是自己,如此昂贵的钟表,也确实是举棋不定,怀疑是情理之中的事。将心比心,最后他还是决定:寄。当然,他承认,当时心里也在打鼓,不知道到底会怎么样。但是,凭借多年混世界的本领和与人打交道的经验,他相信这个人应该不是骗子;再退一步讲,即使真的是骗子,概率也是相当小的;再再退一步讲,即便确实是骗子,那只能自认倒霉。结果是,对方收到表的第二天,直接打款23万元。

不得不佩服这个痞子的胆量。类似的事情,在他的淘宝卖表生涯中应该不少见。他确实是两年来笔者所访问的所有人中最独特的一个。他是一个典型的社会实践者,勇于向社会学习,也乐于向社会学习。他也是一个极其具有个性的独立的创业者,他勇于尝试,敢于承担,笔者不敢说他一定具有察微见著的本领,但是他超乎常人的勇气值得赞扬,至少他已经具备了创业者或者企业家基本的特征:勇气与胆识。

因为信任,所以简单

进入他的店,我们会发现如下内容:

> 欢迎光临本店,本店是唯一的手表类支付宝信任商家,更是商城优质商家,多重保护保障您的网络购物过程安全无忧! 最近有个别卖家利用正品照片兜售假货,其价格远远低于正常优惠范围。敬请顾客在购买之前仔细参照店家信誉,认准商城标志和消费者保障标志,以防上当受骗。

在这里,你能发现Swatch集团麾下的"欧米茄"、"宝珀"、"宝玑"、"格拉苏蒂"、"雷达"、"浪琴"和"天梭"等品牌手表;Rolex集团的"劳力士"和"帝舵"牌手表;Richemont集团的"积家"、"卡地亚"、"江诗丹顿"、"万国"和"名士"等品牌手表;独立品牌"爱彼"、

"芝柏"、"雅典"、"肖邦"、"蕾蒙威"和"梅花"等。众多世界顶级品牌在此汇聚,同时也有一些其他大众品牌。其实当时杨东岳对自己的店也没有清晰的定位,只是觉得可以做,就一路走来。

"因为信任,所以简单",这8个字,看起来非常简单,实际上笔者感觉这概括了杨东岳灵魂深处的一些东西。笔者一直以为是他自己总结的,结果他说:"大姐,你太看得起我了,那是在我成为淘宝信任支付宝卖家后淘宝发给我的。"不过即使是这样,笔者也茅塞顿开,好多事情不再觉得奇怪。

2007年6月,杭州萧山机场。杭州店经理张先生在接机,等待着来自遥远的大连的合作者出现,但他在机场转悠了3圈,愣是没发现照片中的那个人在哪里,不得已,只好打电话,电话一通,就听到有人说:"我在你对面呢。"原来,杨东岳发了一张一年前的照片,而一年前,他在日本,还是个标准帅小伙,一年的淘宝网生涯,加上个人的生活习惯,他整整长了30千克,前后判若两人,也难怪张经理认不出来了。但是这个胖子,却很快取得了张经理的信任:这个胖子豁达、豪爽,具有与生俱来的领袖气质,以及实在、厚道、义气,让期待开创人生新事业的张经理一见倾心,从此开始合作。笔者总是不放过一些大家不乐意问的问题,笔者问张经理,你们怎么开始合作的呢?你凭什么相信他呢?张经理告诉笔者,杨东岳有着一种胆量和天然的凝聚力,这些是其他任何人没有的。

关于信任与简单,笔者觉得最好的批注是顾客的评价:

> 好想哭……高兴得兴奋得想哭,今天终于盼到心仪已久的手表了。一打开,老公说不用拿去验了,肯定是真的,我也是这样想。可是在拿去改表链的时候我还是傻傻地问了师傅一句,这表不会有假吧?师傅笑着说,一拿到手上就知道肯定不会是假的。好开心。兴奋得当场想叫起来……在柜台看到了一模一样的手表,标价:23 900元……好开心,好有满足感,我只花了不到一半的钱就买下了它。或许说出去别人都不会相信。其实连我自己都觉得不可思议,从来没想过自己会在网上买这么贵重的东西,可是店家GG的服务真的很好,信誉又是一流,价格又比专柜便宜好多……所以我也豁出去了,心想就用九千多块来搏一回吧,买个教训也行,大不了以后再也不上淘宝了,没想到,居然让我运气这么好,碰上了这么好、这么真的卖家……表好漂亮,谢谢GG的耐心,谢谢这么好的店家……其实我的文笔还是不错的,可是今晚说话全乱了……因为太激动了。总之想要买表的姐妹

兄弟们,不要再犹豫了,这里就是全淘宝最实惠、品质最棒的卖家。错过了会后悔的。

接到快递,撕开包装的那一刻,觉得世界是那么的美好,天空是那么的晴朗,空气是那么的新鲜,一切的一切仿佛都因它的存在而更加熠熠生辉。真的没有想到,当天下午拍下宝贝后,竟然第二天下午就到了,是我有生以来所见到过的最快速、效率最高的快递公司(不过首先要感谢我们的小王同志啊)。第一次在网上购买这么贵重的商品,心里觉得很不踏实,期间和小王同志谈论了很多,他都非常耐心细致地给我解答(有一天他还饿着肚子),装箱前还特别将手表擦拭干净,包装好。非常感谢小王,并且感谢"东京 cat02",给我们提供了这样物美价廉的手表。希望今后你们能够继续销售雷达表。

发货很快哦!昨天收到表,试戴了一天,真的很不错,非常非常喜欢。我和我老公一人买了一块,我快爱死了,我老公也很喜欢,还说到年底再买两块送礼用呢!(虽然是店里最便宜的表,呵呵)姐姐的态度很好,店铺也值得信赖,希望店主的生意越来越兴旺!朋友们不要犹豫了,快点买吧,没听说猪肉都涨价了,手表马上也要涨价的,晚了就没了!

为了验表专程去了北京赛特欧米茄特约的总店,完全没有问题,卖家信誉好,也很爽快,值得信赖。

笔者问到,为什么能获得如此高的评价?杨东岳认为是自己比较遵守规则,讲诚信,不作假,而在国内,尤其是在网络,图片与实物完全不同的大有人在,卖假货的也到处横行。他告诉笔者,在日本生活多年,最大的感受就是日本人讲规则、讲诚信,在日本的商场见不到有人搜查,也见不到超市工作人员偷偷更换产品日期等,不用担心在日本买到假货,万一发现造假,造假者损失惨重,在身败名裂的同时有可能就是倾家荡产,这些都使很多事情办起来相对容易而且简单,没有很多潜规则,大家基本相互信任。在中国则不然,大家相互不信任,看到奢侈表,第一个感觉就是怀疑,是真的还是假的?问这个问题的人最多,疑问者比比皆是。杨东岳说:"真希望我们中国能在一定程度上向日本学习,大家都遵守规则,社会交易就会变简单了。"

其实对于奢侈品的消费,在中国目前年轻人是主要购买人群。通过网络购买奢侈品的主力也是年轻人。杨东岳强调，年轻人对于时尚与高档生活的渴望非常强烈。他提供的超值的钟表应该能满足这些人的渴望。笔者问他，购买奢侈品，尤其是这些动辄过万的商品，怎么敢随意就发货物给对方呢？他说，其实信任是相互的、彼此的，只有经过认真的沟通交流后，才能信任一个人，并不是盲目信任任何人。换句话说，信任一切，是经过了自己分析和思考的结果。多年的社会阅历，他的经验远远超过同龄人。

解析痞子

了解了这个神奇的、开业以来超越其他人的、跻身淘宝钟表类大卖家之列的店铺后，我们再来了解这个人。从笔者的访谈经验来看，一个创业者必须具有以下的特质。

（1）独特的眼光。

如今创业的人越来越多，创业的项目琳琅满目，使大家眼花缭乱。如何能成为一个成功的创业者呢？那就需要有一定的创业眼光与创业勇气。建立"灯塔性的目标"需要有眼光。

在近10年的世界财富英雄榜上，有两个热门人物：一个是沃尔玛创始人萨姆·沃尔顿，另一个是微软掌门人比尔·盖茨。许多人都在探究比尔·盖茨创造财富的奥秘。

比尔·盖茨一言以蔽之："我的眼光好！"

好一句"我的眼光好"！这使多少人大跌眼镜！其实，你如果仔细研究萨姆·沃尔顿、比尔·盖茨这些财富英雄，就会发现，所谓"眼光好"，是一个具有复杂内涵的话，它所包含的不仅仅是"独到"。因为，在沃尔顿和盖茨之前，既有规模很大的连锁超市，又有在微电子、软件业中的行业巨头。但市场证明在目前他们所从事的行业中，他们的"眼光最好"。华为、联想和希望集团都是凭"眼光好"而在中国市场上取得成功的。

这些大人物创业的成功，很重要一点是眼光。"痞子杨"的奢侈钟表店又何尝不是个人眼光所发掘的财宝呢？虽然，今天不是一个完全符合现代化规范的公司，但一直在用公司的模式进行运作。"痞子杨"独特的眼光和特殊的经历给了自己胆量和敢于尝试的勇气。

其实，很多并不被大众看好的方向，在创业者以独到的眼光发现后，抓住了机会，就能成功，甚至创造商业奇迹。此时，不但需要创业者的眼光，更需要勇气。

（2）懂得用人。

一个人的能力是有限的，重要的是如何借用其他人的智慧。一个成功的公司领导人要让更多的人向着共同的目标奋斗，创造更多的价值；而不是自己一个人日夜加班。如何用人，除了一些必要的技巧外，其实还有一个很重要的因素：人格魅力。这是很多经理人所不具备的。杨东岳之所以没有成为一个职业经理人，而且认为自己不适合做职业经理人，其中很重要的因素就是他的人格魅力。他用独有的魅力打动着他的顾客，也打动了他的员工。他的员工这样说："跟着杨哥干，有奔头、有希望、有前途和钱途。"他经常给员工一些奖励，从来不用老板的命令方式对待员工，在员工的心目中，他是大哥，不是老板。其实，很大程度上，杨东岳呈现出创业初期的特征：亲情化的管理和运作风格。

（3）要有韧性。

当面对困难的时候，如果放弃了，那就是失败，而如果能够坚持下来，并且有效地调整方向，带领好团队，那依然有机会获得成功。

（4）人性化。

在杭州吃饭的时候，张经理谈到当天发生的一件事情。一个顾客买了 3 000 元的一块手表，但是他运气实在是太糟糕了，手表拿回去后指针很快就走不准了。他当天赶到杭州公司来退货，说着说着就哭了，说这个是他一个多月的工资。看到此情此景，张经理就同意了顾客的要求。杨东岳听后，拍着他的肩膀说："好，你做得很好，千万不能为难有难处的顾客。"

第二天，杨东岳又和笔者讲起另外一件事情。一位女士买了价值 2 万多元的手表，由于可能出现了一些误会，杨东岳打电话找到购买钟表的女士的先生。笔者并不知道他们是怎么沟通的，结果是那位女士的先生在店铺中留言说："哪怕是只给了我一只钟表盒子，我也会认账的。"可以想像杨东岳独特的魅力。

杨东岳的奢侈钟表也面临过一段时间的寒冬期。2008 年 4 月底以前中国的股市经历了几个月的低迷期，可以说是中国股票市场历史上最惨重的低迷期，这个时候，所有的奢侈品销售，从钻石、珠宝到轿车、钟表，都受到了一定程度的影响，奢侈品网络销售更惨淡，有的钻石店铺销售量下降了两成以上。杨东岳同样不能避免，笔者注意到他们的交易信用度增长变缓，成交量也下降了将近 30%。为了提高人气和成交量，杨东岳开始重复刚进入网络销售时采用的办法：一元拍卖促销。

幸运的是，这样的低迷并没有一直持续下去。杨东岳本人信心十足："这个是偶然现象，中国的经济一定会持续进步发展的，短期遇到的一些麻烦和问题不会影响我们对未来的期望。"

杨东岳之所以拥有这些特质，应该说和他个人的成长环境有关系。

杨东岳出生在军人家庭，他的名字可以透露出家人对他的期望。东岳泰山是众山之王，山中之老大，但是家庭期望过大，加上教育过于简单化，导致了他的反叛性格。他谈到，从小学三年级开始，他就有了专门的家庭教师，但是他讨厌学习，后来为了爱情远走日本，当时只有 17 岁，没有学历，没有好的谋生手段，迫于生计不得不打工。第一天打工是在一家通心粉店，看到羊的舌头直接拉出来的场景，他当场就吐了，但是师傅一脚把他踹了进去，他还是忍受着开始了第一份工作。他说以后很长时间，还是想吐，但是始终没有吐，坚持了下来，直到今天，看到羊舌头他都感觉脑袋发晕。

为了能使自己活下去，也为了女友，他不断打工。最疯狂的时候，他一天要打 3 份工，残酷的生活让这个富家少爷体会到了生活的艰辛，也让他的人生接受了洗礼。他曾经一天内送出 3 000 份传单，没有偷懒，最后发现即使自己只送 2 000 份，在当地得到的反响也是最好的。叼着烟叙说往事的他大笑，笔者发现这个 1983 年出生的人经历了社会冷暖、人情淡薄后身上洋溢着天真与纯真；而他身上的"痞子"精神，笔者理解为是对过分强调正统、过分强调学历教育的社会的反叛与嘲笑。

之所以他的反响会最好，根本原因是与其他人相比他没有偷懒，有的人可能刚一出去就把传单扔了。某些超市的服务员推着车发传单，一个人抱一大捆，甚至有人抱了说回家卖废纸，传单的宣传效果自然就非常糟糕。他坚持一家一份地发，效果自然好，正所谓："一分耕耘，一分收获。"

奢侈钟表网络营销需要强化

虽然目前网络已经成为人们获取信息的重要渠道，但对于购买昂贵的名表来说，网上购物环境目前还不太适合奢侈品营销，人们总要到实地去看到实物、看到真实的购物环境才会觉得安心，购物过程中才能体会到一种消费奢侈品才能得到的优质服务。但据调查，在购买钟表以前，有七成人已经有自己的购物方向。网络提供的信息会影响购买者的决策。

在杨东岳的店里，笔者跟踪一个星期后发现店铺每天的浏览量基本都过万次，但是成交的还是很少，毕竟在目前的网络购物环境下，顾客多是 20～35 岁的人，这个年龄段的人，购买奢侈品的不是特别多，而且昂贵的奢侈品似乎更适合实体销售。

但是，一切都有可能，因为信任，所以简单。因为杨东岳作出了成绩，让大家信任，所以他的店的前景将非常美丽，如同奢侈品传递的深层的文化内涵一样，他将越来越有魅力。

奢侈品消费理性回归

在现实生活中,奢侈品牌享有特殊的市场和社会地位。对奢侈品牌而言,其无形价值远远大于其使用价值。

对于中国的奢侈品消费,某国内一专业财经媒体曾有过经典的描述——她们月收入不过 2 000 ~ 5 000 元,但是她们会攒下半年的工资去专卖店买一个 LV 的包,然后拎着这个包去挤公共汽车或走路上下班。

奢侈品消费的新兴人群大致可以划分为 3 个阶层——理性消费、迷恋型消费和病态消费。

尽管从需求理论来说,奢侈品并非必需品,但美好的事物人人向往,购买奢侈品其实无可非议,但前提有两个:

首先看奢侈品消费是否超出了其经济承受范围;

其次从使用角度来讲,奢侈品消费是否超过了一个使用度,一旦超过了个人经济实力,奢侈品消费就成为一种病态和非理性消费。

病态消费的形成心理有不少类型。有些人购买消费品,看重的是奢侈品本身所显示的富贵和品位,是为了满足自己的虚荣心,这样的初衷就很容易使自己偏离理性消费。英国心理学家米歇尔·米勒曾表示,有病态购物倾向的人都有欠缺安全感、自我形象偏低等问题。这类人往往对自己信心不足,但提升内在品质需要一个过程,而背名牌包等外在的改变却可以通过即时消费来实现,因此,他们希望通过改善外表来达到吸引人的目的,这样的出发点本身就有欠缺,而如果外在改变的消费费用超出自己的经济承受能力,给自己带来额外负担,就是一种病态消费。

奢侈品在中国华丽现身,初始的狂热情绪中总是带有盲目的追求。当狂热降温时,留下的或许只是单纯的热爱和理性的眼光。

贵族化概念正在被逐渐淡化,奢侈品也正在向大众靠拢。H&M 等平价"大牌"频频亮相,使"奢侈品感受"显得触手可及。那些世界顶级品牌似乎渐渐褪去了往日被神化的光环,华贵且摆设精美的橱窗成了人们习以为常的一处美丽街景。

奢侈品的模样依旧是可爱的,渐退的是人们初见她时的那份着了迷的狂热。

补记

　　某一天晚上,笔者从美国归来创业的朋友说,在淘宝发现一家卖的特别便宜的奢侈钟表店,而且购买的人相当之多,笔者当时就想可能是他,杨东岳。后来结果正如笔者所预料的那样,确实是杨东岳的店。我们由此开始讨论了很多问题,讨论了中国的市场以及高档产品如何在网络中销售的问题。其实杨东岳的奢侈名表店给了我们信心、启示和力量,是一种彰显。虽然杨东岳不是第一个在网络卖奢侈名表的,但是他过人的胆识、超凡的行为以及不寻常的魄力使他将成为最有实力、最独特的一个奢侈品卖家。"痞子"杨东岳,你一定行。

本案例使用说明

一、教学对象与目的

1. 本案例主要适用于 MBA 的创业管理课程、工商管理类别相关硕士课程的教学和管理培训,也适用于电子商务类、经济类、管理类本科课程。

2. 本案例的教学目的在于帮助企业各层级的管理者和想创业的人,以及已经创业的创业者更好地理解创业的实质,了解创业中遇到的机会的重要性,认识到创业者对于创业的重要性。

二、思考题

1. 试列出杨东岳回国创业的环境和机遇。

2. 你认为杨东岳放弃在日本蒸蒸日上的生意而选择回国创业,通过网络卖奢侈钟表,这个决定是否冲动? 从中可以看出他什么个性特征?

3. 杨东岳为什么会选择合作团队?

4. 创业者面对危机怎么处理? 面对困境又该如何?

5. 如果您是杨东岳,会如何促销奢侈品?

6. 在创业方面,都需要一个好的创业者。在这个创业案例中,杨东岳起到了什么样的作用?

三、教学思路

教师可以根据教学目标灵活使用本案例。以下思路,仅供参考。

1. 杨东岳回国创业,可以讲是偶然中的必然。从他的经历来看,生活一直处在创业中,只是创业的起点、差距不同而已。

2. 杨东岳选择从日本回国创业的决定应该说并不冲动。创业者作一些决定,往往是有所取舍的,他本人应该更看好中国的环境,更何况他本人是中国人呢?

3. 选择好的合作伙伴等于成功的一半,因为只有共同的理想和目标才能让大家共同努力和面对,共同承担风险,共同解决问题。在大多数情况下,一个人的力量不如两个人的力量,而合作伙伴绝对是创业成功的保证之一。

4. 面对困境和危机,首先需要的是冷静,冷静地思考和分析行业环境、市场环境、企业内部环境,然后作出决定。尤其是暂时性的危机,需要坚持和想办法渡过难关。

5. 消费奢侈品应该理性,抵制盲目和病态的消费。

6. 创业者在创业型企业中的作用将会有80%以上的概率决定着企业的成败和发展方向。

四、教学要点

1. 把握杨东岳创业的全部过程,从动机到抓住机会,要深入研究他的成长经历,深刻了解创业者对于创业的影响和作用,还要学会深入分析创业者的各种特点和特性。

2. 了解创业中创业机遇的重要性,任何微小的部分都有可能成为创业的关键。

五、建议课堂计划

本案例可以作为专门的案例讨论课,在创业管理课程中来进行。以下是建议的课堂计划,仅供参考。

整个案例课的课堂时间控制在80~90分钟。

课前计划:提出启发思考题,请学员在课前完成阅读并作初步思考。

课中计划:简要的课堂前言(2~5分钟)。

分组讨论(30分钟)。

引导全班进一步讨论,并进行归纳总结(15~20分钟)。

课后计划:如果有时间,请学员相互交流一下,写出自己的读书报告。

第五章

中国 C2C 第一店 "柠檬绿茶" 创业之路①

摘　要：本案例全面记述"柠檬绿茶"如何放弃拥有远大前途的工作而选择创业,如何在短短几年时间内迅速通过网络成为中国 C2C 第一店的历程,并进一步分析其成功的许多经验,指出存在的困境及问题。

关键词：创业　C2C　皇冠

男掌柜在冲击五皇冠成功的庆贺会上发言

①　本案例是江苏大学工商管理学院教师胡桂兰、毛翠云收集整理编写而成。未经允许,本案例的所有部分都不能以任何方式与手段擅自复制或传播。本案例授权中国 MBA 培养院校案例中心共享使用。由于企业保密的要求,本案例中有关细节作了必要的掩饰性处理。

淘宝 C2C 领军者

在中国 C2C 最大平台的淘宝网,卖家的信用等级用心级、钻石和皇冠来衡量。钻石越多代表店家的信誉越高,皇冠的信誉比钻石高。信誉越高,受别人关注的程度就越高,代表着交易数量越多,代表着店铺或者企业的实力,所以,皇冠梦可以说是每个淘宝网卖家的理想之一。

常来淘宝的人,大概没有不知道"柠檬绿茶"的,不知道"柠檬绿茶",等于白混淘宝了。常来淘宝,可以不知道"财神"是谁,总裁何许人,但绝对不能不知道"柠檬绿茶"是谁,否则就等于根本不是淘宝人。这样一说,"柠檬绿茶"似乎更加神秘了,其实"柠檬绿茶"就是一家店,是淘宝网第一个五皇冠店铺,创造了一周交易超过 3 万笔,一天创造一皇冠的奇迹(10 000 个信用评价是一皇冠);迄今为止,交易总量超过近 40 万笔,历历在目的评价指数,耀眼的光辉甚至能刺痛你的眼球。其今年的交易量已经超过去年世界第一的 C2C 网店交易量,甚至有人认为"柠檬绿茶"冲击世界第一的 C2C 网店指日可待。

知道"柠檬绿茶"是很早以前的事情了。笔者在访问的人中,凡涉及化妆品、衣服的,几乎都会提到他们的目标和偶像是"柠檬绿茶";笔者身边一些网购的朋友,涉及化妆品的,几乎也是从"柠檬绿茶"开始;在阿里写手团时,某天听到宋小林说要参加"柠檬绿茶"的五皇冠庆贺活动,这是淘宝第一个五皇冠呀;之后在"柠檬绿茶"的店内看到招聘人员的广告。

再次了解"柠檬绿茶"是通过笔者的朋友。笔者访问过的专门做国货的一个朋友告诉我,她在行业内谁都不看,只看"柠檬绿茶",因为"柠檬绿茶"是她的目标,她渴望有一天也能像"柠檬绿茶"一样。

那么,这神秘甚至神奇的"柠檬绿茶"到底是谁呢? 是怎么发展起来的呢?

发展历程

"柠檬绿茶"这样描述自己:淘宝网信誉度第一卖家,淘宝网最大、最全、最专业的卖家,中国第一 C2C 网店。拥有淘宝网最高人气流量,店铺日 PV 30 万以上,IP 3 万以上,且每时每刻还在持续攀升。

4 年前从一家小小的卖化妆品开始的网店,如今发展为主营化妆护肤品,兼营服装、鞋包、饰品、流行手表、玩具等,实行公司化运营,拥有员工 100 多人,办公室人员 80% 以上具备大专以上学历,下设 8 个业务职能部门及 3 个专属物流仓库,扁平化管理,流程化作业。期间坎坷,期间历程,颇耐寻味,当中经验教训值得后来者学习借鉴。

2003 年 8 月 21 日,女"柠檬绿茶"张定华用 500 元起家,在淘宝开店卖化妆品。本来只是一种兴趣和娱乐,没指望以此为生,没想到"无心插柳柳成荫",销售势头越来越好,所得收益超过了本职工作,干脆副业变主业,正式经营淘宝店。半年后,2004 年,男"柠檬绿茶"王维栋放弃欧莱雅集团财务主管的职务,女"柠檬绿茶"离开效益正处于顶峰时期的绿谷集团,开始了夫妻二人的创业之路。

2004 年 8 月 28 日,上海人民广场华盛街店铺开业,这是"柠檬绿茶"第一家实体店铺。

2004 年底,搬家,开始招兵买马,三四个人在 10 平方米的卧室内办公。

2005 年 3 月 1 日,爱来屋信息技术有限公司成立,"柠檬绿茶"开始向企业化运作方向迈出了第一步。

2005 年 3 月 18 日,静安寺实体店铺开业,此时已经开有两家实体店铺。

2005 年 12 月,在淘宝的销售快速发展,并设立了属于公司的专业仓库。

2006 年 12 月 20 日,"柠檬绿茶"冲至三皇冠(5 万好评信誉度),员工 30 多人。

2007 年 4 月 30 日,"柠檬绿茶"冲至四皇冠(10 万好评信誉度),员工 60 多人。

2007 年 5 月,公司搬至写字楼办公,向正规化、规范化进发。

2007 年 8 月 31 日 18 点,一个永远值得纪念的日子,"柠檬绿茶"胜利冲刺五皇冠(20 万好评信誉度),成为淘宝当时唯一一家五皇冠店铺,领先第二名 8.5 万好评、第三名 11 万好评,此时此时员工 100 多人。

2008 年 1 月 9 日,《中国第一 C2C 网店揭秘》发表。3 天内,《中国第一 C2C 网店揭秘》被包括中华网在内的数十家门户网站同时转载,"柠檬绿茶"被推为中国第一 C2C 网店。

2008 年 4 月 4 日 21 时 40 分,"柠檬绿茶"成功突破淘宝信誉巅峰 50 万好评,领先第二名 17 万好评、第三名 20 万好评,此时员工 150 人。其发展历史将刻在 C2C 发展历史的里程碑上。

2007 年 12 月,在上海,笔者在"柠檬绿茶"的公司总部见到了王维栋。王维栋就是被大家称为男"柠檬绿茶"的公司总经理。笔者在他的公司间接了解了"柠檬绿茶"的一些情况,对于"柠檬绿茶"的发展历程有了一个清晰的认识。

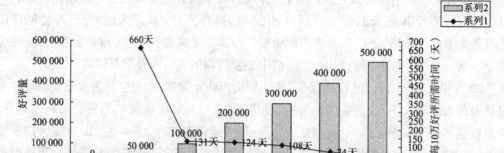

"柠檬绿茶"发展历程

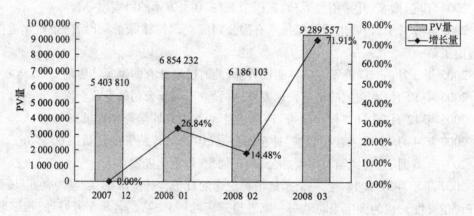

"柠檬绿茶"月度流量

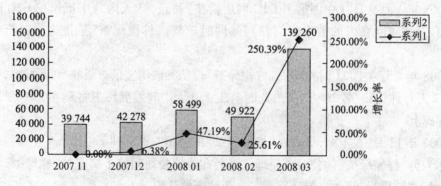

"柠檬绿茶"月度交易量

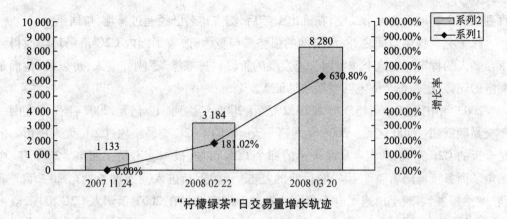

"柠檬绿茶"日交易量增长轨迹

天时地利

"柠檬绿茶"起家时其实是一家夫妻店。几乎和所有夫妻创业的模板一样,"柠檬绿茶"夫妻二人 3 年来可谓是历尽艰辛,风雨同舟。2003 年他们的事业在一个不足 10 平方米的小店中起航,当时"非典"刚过,整个社会经济大环境处于低潮。社会大环境不好,交易数量不多,夫妻俩经济状况也并不太好,初期他们基本是从搬运工开始做起,任何工作基本是亲自干,集搬运工、发货员、打包工、销售员于一身,支撑他们的是心中对未来的美好期待以及胸中的梦想:把网络化妆品做到上海最大。

幸运的是,电子商务在中国已经开始发展,而且受"非典"影响,很多人已经养成了网络购物的习惯。小店发展迅速。2004 年,男"柠檬绿茶"辞职,全身心投入网络事业。在他辞职时,当时的店铺日营业额最高 300 多元。他跟朋友说:"我要在 3 年内做到上海化妆品网络销售前 3 名。"当时大家都不以为然。但 3 年后,他做到了,而且是整个淘宝第一。

其实"柠檬绿茶"的成功有很多因素,几乎集合了天时、地利、人和所有的因素。

首先是天时,也就是市场环境因素。从历史发展的角度看,易趣比淘宝的资历要老得多。曾几何时,易趣几乎就是中国 C2C 的代名词,这使人们不得不相信,易趣从时间的积淀中得到的东西远非资本可以换得;而淘宝则是一个后起之秀,后来居上。2003 年"非典"盛行,成就了淘宝的诞生。与阿里巴巴"墙内开花墙外香"的成名历程不同,淘宝网在国内的人气飙升极快。从互联网实验室电子商务网站 CISI 人气榜的变化看,2004 年以前,还没有淘宝的位置;但从 2004 年 2 月开始,淘宝以每月 768.00% 的速度飞快上升,一直到仅次于易趣而占据第二位;在推出 1 年后,淘宝排名已经超过易趣,位居第一。

除了免费提供空间之外,淘宝网的强势参与竞争,改善了国内 C2C 市场环境而得到了众多人的肯定。在这个淘宝网快速发展的阶段,"柠檬绿茶"刚好进入,可以说,他们是淘宝的先锋,也是整个淘宝网发展的见证人。

2003 年中国 C2C 市场规模为 19.2 亿元,2006 年达到 312 亿元,2007 年光淘宝网一年交易额就超过 400 亿元。2008 年的第一天,淘宝网 C2C 交易额超过 2 亿元人民币。但是今天的 C2C 市场,和当年易趣统治的那个 C2C 市场,根本就不是一回事。2003 年,中国电子商务市场随着整个互联网行业的复苏,开始重新进入高速增长期。那一年,"非典"突然爆发,客观上加速了电子商务的发展。淘宝选择在 2003 年切入 C2C 市场,既占天时,又得地利,辅以人和,实在是千载难逢的机遇。同样,可以说"柠檬绿茶"也占了这个难得的市场时机,进入了一个几乎空白的化妆品行业,所以其发展自然而然就会比其他后来者快。

其次是地利,也就是上海得天独厚的优势。

(1)地理优势。

上海是国内最大的港口城市,许多进口商品把进入上海市场作为进入中国内地市场第一首选地。因为肤色原因,日本产的化妆品、服装是网络 MM 的最爱。众多外国厂家的国内办事处都设在上海,这可是许多省市卖家做梦都在想的好事。"柠檬绿茶"身处上海,货源方面占尽优势。

(2)江浙沪产地优势。

现在网上最好卖的服装、日用品是什么? 品质优秀而价格利润空间可观的服装、日用品又是什么? 是外贸工厂的尾单。江浙沪是全国最集中的外贸生产工厂所在地,聚集了货源优势。

(3)众多的批发市场优势。

上海的批发市场全国闻名,专业分类齐全,产品款式齐全,并且在这些市场中能够洞察到国际和国内的流行趋势。

(4)最大海空出口优势。

如果产品要销往国际市场,那么上海的海运空运优势以及众多经验丰富的相关出口报关货代公司,能够以最好的服务让网商得到最好的效益。

(5)上海拥有全国最优秀的物流优势。

上海物流是全国公司网点分布最齐全、价格最低、速度最快的地方。邮政系统操作规范,可以减少很多不必要的麻烦。

（6）网络基础设施优势。

不管服务商的选择，还是系统的稳定性与网络的通畅度，上海的网络都处于全国领先的地位。

（7）人力资源优势。

上海常驻人口众多，不管是往届还是应届大专院校毕业生，上海都是他们开创事业的首选城市。此外有很多外籍人士常驻上海。所以作为网上的经营者，不管电子商务的经营范围是大是小，营销是针对国内市场还是国际市场，都能找到合适的工作人员。

（8）所有这些优势之外，还有一个关键的优势，即上海的思想优势。

上海开近代中国风气之先河，是时尚潮流之都，上海能够接受和容忍任何在中国其他地方都不能接受和容忍的思想。如果"柠檬绿茶"在其他城市，估计其历史也许会更改，可能会推迟夺取五皇冠。

人是成功之关键

笔者没有任何贬低"柠檬绿茶"的意思，仅仅是从客观的角度进行分析。

应该讲，"柠檬绿茶"的成功承接了天时、地利，但"柠檬绿茶"在同期主要经营化妆品的淘宝卖家中，并不是最有优势的，也不是最知名的。在当时，最有名的应该是"今天9969"，还有"小也香水"，以及香港的"双生儿平价店"等。2006 年底，当时的"柠檬绿茶"的等级刚好赶上了"今天 9969"，但 2007 年之后，"柠檬绿茶"后来者居上，以一往无前的迅猛势头超越了其他先行者，率先成为淘宝 C2C 第一店，成为淘宝五皇冠第一店。

"柠檬绿茶"为什么会后来居上，为什么会突然超越同行？外因之外，自有内因。

（1）"柠檬绿茶"精神："吃的苦中苦，方为人上人。"

在"柠檬绿茶"公司，身体好是第一要求，因为公司里女员工都当男员工用，一个顶三个。"柠檬绿茶"夫妻俩同样是如此，他们在很长时间内自己就是搬运工，为了节约经费，经常是自己搬运产品。2004 年曾经有一次进货 5 箱，每箱都在 50 千克以上，搬运工要求给 10 元运费，才能帮忙搬到楼上去，资金短缺的"柠檬绿茶"实在舍不得额外再花钱，之前从没有干过重体力活的夫妻二人硬是自己拖上了三楼，结果累得腰酸背痛、彻夜难眠。如今的男"柠檬绿茶"，还经常出没于仓库之间，轻松自如地与库管们一起搬货、运货。爱来屋的人，都是女人当男人用，1 个人干 3 个人的事。即使是今天，女"柠檬绿茶"张定华依然战斗在第一线，男"柠檬绿茶"王维栋经常和员工一起干活，加班到深夜。这样吃苦耐劳的精神,使"柠檬绿茶"能在激烈的竞争中,降低成本,承受竞争的压力。

同样,随着业务的增加,对于"柠檬绿茶"的员工而言,紧张而繁忙的工作成为他们每天的必修课,甚至有人曾经说过,繁忙的时候连上厕所都是奢侈的行为。每天平均发放1 500多件货物,等于天天上战场,以至于忙到邮局局长都要亲自去接货物,甚至导致邮政系统瘫痪;可能他们忙碌到降低了自己的生活质量。

(2)产品成功定位。

管理科班出身的王维栋知道,任何做店铺的卖家都知道一个非常简单的道理,就是店铺的工作必须围绕"为谁做"而展开。也就是,在淘宝这个网络大市场上,在网络这个无限空间、无限可能的环境下,"我到底为谁服务"的问题。换句话说,就是市场定位问题。凸显个性,锁定目标群,是"柠檬绿茶"的首要任务。经过对整个化妆品市场的深度研究与分析,"柠檬绿茶"的目标群体定义为:办公室女性白领!以此为依托,联系店铺的具体运作及实际情况、主要销售产品种类,进行店铺产品的定位。品牌、时尚、适宜性、一系列的锁定性词汇将目标产品一网打尽。细分目标消费群,就有了定位。现代商业竞争如果没有战略定位,就像是无头的苍蝇,即便取得成功也只是暂时的。

对消费者而言,淘宝电子商务平台中不同店铺的商品价格很容易进行对比。点点鼠标就能很方便地知道别人要便宜多少。众多的卖家在这个平台中一展博弈,对电子商务由最初的陌生、怀疑到熟悉、信任,由两袖清风到迅猛扩张,所有的事实都明显表明:电子商务已经不像以前那么笼统和简单,而是走向了理智和成熟!细分市场,寻求更加稳定的个性化需求,从小处着眼,以小搏大,成为电子商务发展的一大趋势!"柠檬绿茶"清楚哪些客户对自己是最有价值的,他们的具体需求是什么,如何才能接近他们。在对目标群的定位基础上,"柠檬绿茶"细分消费者,从而确定卖家,在经营的项目上不断进行改进,并适时调整发展战略,走出了非常适合自己的行之有效的市场运作之路。

"柠檬绿茶"从一开始就把自己的目标顾客定位为白领——办公室人群。白领是接受新鲜事物最广泛的群体,同时也是最忙碌的群体之一,在繁忙紧张的生活中,他们乐意用金钱换取时间、服务与方便。"柠檬绿茶"夫妻俩本身原来都是来自企业的白领,他们知道白领的需求,从而进行了精准的市场定位。之后,利用优越的供货渠道,迅速打开市场。

在单纯发展零售业务的同时,"柠檬绿茶"始终没有忘记自己要做上海最大的化妆品卖家的愿望,认为单纯依靠网络平台是不行的,必须借助实体的力量,于是4个月后他们开了第一家实体店。

(3)店铺成功定位。

在对产品定位成功实现之后,在迅速发展的过程中,"柠檬绿茶"对自身的定位也逐渐突显。因为随着在淘宝卖化妆品的人数日益增加,产品的差异性已经越来越不再明显,此时,店铺的定位和形象显得更重要,"柠檬绿茶"依靠迅速扩大的规模换取了批量采购价格上的优势,同时依靠多种销售渠道的优势,成功塑造了一个淘宝第一大店铺的形象。其以化妆品为主,服务于女性的淘宝第一铺的形象,借助五皇冠信誉,深入人心。

"柠檬绿茶"把自己的团队定位于服务公司,服务于所有"柠檬绿茶"的客户,绝对的品质保证,靠优质的服务取胜!"柠檬绿茶"希望,客户在"爱来屋"店购物享受的不仅是网络的方便快捷,还可以享受到和化妆品专柜一样的优质服务!从护肤的基本常识到化妆品的适用人群,再到使用化妆品时遇到的一系列问题,"柠檬绿茶"都提供专业的服务。

"不久的将来,我们公司将在电子商务行业独领风骚。我们每一个员工都可以非常骄傲地告诉其他人:我就职于'柠檬绿茶',这种骄傲就好比传统行业的人骄傲地宣称自己是 500 强公司职员一样。当然我们的骄傲还包含另外一层含义,那就是在我们每一个爱来屋人的共同努力下,把公司做到了最强,把"柠檬绿茶"做到了最大、最全、最专业!"

(4)勇于拓展,勇于雇佣员工,独特的管理方式。

勇于拓展是"柠檬绿茶"发展成功的重要一环。在淘宝,笔者见过很多皇冠卖家,到目前依然是自己一个人做,最多是在繁忙的时候临时请一些钟点工。比如,笔者经常去一家双皇冠店买衣服,发现其货物发送经常出错,而且根本联系不到任何人,一切自己选择,连个询问的地方都没有,最后不得不放弃这一家。就这个问题,笔者曾经和店主进行过一些交流,她大概有几个方面的担忧:第一,一旦请人,人工成本将大量增加,生意一旦不好,就很难维持,管理也很麻烦;第二,似乎认为开网店是个非常低档的工作,技术含量低,复制性、模仿性相当强,也许等雇员培养成熟了,就成了自己的竞争对手;第三,就是战略上,不想也不希望打造一个品牌,维持生意要紧,拓展几乎没有被考虑。

生意人与创业者的分界线就出现了。敢于拓展,从创业的角度去考虑问题,一般会从生意人真正过渡到商人。"柠檬绿茶"王维栋希望自己能成为企业家,拓展规模是自身发展的必然环节。在长期的实践中,"柠檬绿茶"形成了自己一套独特的管理员工的办法。

基于网络平台的企业或者网店,目前的员工学历状况基本集中于高中、大专或者更低层次,大学本科学历的雇员在大陆的网店和网络企业中属于凤毛麟角。当然,随着企业的发展,以网店和电子商务为主的企业的员工素质必将提高。但是目前存在的现状是人难招,人难留,流动率特别高,培养的人才可能很快成为竞争对手。这在很大程度上限制了网店和网络企业的发展,同时也导致了很多管理上的问题。

王维栋在这个方面形成和积累了自己独特的办法。在招聘员工方面,他们一般招收外地人,这些人比一般的上海人和大学毕业生都能吃苦。他把自己招聘的人分为离开的人和留下的人,离开的员工有的是自己离开,开除他这个老板的,也有的是他这个老板开除员工,被动离开的;在员工招聘留用方面采用三七法,就是3天决定是否要这个员工,7天决定岗位。确定留用,7天后,在平时频繁地接触和观察中,基本上就可以确定一个人应该适合做什么样的工作。王维栋说,细节最能说明问题,观察一个人的优势在日常生活中逐渐显露,可以马上给这些员工定岗位,之后,流动率就大大减少。这个方法非常实用、有效。一般一个人素质如何,基本上几个小时就可以看出来了。"柠檬绿茶"强调3天内决定是否留用这个员工。当然,很大程度上,员工也在决定是否留在这个劳动强度特别大的公司中。

(5)培养员工学习力,共同学习,培养和提高团队精神。

"如果没有现成的经验,那就一起学吧!"这是"柠檬绿茶"经常对员工讲的一句话。"柠檬绿茶"和"爱来屋"公司从事的是电子商务,是以淘宝为基本平台的店铺。对许多员工而言,电子商务,网络销售,是熟悉又陌生的话:熟悉的是电子商务的迅猛发展,陌生的是商家的经营。为了让员工尽快熟悉公司环境,熟悉经营店铺的电子商务的具体运作,公司专门成立培训部门,手把手教起,从填单、产品上架、与客户沟通到基本技能的培训比拼、测试,一切工作都在有条不紊地进行!

但入职的基本培训以及基本技能的掌握只是在"爱来屋"工作的一个开始,要想在现有的基础上进行改进,不断更新,适应电子商务的需求,仅仅依靠几项基本技能是远远不够的!王维栋鼓励大家认真学习,闲暇时间多读书。为了提高自己的业务水平,王维栋经常翻看各种管理类书籍,他给自己建起了小图书馆,从《沃尔玛效应》到《蓝海战略》,从《营销管理》到《格鲁夫给经理人的第一课》等,这些都能在某种程度上给他启发,让他能更科学地进行管理。

但是,图书馆的建立并不代表思想真正得到了传播,放置在总经理办公室的图书馆有几个员工会去读?有几个员工敢去看?笔者期待着"柠檬绿茶"能够让书香的味道真正分享给那些繁忙而劳累的员工,让他们真正意识到培训是福利,培训是具有潜在的最大价值的福利。不过,笔者总认为在目前员工工作像是打仗的情况下,在繁忙、紧张、劳累到已经严重影响生活质量的情况下,员工学习和培训的效果将有很大水分。"柠檬绿茶"不可能单独对员工进行培训,只能先在实践中培养员工吃苦耐劳、自我学习的能力。

(6)把握机遇,快速出击,敏捷拓展市场。

市场如战场,竞争无情,机遇稍纵即逝。快人一步,即可先行占领市场,赢得用户;慢人一拍,就会加大市场开拓难度,成本倍增,甚至丧失机遇。因此,在残酷的竞争中如何迅速制胜,在多变的市场上尽早立足,是摆在众多企业面前的严峻课题。为了迅速占领市场,众多企业无不使出浑身解数。

21 世纪是需要机会的世纪,尤其是电子商务刚刚开始快速发展的时候,机遇给了谁,谁就可能成为成功者。"柠檬绿茶"勇敢而迅速地把握了一次又一次的机遇,所以"柠檬绿茶"公司的企业文化,一直是"快一点、快一点、再快一点",要让竞争对手落在遥远的看不到的位置。把握机遇,快速出击,一直是"柠檬绿茶"立足于淘宝电子商务平台卖家顶端的法宝。

"迅速、立刻、马上",这是"柠檬绿茶"人严守的工作作风:一旦决定的事情,迅速、立刻、马上去做;一旦否定的事情,迅速、立刻、马上停止。

(7)售后服务顺畅,走多元化之路,规模取胜,服务制胜。

市场经济条件下,消费者日趋成熟,市场竞争的焦点不再主要是品牌或质量,而越来越主要集中在服务上。越来越多的企业已意识到,售后服务不再是一般的辅助性工作,而是市场营销链中不可缺少的一个重要环节。为消费者提供快捷、顺畅的服务已成为众多企业决胜市场的重要武器。日本花王公司为了提高售后服务质量,专门建立了客户反馈系统,这是日本最先进的消费电子咨询系统,这个信息系统可以使这家公司及其独家拥有的批发商店能在 24 小时之内把货物送到 28 万家商店中的任何一家,而这些商店的平均订货量仅为 7 件。

管理科班出身的王维栋很善于从战略高度考虑问题,在激烈的竞争中,在不断地拓展与研究的过程中,超越对手一直是他的目标。怎么超越呢?电子商务的核心,网络的核心,很大程度上就是依靠浏览量。为了吸引浏览量,吸引不同层次的顾客,"柠檬绿茶"一直坚持做全产品,做大规模,依靠强有力的采购优势获得更多的成本优势,同时为顾客提供更多的选择,满足不同层次、不同爱好的白领的需求。

"柠檬绿茶"的服务几乎有口皆碑,而其产品规模之大,品种之丰富,可以说超过任何一家化妆品超市实体。其产品一般都是来自品牌厂家,甚至是中国台湾、日本进口品牌产品,满足了顾客的多种需要,尤其是一些喜欢购买国外产品的用户的需要;产品的市场出现多元化,高、中、低档相互搭配,不仅仅只集中于一个市场层面,占有市场率是他们的重要目标。

"很多卖家定价时瞄准我们:每个产品都比我们低一元钱、五毛钱。我们不予理会,我们卖服务,不卖价格!我们关注的焦点是如何服务好客户,让顾客更加温馨、舒适、便捷、顺畅地购物,而不是在微利经营的时期继续和竞争对手拼价格。"客户更关注的是品质、服务,而不是一两元钱的差价。"柠檬绿茶"认为,企业要生存,必须跳出价格战的泥沼,把好产品质量关,打造企业的核心竞争力,以良好的服务赢得客户最终的信赖!

(8) 扁平组织结构,灵活机动。

工业时代的企业组织结构是自上而下控制的金字塔式管理组织形式,即等级组织结构。这种结构由于管理层次较多,整个组织系统的适应性较差,无法提供严酷竞争下所需的灵活反应能力。随着信息技术、网络技术的快速发展,企业组织结构趋向扁平化,管理层次大大减少,管理程序由顺序化向并行化转变。这种结构的最大益处就是减少了决策与行动之间的延迟,加快对市场和竞争动态变化的反应。

一般企业初创时实行扁平化的组织结构,"柠檬绿茶"就是如此,100多位员工,分为不同的事业部门,每个部门都有自己独立的业务。一方面人员少,灵活机动,能够很快了解市场所需。另一方面,管理层级少,矛盾纠纷少,大家共同战斗,感情密切。再者,扁平化的组织结构,使每个人的利益直接跟自己的效益挂钩,大家越干越有劲,调动了员工的积极性、主动性。

(9) 价值导向指引成功。

"爱来屋"公司上下贯彻一个价值观,那就是"一分耕耘一分收获,能力 + 努力 = 工资 + 奖金"。从点滴做起,日清日毕,再多的货,当天也要发完,再累的活,当天也要干好。若是某一天事情特别多,"柠檬绿茶"肯定会跟大家一起加班,经常在深夜12点钟工作结束之后,大家驱车数十里到人民广场找一个好的饭店,狂吃一顿、一醉方归。久而久之,大家彼此之间已没有领导与员工之别,每个人都以兄弟相称,大家都把公司的活儿当作自己的事情。

在"柠檬绿茶"获得五皇冠的庆典上,王维栋慷慨激昂地说:"各位新老员工,是公司存亡的根本,是公司发展的基础。公司感谢所有员工作出的努力,成功属于大家! 公司会让跟随公司发展的所有员工,都能够在上海买得起房子;让一些更优秀的人,拥有自己的车子,甚至更好。"

所有这一切,都激励着员工们努力、更努力。笔者在上海"柠檬绿茶"的公司采访时,部分员工告诉笔者,她们的薪酬与绩效直接挂钩,越干越有劲。

(10) 以人为本,做好管理。

IBM第二任总裁沃森说:"你可以夺取我的财富,烧掉我的工厂,但只要你把我的人留下,我就可以重建一个IBM。"作为一个企业,人是最重要的因素,企业管理中最重要的因素就是对人的管理。如何调动每个人的积极性,充分发挥每位员工的潜能,是管理学的一门重要课题。

"柠檬绿茶"的员工有一百多位,部门不同,每个员工的性格也不同,但在管理上却能够形成强大的凝聚力与向心力。"柠檬绿茶"的发展壮大,与"柠檬绿茶""以人为本"的管理模式密不可分。"以人为本"意味着要把增加企业内每个员工的利益作为评价和衡量企业一切制度、规范以及政策措施的标准。具体地说,"以人为本"就是要从人的特点出发,关心每个员工,凸现每个员工的最大价值,让每个员工都在公司感到开心、快乐、有所收获!

做到"以人为本","柠檬绿茶"采取的具体措施如下:

① 关注员工的实际需求,解决员工后顾之忧。"柠檬绿茶"的员工大多是来自外地的年轻人,所有来上海打工的人员都知道,上海的房租不是一般地贵,前段时间的群租房问题炒得沸沸扬扬,实际上最核心的问题便是住房难!一个人毕业不久只身来到外地,生活的压力是非常大的。针对此问题,公司提供免费宿舍供员工居住,为方便生活,还特意购买了电视机、热水器等一系列居家常用电器。员工在工作的时候没有了后顾之忧,工作上更加投入!

② 切实优化内部环境,营造好的工作氛围。温饱问题解决了,大家希望有一个干净、整洁、温馨、舒适的工作环境。资金紧张的"柠檬绿茶"承担了高额的房租,从民房搬进了写字楼,租赁了专业的物流仓库、并用班车接送仓库人员上下班;购置了全新的桌椅,购买了鲜花植物作为办公室装饰。因为处在发展阶段,不可能有专门的人员打扫卫生,于是公司划分了卫生责任区,责任到人,轮流打扫卫生。人力资源部还组织各个部门之间展开卫生评比,不仅是办公室卫生,还包括宿舍卫生。内外部环境优化了,心情自然愉悦,员工的积极性更加高涨。

③ 真情对待每一个员工,用心和员工沟通。有个员工有胃病,"柠檬绿茶"亲自带他去找老中医问诊;有个员工和朋友闹矛盾分手了,"柠檬绿茶"百忙中陪他闲逛散心;有的员工经济困难,"柠檬绿茶"解囊相助;即使员工家里出现困难,"柠檬绿茶"也会鼎力支持;为了更好地服务顾客,"柠檬绿茶"开通了晚班,从早晨 8 点至深夜 2 点一直有人服务,考虑到深夜路上安全问题,公司安排车子直接送员工回家……一个试用期的员工擅自无照驾驶撞了车,"柠檬绿茶"深夜跟朋友借了一万元钱,先把人保了出来。事后该员工不肯还钱,"柠檬绿茶"对此一笑而过:"当初就想到该员工可能会跑掉,但还是帮了她。万一以后发生类似情况,我们还会这么做。出门靠朋友!我们发展到今天,离不开朋友的支持与帮助。"

(11) 用人唯才,英雄不问出身。

"柠檬绿茶"选择人才的原则是"赛马而不相马"。不管是大学生还是小学生,不管以前的学校是重点还是民办,不管以前单位是外企还是私企,只要能通过公司的赛马机制留下来的,就是人才。只要是有能力,适合在公司发展,能够为公司创造价值的人,就委以重任。现在"柠檬绿茶"的业务骨干、中层干部中有一些是农村孩子,有一些没有读过大学,有一些来自民办学校,但是他们有着共同的特点:低调务实的态度、拼搏进取的精神和不折不扣的执行能力。通过公司内部竞争机制的筛选培养,他们已经成为企业长久发展的核心支柱。正是这种用人唯才、英雄不问出身的机制,吸引了越来越多的人加入"柠檬绿茶",培养了越来越多的草根白领。"柠檬绿茶"的员工大都在二三十岁之间,大家非常年轻、单纯,有朝气,有活力。每个人都有着自己的理想与抱负,都有着自己的思路与观点。在工作中,他们彼此之间没有职务高低之分,只有对错之别。绩效考核制度颁布了,零售部的员工感觉新来的领导、考核人员不熟悉实际情况,制订的考核制度不切实际。"柠檬绿茶"当即决定:停止实施,责令结合实际情况重新制订。一个月之后,第二份考核制度出来了,员工还是不能接受。"柠檬绿茶"便与零售部同事开会探讨考核制度,并请全体零售部同事吃饭,告诉大家考核的目的是为了打破大锅饭、实现多劳多得。让员工们一起讨论,自己制订适合自己的考核细节。抵触情绪消失了,大家从内心认同了公司"一分耕耘,一分收获"的价值观念,员工和老板的心往一处想了。"每个人都在经营一个企业,这个企业就是你自己。毕业后踏入社会的前 3 年特别是第 1 年,毕业后踏入社会的前 3 个单位特别是第 1 个单位,将会影响您一生的命运。""柠檬绿茶"如此激励每一个进入公司的年轻人,也如此告诫自己不要误人子弟。

(12)永远的危机感。

在 21 世纪,没有危机感其实是最大的危机。

王维栋坦言,自己一直都有很强的危机感,甚至有的"敌人"是自己假想出来的。管理科班的出身和在"欧莱雅"集团工作的经验,告诉他一定要有创造力,一定要有危机感,不然真正危机来的时候,已经没有办法了。

有一个著名的实验:把青蛙甲放在装满水的容器里,水温维持在室温,青蛙会自由自在地在容器里游泳;把青蛙乙放在热滚滚的水中,它很快就察觉到情势不妙,在被烫伤前就早已跳出了容器;把青蛙丙放在温水里,容器下放一个瓦斯炉,以慢火烘烤,青蛙在水中懒洋洋地游着,水温慢慢上升,它的感觉迟钝,反应能力弱,当青蛙终于发现环境变得很恐怖、自己快被烫死时,它已经没有逃生的能力了。20 世纪 50 年代末期,美国的汽车制造商就有过这样的失败案例。当时,在底特律市汽车制造商的眼中,买外国车的人只不过是爱表现的名校大学生而已,因而,美国汽车制造商仍然闭门造车,轻视外国车的设计、制造品质以及对消费者的吸引力;而这时他们的竞争对手,却通过自己的创新,在汽车行业中开拓了一个新的局面。为此,底特律汽车制造商丧失了汽车业的盟主宝座,底特律市直接或间接地丢掉了 4 万份工作。其实,美国汽车工业的命运和青蛙丙没有什么两样。

在创业过程中,很多人会碰到和青蛙丙一样的际遇。许多人在创业时不知不觉步入失败之途,这通常反映出他们不晓得周围环境的变化。企业失败往往不是因为突发的变故,而是由许多看似无关的事件累积而成的。危机感的树立,会时刻让我们警示周围的变化,尽早地发现自己的不足并加以改正。

王维栋一直都告诫自己,要避免类似青蛙丙的遭遇。危机感促使他不断向前,像一匹马一样奔跑。今天如愿站在第一名的位置上,他觉得有危机感。如果没有对手,也要假想出对手! 要向马云学习,用望远镜找竞争对手。也要学习张瑞敏,永远战战兢兢,永远如履薄冰,有居安思危的意识。

笔者经常在网络上遇到王维栋,基本都在凌晨时分,而遇到的时候,几乎每次他都告诉我,快饿死了,累死了。笔者和他谈及海尔的斜坡球体理论,他告诉我,他比张瑞敏还有危机感,他几乎是一匹马,一直在奔跑,是一头驴,一直拉着一个企业努力向前奔跑,因为没有选择,只能奔跑。

同样,王维栋说,向所有优秀的卖家学习一直是"柠檬绿茶"能够不断向前的法宝。寻找有实力的对手是卖家的更高境界,"柠檬绿茶"在发展过程中不断寻找新的对手:用放大镜仔细审视每一个对手,学习他们的优点,不断优化自我。

(13) 核心竞争力:快速发展。

"柠檬绿茶"对核心竞争力的内涵作以下解释:

① 经营人,以人为本;

② 吃别人不能吃得苦,做别人不能做的事;

③ 快一点,快一点,再快一点。

第三点引申开来,就是知识宽一点,技能精一点;速度快一点,服务好一点;效率高一点,脑筋活一点;度量大一点,脾气小一点;微笑多一点,理由少一点;多一点沟通,少一点埋怨。

"柠檬绿茶"说,我们对客户服务人员的要求是:

① 打字快,最快的要求达到每分钟 180 字;

② 对化妆品的产品知识掌握熟练;

③ 对"柠檬绿茶"的业务流程十分了解。客服人员服务好的标准不是无限制地陪同客户泡旺旺,而是依靠简洁、明了、高效的服务,使客户满意。

对新进客服部的人员实行三七培训制度,就是在 3 天内淘汰 40% 的人,在 7 天内为留下来的人员定岗。定岗后要求用五笔打字,1 分钟 60 字。到了两个月后,要求达到 1 分钟 90 个字的水平。员工中的等级很多,有实习助理、美容助理、美容顾问、高级美容顾问、首席美容顾问……主管的工资是普通员工的 2 倍,经理的工资是普通员工的 3 倍甚至更高。明确的目标,严格的考核,有效的激励,良好的工作氛围,使每一个员工都努力拼搏,不断超越自我。

"柠檬绿茶"每日的销售量是非常大的,一个单品有时日销售量达到 4 000 多个,而且多个店铺同时销售,会造成库存统计无法保证及时性、准确性,再加上目前国内物流行业的不规范,各物流公司优势不同,延误及破损经常发生。于是他们选择了数家物流公司合作,可以充分利用各个物流公司的优势,及时、快速地将货物运送到客户手中;投入十余万元设计适合自己特点的软件,该软件和淘宝数据、仓库数据等实时对接,可以直接打印淘宝订单,并且可以对一般客户、批发客户、VIP 客户分级别控制库存数字,有效杜绝了误报商品库存的情况,降低了订单处理人员的工作量,极大提高了工作效率。"柠檬绿茶"不但走在了淘宝店铺的前面,而且更快速地走在了整个电子商务行业的前面。

"柠檬绿茶"的办公区任何一处墙面都能随处可见经过自主精心设计制作的文化标语,其涵盖了"柠檬绿茶"的文化精髓。生活中的每一个点滴细节,都会融合并展示着"柠檬绿茶"的企业文化。

"柠檬绿茶"从零售开始创业,依靠贸易,滚雪球般积累资金,然后逐渐转向大规模零售和有序批发业务。"柠檬绿茶"凭借网络的优势,一直在将零售的事业进行到底,目标是要建立网络化妆品专柜,淘宝第一大超级市场。在这个过程中,"柠檬绿茶"逐渐由个体户成长为工作室,在完成从作坊到公司的转化后,逐渐走向一个正规化的公司。

"柠檬绿茶"发展过程中也遇到很多危机。第一次危机的时候,在面对资金链断裂的情况下,"柠檬绿茶"给自己的朋友打了一个电话借钱,朋友说没有钱,但是过了几天,他拿来了 5 万元,朋友把自己的房子卖了,拿了这笔钱帮助"柠檬绿茶"渡过了难关。

"柠檬绿茶"有不少的缺陷。"柠檬绿茶"经营的产品种类繁多,涉及行业广泛,这都是大卖场的形式,企业在管理难度大的同时,想树立起专业的形象非常困难。当淘宝 B2C 平台登陆的时候,"柠檬绿茶"想向 B2C 店转型,但却很难获得一个化妆品品牌的独家授权和代理。在员工方面,员工的素质集中在高中和大专以下,短期发展可以;长期之后,员工的自我激励能力较弱。随着公司的成长,对员工素质的要求越来越高。

但是笔者期待"柠檬绿茶"的创业精神一直延续下去,期待"柠檬绿茶"能将他们的员工带好、管理好、培养好,真正成为淘宝的典范,也期待更多的"柠檬绿茶"式的公司产生。

采访"柠檬绿茶",笔者一个强烈的感触是:五皇冠之路是一步一步走出来的,只有脚踏实地不断奋进才能在激烈的竞争中立于不败之地。

路还很长,路才刚刚开始……还会有更多的困难和奇迹等着他们……

本案例使用说明

一、教学对象与目的

1. 本案例主要适用于 MBA 的创业管理课程、工商管理类别相关硕士课程的教学和管理培训,也适用于电子商务类、经济类、管理类本科教程。

2. 本案例的教学目的在于帮助企业各层级的管理者和想创业的人以及已经创业的创业者更好地理解创业的实质,了解创业中遇到的机会的重要性,认识到创业者对于创业的重要性。

二、思考题

1. 试列出"柠檬绿茶"创业历程,分析各种环境对于创业的影响和作用。

2. "柠檬绿茶"发展的同时,员工规模的扩张也同步迅速发展。这个过程中该注意什么?

3. "柠檬绿茶"成长为 C2C 第一店,但与此同时,关于他出售假货的消息也此起彼伏。这个现象该如何看待?

4. "柠檬绿茶"在发展的过程中也遇到了很多困难,而每一次突破都相当艰难。他们是如何进行突破的?

5. 如何看待"柠檬绿茶"的危机感?

6. 在创业方面,都需要一个好 SPECIAL PEOPLE,就是创业者。在这个创业案例中,您怎么看待"柠檬绿茶"在整个创业过程中的作用?

三、教学思路

教师可以根据教学目标来灵活使用本案例。以下思路,仅供参考。

1. "柠檬绿茶"的创业中有一个非常重要的部分,就是诚信。

2. 企业的发展伴随着员工数量的增多,这个是好现象,但是管理是个问题,应该做好管理与培育人才的准备和努力。

3. 伴随成长,总有很多的问题,而伴随着成名,必有"木秀于林,风必摧之"的现象。

4. 面对困境和危机,首先需要的是冷静,冷静地思考和分析行业环境、市场环境、企业内部环境,然后作出决定。尤其是面临暂时性的危机,需要坚持,想办法渡过难关。

5. 拥有危机感是好事情,存在危机感,才能激发竞争和向上的精神。

6. 王维栋在"柠檬绿茶"整个创业的过程中,起着关键的作用,他是方向的制订者和把握者,也是战略的具体执行者和指挥者。他的决定影响"柠檬绿茶"前进的方向和脚步。

四、教学要点

1. 把握"柠檬绿茶"创业的全部过程,从动机到抓住机遇,要深入研究其成长经历。深刻理解创业者创业的影响和作用,深入分析创业者的各种特点和特性。

2. 了解创业中创业机遇的重要性,任何微小的部分都有可能成为创业的关键因素。

五、建议课堂计划

本案例适用于专门的案例讨论课,在创业管理课程中进行。以下是建议的课堂计划,仅供参考。

整个案例课的课堂时间控制在80~90分钟。

课前计划:提出启发思考题,请学员在课前完成阅读并作初步思考。

课中计划:简要的课堂前言(2~5分钟)。

分组讨论(30分钟)。

引导全班进一步讨论,并进行归纳总结(15~20分钟)。

课后计划:如果有时间,请学员相互交流一下,写出自己的读书报告。

第六章

从生存到发展之小姜创业①

摘　要：本案例全面记述小姜几次创业的过程,小姜从谋生到真正成为商人,过程曲折,令人思考。

关键词：创业　价格王道　地摊

---

①　本案例是江苏大学工商管理学院教师胡桂兰、毛翠云收集整理编写而成。未经允许,本案例的所有部分都不能以任何方式与手段擅自复制或传播。本案例授权中国 MBA 培养院校案例中心共享使用。由于企业保密的要求,本案例中有关细节作了必要的掩饰性处理。

题记

征服你自己,你就会征服一切。每一个人在奋斗中都会遇到各种困难、挫折、失败,能够保持良好的心态,是成功者的特征。

任何成功者的早期经历都会验证温德尔·菲利普斯的至理名言:"失败是成功之母。"许多人历经无数次的痛苦,才能找到真正的自我,感受到真正的力量,最终迈向成功。

2006 年 5 月 27 日,《2005 年全球创业观察中国报告》在清华大学发布。该报告发现,中国的创业活动处于活跃状态,但创业环境总体仍处于非良好状况,上海、北京、天津分列中国创业企业最活跃地区的前 3 名。该报告显示,2005 年,中国的全员创业活动指数为13.7%,即每100 位年龄在18~64 岁的成年人中,有 13.7 个人参与创业活动,在全球 35 个创业观察成员中排名第五,排在美国的前面。该指数在 2003 年是 11.6%,排在美国的后面,位列第九。该报告发现,生存型创业是中国的主导类型。其他国家尽管也存在生存型创业形态,但是不管是发达国家还是发展中国家,生存型创业的比重都小于中国。

小姜就是典型的生存型创业者。他从谋生开始,一步又一步走上创业之路。

小姜吸引笔者的,不是他头上耀眼生辉的二皇冠,也不是他引人注目的而且广受争议的并且容易被模仿的低价和渗透市场的战略,他吸引笔者的是他的经历,他身上坚韧的品质与完全放开自我的态度。

创业第一课

姜克俊,上海人,1987 年出生,今年 21 岁。小姜出生在上海一个普通工人家庭中,妈妈是做婚庆鲜花生意的。从小,小姜就帮妈妈进货、送花,妈妈的早出晚归和吃苦耐劳的精神给小姜留下深刻的印象,也在无形中逐渐培养了他经商的素质和积累了应对社会的经验。无形中见多识广了。人生经历多的最大好处,就是任何事情都看得比较淡然,不固执,容易变通且通融。

他高中二年级退学经商,严格意义上是初中毕业生。还在上高中的时候,小姜开始在论坛上帮摩托车车友喷制版画。喷制版画需要空间，于是他在外面租了一间工作室，按照车友的要求改造各种图案。其实钱赚的并不多，但这个经历所带来的成就感远远大于学业带给他的兴趣，小老板的那份洒脱自如和挣钱的刺激远远要强过枯燥的功课、呆板的课堂、成堆的试卷和作业。

短暂的工作室生涯，最后促使他确定了自己的人生目标，成为一个个体户。"我不想平平凡凡毕业，平平凡凡上班，我想赚很多的钱，自己创一番事业。"他和父母商量退学，自己做生意。本来就是做生意的父母能了解和明白儿子的决定，他们也见识过很多大学毕业生混的并不如小商人，做生意发家的比上班的多得多。小姜有理有据的分析让他们信服。

父母同意后，小姜正式退学，从此开始了人生创业第一站：继续从事喷制版画。其实当时的工作相对比较简单，是个体力活，加上一点简单的脑力活而已。小姜要根据车友的要求，将 LPG 助动车外面的塑料壳子拆下来喷漆，修改底色，用电脑刻制图案，上光漆，这不是很复杂的 DIY 设计。当时所有的工作完全是他自己一个人做，换句话说，其实就是一人老板。工作时间长，忙碌而且紧张。但是，他深刻体会到了成就感和自己赚钱的快乐，当小老板的强烈愿望让他乐此不倦，整天快乐地笑着、唱着工作，他一点都不后悔作出退学的决定。另一个重要的原因是他喜欢车子，那份狂热和迷恋大概只有真正上瘾的人才能体会。这个小老板，自己去摩配城批发市场进车外壳，去油漆市场买油漆，再去工作室喷制。什么事都是亲力亲为，连个帮工都没有找过。

如此辛劳，所得却并不多。制一套版所需的时间在一天左右，利润在 1～200 元之间。按照时间计算，应该说一天所获的收入也算不错，因此小姜依靠这份工作积累了一定的资金。这个简单的缺乏技术含量的职业，很快就吸引了一帮人，做这一行的人多了，竞争激烈，逐渐演变成了价格战，在这种情况下，小姜决定退出，并且采取逐步缩减的办法，到 2005 年夏天，他结束了第一次创业，准备新的开始。

摆地摊练就通达人性

80 后的人，在人生的经历中强调的是自我和个性，他们比 70 后的人更加强调自我，更加张扬，也更懂得如何发现自己的价值，实现自己的价值。根本原因是，他们的价值观和 70 后的人不同，可以说他们完全是时代的幸运儿，因为改革开放，中国的经济腾飞，中国现代文明与世界文明的交融以及进步等，这些都是和中国 80 后的一代人一起成长的，所以，80 后的年青一代具有比较鲜明的时代特征。在他们心中，官本位的思想已经很大程度上让位于金钱本位的思想，70 后的人无论任何时候，看到有站着的领导，都会马上给领导让座；80 后的人则完全崇尚上下级平等。70 后的人，还强调知识是改变命运的唯一出路，80 后的人则认为知识不一定能完全改变命运，改变命运的方式有很多种。他们正值青春年华，并且在观念、个性、风格、处世态度等方面都与 70 年代出生的人有很大区别。80 后现在多用来形容社会全新的一代，已经成为与过去传统年轻人的分界点。

笔者和小姜在探讨的过程中发现，他有着很多 80 后年轻人共同的特点，也有着自己更特别的个性。笔者对他的摆地摊工作提了一个在他们看来很怪的问题。笔者问，摆地摊会不会觉得没有面子？他说："怎么可能呢？没有钱才叫没有面子，我认为开奔驰穿布鞋叫有面子，穿西装骑自行车才叫没有面子。"笔者哑然。不知道 90 后的人，又会有什么新想法。

同年夏天，小姜和几个朋友逛街时，在家附近一个大卖场的边上，看到了路旁有一排地摊，生意相当红火，小姜马上意识到这是个机会。摆地摊投资小，见效快，很少的钱就可以做老板！说干就干，在他决定摆地摊的第二天就去进货，晚上就去摆地摊了。

但是，盲目的进货带来了失败的后果。他当时进的第一批货是礼品。花了大概 500元左右，结果第一天出摊的时候，只做了 1 笔生意，还摔坏了一件玻璃工艺品，自己亏了20 多元。

当时在出摊的时候，很多朋友不支持小姜的做法，大家都认为这样的事情太没面子了，加上出师不利，反对的声音更大。但小姜不这样想，他冷静地考虑到底是什么原因造成失败的。他重新考察分析后认为，超市最大的优势是客流量非常大，晚上 8：00 到12：00，人流量几乎是过万的，而且上海是不夜城，晚上 10 点夜生活才刚刚开始，即使只有 1/100 的概率，每天也能成交 100 多笔生意。他坚信：地摊绝对有的做，而且能做出利润。

但小姜在地摊上卖礼品的生意一直不温不火。为什么那么高的人流量，自己却卖不出产品？原因在哪里？他不停地问自己，一边卖礼品，一边观察，一边分析原因。经过好几天观察与分析，他发现晚上 8：00 点左右，逛地摊的情侣和女孩子比较多，他就决定专门卖女孩子喜欢的产品。

一周后当他把 500 元的货卖光以后，就转型了。此时他不再进小礼品了，而是进一些女孩子喜欢的小娃娃。一个小娃娃卖价是 10 元，进货价在 5～7 元，利润有 3～5 元，一天卖下来营业额大概在 500 元左右，利润比较可观，更重要的是生意由此一炮打响，小姜成为大家羡慕的对象。

　　其实摆地摊也有很多学问，小小地摊见证着人间百味。摆地摊的人，社会上各个层次的都有，首先需要的就是和他们混熟，打成一片，消除彼此隔膜的心理。小姜在刚做的几周里，每天都和那些先来者聊天，套近乎，晚上一起吃排档。混熟之后，小姜就不用每天晚上老早就去摆摊了，一些"朋友"已经帮他把位置留好了，他每天7点左右去摆摊就可以了。当时地摊的规模是以毯子来计算的，一般的老板都是放一块毯子，经营自己的商品。摆地摊还要相互帮助，相互扶持，形成一个团队，才能够长久经营下去，而不用担心自己的位置某一天被侵略。

　　摆地摊成本低、复制容易，但是也有很大的问题。由大量中小型企业组成的分散型行业最大的特点就是没有任何一个企业能够对整个行业产生绝对的影响力，更何况是分散的零散经营的小地摊呢？小姜的娃娃卖了好几周后，周围好几家开始模仿卖娃娃，他的生意受到了影响。在这种情况下，他想只有扩大规模，通过增加品种来吸引顾客，满足大家更多的要求，于是他把毯子从1块变成了3块，增加娃娃的品种，丰富产品内容，并且还进了女包、女裤等女性用品，生意越来越好了，但一个人照顾已经相当困难了，于是他让女朋友一起来帮忙打理，生意最好的时候一天的营业额在800元左右。

　　应该说摆地摊的生涯对小姜影响很大，人性的通达也就在那个时候练就了，用他的话说，本来合群的他通过摆地摊更合群了，能够和任何人很快融为一个小团队成为他特别的本领。由此笔者想到一句话："读万卷书不如行万里路，行万里路不如阅人无数。"用在小姜的身上非常恰当。

　　小姜说摆地摊是很辛苦的。有次他摔了一跤，背上缝了8针，下午去医院，晚上继续摆摊，原因很简单，地摊的位置是不固定的，需要抢，如果一天不去，那么第二天再去就会发现那个位置已经不是你的了，所以为了抢位置和赚钱（小姜原话），即使下午背上刚缝了8针，晚上还是得去摆摊。笔者问他，第一次你去摆摊的位置应该也是抢来的了，之后怎么保得住位置呢？小姜说位置是抢来的，保住这个位置则利用自己从小帮妈妈做生意学来的与任何人都能搭上话、扯几句的本领以及自己乐于助人的优点，逐渐和旁边的哥们混熟了，保住了位置，并且逐渐团结了一帮人，成为一个合作的小群体，大家互相帮助。他想办法帮其他人把生意做好，其他人帮助他把地摊位置占好，这样原来的竞争就逐渐变成了合作。

　　摆地摊与商店不同之处就在于，客流量大，价格便宜，在所有生意中效果最好；不好的地方就是利润太低，稳定性差，还要经受风霜雨雪之苦。为了和大家搞好关系，他基本上是一开始就发烟、聊天、请客吃排档。小姜在那些人中总是佼佼者、领头羊，大家都信他，请他帮忙出主意。比如他卖娃娃的时候，卖首饰的生意不好，他叫人家弄个灯来，晚上灯光一打，首饰的效果就变好了，结果也确实如此。类似的事情多了，小姜的地位得到了稳固与提高，和大家的关系一天好过一天，生意很是红火了一阵子。

地摊是7月开始摆的，那时是夏天，每天晚上他和其他混的比较熟的老板（都是年轻人）边聊天边做生意，一直到半夜两三点，每天的利润有300元左右，日子过得洒脱、逍遥、自在。但是美好的时光总是过的很快，转眼到11月底，天气冷了，摆摊绝对是一个噩梦，小姜开始琢磨做新的生意。此时他自己积累了一点本钱，父母看他摆地摊很辛苦，也知道他肯做生意、喜欢做生意、能做生意，于是就投资了一点钱给他开了一家礼品店。

2005年12月，小姜的实体店在杨浦区市光路1079号开张了。店面大约有20个平方米，月租1 500元。礼品店虽然不大，但是不用再经受风吹雨淋，不用再受冻。

小姜的店开了，但由于地理位置不太好，人流量相当少，生意一般。好在小姜摆过地摊，什么人、什么事情都经历了，很拉得下脸，只要有顾客来，他都能很快抓住顾客的注意力，并且极力向他们推荐他们想要的东西。"小店一个月下来，利润在2 000～3 000元，开店的利润还没有我摆地摊高，只不过人不是那么辛苦了，也像一个小老板了。"他说。

年轻人喜欢新奇，并且总是乐意探索和尝试新鲜事物。礼品店生意并不忙，总有很多空闲时间，小姜觉得特别无聊，此时他突然想到了淘宝。因为在2005年4月，他注册了淘宝网店并且卖掉过1个玩具，但是后来由于一直忙于摆地摊，没再关注淘宝。现在他想，既然店里没事，自己有空，而且有货，何不去尝试一下呢？于是他又开始在淘宝发布商品，其实根本没有打算能卖出多少，却没有想到，这一次他的人生有了新的转变。

无心插柳柳成荫

小姜一开始在淘宝卖的是玩具类，因为当时他的实体店主要是卖玩具和礼品，货源便利。当时他一边做店里生意，一边做淘宝。因为本来没有打算在淘宝上有什么发展，所以产品的价格定的相当低。本来没有在意的淘宝却让他吃惊：由于他的产品价格低，而且款式新颖，每天不停地成交，不停地发货，从刚开始的偶然几笔生意到基本上天天有，直到有一天，他突然发现，淘宝网店比实体店还忙，成交量更大，潜在顾客更多。他突然明白了：底价跑量是王道。直到现在他还是认为，在淘宝创业开店的几大成功要素里第一位的还是价格。

他感到精力有限，难以同时应付实体店和网络店，而且在淘宝尝到了甜头，用小姜的话说，自己在淘宝吃到了更大的肉，于是他决定抓住机遇，吃大肉，放小肉，放弃实体店，专门进行网络店销售。

一年后,2006 年 11 月,他结束了实体生意,租了一间工作室,开始全职在淘宝上经营。对于全职,他有个精妙的说法:"之所以全职是因为人的精力有限嘛,如果精力无限,人人发财啦。所以我把我的精力,放在我认为最值得的地方,幸运的是我发现淘宝早,这就是运气了,自己有能力,抓住机遇,才成就了今天。"

其实换句话说,他察觉到自己的优势,发现了更好的资源后,就勇敢放弃了一些利益,抓住了机遇。正因为如此,他总是说:就算没有淘宝,哪怕自己没一分钱,他照样可以赚的比一些大学生多。

笔者认为他开始全职淘宝经营生意是经过深思熟虑的,绝对不是盲目而且率性的。他善于观察,能把握住机遇,总是敏锐地发现到环境的变化,而且内心有着强烈的渴望进步的心态,赚更多的钱一直是他心中最强烈的念头。所以,一旦机遇来了,他敢于把握机遇。其实,机遇对很多人都是公平的,只是没有准备好的人,发现不了机遇,而一些已经准备好的人又由于患得患失没有勇敢地抓住机遇,最后让机遇擦肩而过。

整合营销,细分市场

1990 年,美国企业营销专家劳特明教授提出了整合营销理论,强调用 4C 组合来进行营销策略安排。4C 即消费者的欲望和需求(Consumer wants and needs)、消费者获取满足的成本(Cost)、消费者购买的方便性(Convenience)、企业与消费者的有效沟通(Communications)。他的整合营销理论重视消费者的导向作用,其精髓是根据消费者的情况给产品定位。

整合营销,就是企业由内向外,以整合内部、外部的资源为手段,以消费者为中心,对企业所有可利用资源重新排列组合,然后使产品在营销中获得最大的利润空间和最大的利润值。

随着经济的迅猛发展,无论是产品、技术、营销、制造,都存在着"同质化"问题。因而,未来的市场之争,不仅仅是企业技术、产品、营销手段的竞争,更是企业整合资源能力的竞争。"整合"的关键在于能否将其建立在"动态细分"系统上。在整合营销时代,关于市场细分这一概念,人们并不陌生。目标市场的选择和市场定位,即 STP(Segmentation Targeting and Positioning),是市场营销中的核心内容。市场是一个综合体,是多层次、多元化的消费需求的集合体,任何企业都不能满足所有需求。企业根据需求、购买力等因素把市场分为由相似需求构成的消费群,即若干子市场,这就是市场细分。市场细分给企业带来的好处有以下几方面:(1)有利于企业明确自己的目标市场;(2)有利于企业发现市场机会;(3)可使企业集中人、财、物和信息等资源,投入到目标市场,形成经营上的规模效应。

小姜刚做淘宝的时候,关于自己想要经营什么,怎么经营,还没有完全定型,一直是自己手里有什么货,就卖什么货。在2006年11月结束实体店的时候,他还没有完全打算好到底做什么。直到借了工作室,准备全职做淘宝的时候,他才最终给自己的店铺定位为:以"女性"为本,尤其是年轻女性。一切小姑娘喜欢的,只要自己有货源,就都卖。这些年来小姜的经营经验告诉自己,女性是购买的主力军,而且她们会非理性购买,因为冲动是魔鬼!从营销的角度考虑,这就是整合营销。

无限低价

但是很快小姜又遇到了一个新问题,那就是价格问题。小姜在淘宝卖东西前就认定低价是王道,所以他给产品定价格时一直都坚持低价。在给产品定价时,他当时是按照"傻"办法定。进到一个新商品,他首先会在淘宝搜这个商品的名字,然后将价格从高到低排列,最低的若是10元,他9.8元发布上去,卖9元。每一个商品,都是这样操作,然后积累信用。他一直坚持这个原则,从卖玩具开始,到卖女孩子喜欢的,如Hello kitty类,Annasu类,直到现在卖的化妆品。

其实低价一直是淘宝新卖家进军淘宝、积累信用的强有力的方法,而且向来没有失败过。从摆地摊走过来的小姜精通此道,他认为低价不但有效,而且非常有用,比任何办法都要好。淘宝的买家实在太聪明了,买前很多人都要搜索相关信息,在对物品不能完全把握的情况下,许多人会选择价格最低的那家。

但由于他一直采用低价策略,引起了同行的埋怨。不过,他仍然坚持并且希望将低价进行到底。笔者关心的是在无限低价的情况下,他还会有利润吗?他讲述自己的低价策略与方法,俨然是讲演一套战术。

他说自己在实践中总结出了一套低价销售策略和技巧来保证自己的利润。当季热卖产品,比如在冬天,手套、围巾、睡衣的价格就低到底!任何人都比不了,哪怕无任何利润只为带人气。比如已经被做滥的商品,做滥的商品是指淘宝上很多卖家卖的已经出来很久的货,小姜就卖到最低价!这样一来,客人如果是看到这个产品进了他的店,会认为这家店东西便宜,而且会以为这个卖家这里所有的东西都便宜。但新品、新货或者淘宝上卖的不多的货,他就会适当保留一些利润,比如有些东西放低价也不可能跑出量,他就不低价了。例如卖 10 元 1 个月能卖 10 个,卖 30 元 1 个月能卖 8 个,那就选定 30 元的价格。小姜一直认为,新的思路是在不断钻研中钻出来的。小姜会每天花 1~2 个小时的时间到淘宝上看其他卖家的店铺,其他卖家的商品,关注玩具类的新店,四钻店、五钻店等一些新星,特别是在最近一周有 200~500 好评的店,他会研究他们,为什么他们能迅速升级。小姜认为,如果不注意他们,他们会一下窜得很高,超过自己。但是小姜总会找到他们,抓住他们,并且想办法超过他们。

关于低价销售方法,他还有一套更绝的办法,就是零利润卖新品,吓跑竞争者。比如出了某一个新品,一般新品上市厂家的价钱会比较高,但是小姜敢一分利润都不赚地拿来卖,比如某个产品他拿来是 40 元,他索性就卖 40 元,吓得其他卖家不敢做。但此后的情况是,产品随着进入市场的时间越长而成熟度越强,价格也就下降。这个月拿货价为40 元,下个月就会是 35 元,再下个月就是 30 元,而其他卖家因为被他一来就进价赔本销售的气势吓倒了,基本放弃了这个产品,于是他开始稍微提高此产品销售的利润。再比如,一个商品,小姜卖 50 元,有人卖 40 元,而彼此的成交量差不多,那么他干脆不动价格了,因为即使自己卖了 40 元,就算把他的成交量全部拉到自己这里来,也不如自己卖 50元有利润。类似情况下,价格问题就算了,无所谓了。其实他所说的商品,就是在日常消费品中损耗程度不同的产品。损耗程度最大的产品,比如快速消耗品,就可以超级低价卖,走量;而消耗程度稍微小点的,可以依靠中等价格走利润;日用品消耗程度较少的,可以适当卖高价。当然,对于热卖商品,他又有另外一套办法。利用最吸引人的产品的最低价格带动人气,从而带动其他相关产品的销售,成为小姜在淘宝经营的必杀技。比如他有套睡衣,就是利用这套睡衣的疯狂低价带来人气,购买者很多,专门冲着产品的低价而来,但同时也有买家要买贵的,用来送人,这样就带动了其他款式睡衣的销售。这套睡衣在 2007 年冬天共卖掉 2 000 多套。2008 年他准备联系服装厂定做 5 000 套,再把价钱杀下来,然后带动其他产品的销售。

事实上,从现实市场的角度来看,无论何种产品,当它的市场发展到一定程度的时候,就都得接受价格战的洗礼,这是一个商业规律。也就是说,无论支持或不支持价格战,或早或迟,只要在市场上经营,总有那么一天,会遭遇价格战。价格战的利弊其实犹如金庸小说里的"七伤拳"——"人身五行,心属火、肺属金、肾属水、脾属土、肝属木,再加上阴阳二气,一练七伤,七者皆伤。七伤拳的拳功每深一层,自身的内脏便受多一层伤害,实则是先伤己,再伤敌。"七伤拳非常威猛,但就像小说里所说,先伤己,再伤人。首先挑起价格战的商家,基本是为了快速扩展规模,扩大市场份额。利用低价,吸引眼球,然后做好内部装修,加强管理,机会就来了。

放低心态

尽管小姜已经有二皇冠了,但作为一个生意人,他并不是蒙着头只顾自己,而是随时观察对手的动向。他会每天都去看那些大卖家的店(就是已经三皇冠及以上的店)。这样做的原因是要放低自己的心态,向他们学习,而一直把自己定位放底,这样始终有一股力量,可以促使自己更努力地接近他们。

有一些朋友在创业起步阶段时总是渴望起点很高,热衷于很多技术性很强的行业和产品。但是这样的结果通常是销量一般走不出去,生存会受到影响。小姜选择了适合自己的产品,所以在很快解决了生存方面问题。

选择可用的产品远比完美的产品更重要。其实在创业初期阶段,一定要先用一个产品来开拓市场,然后一步步提高产品质量吸引用户。这个阶段可用的产品是最有说服力的,尽早投入使用,可以验证你的判断是否正确。市场是未知的,你不知道下一步它会转到哪里去,通过这个产品来试探用户的需求,逐步调整产品的方向。

期待化妆品的未来

在淘宝生意日渐好起来的时候,小姜开始琢磨新的东西。经常研究大卖家,他发现大卖家的店(卖化妆品类的)最近一周有 1 万家有 5 000 的好评。这个情况让他纳闷。经过思考,他明白了:化妆品的市场实在太大,需求量太猛了。于是他又琢磨着要利用店里的人气做化妆品业务。于是 2 个月前,他开始进军化妆品市场。为什么这样做? 他说:"很多买家是被我店里其他的商品吸引进来的。看到化妆品,如果有需要,就会毫不犹豫地购买。因为我知道,刚起步做化妆品,不可能吸引到那些想买化妆品的顾客,而只是把想进店里购其他商品的买家吸引过来,逐渐购买一部分化妆品。慢慢地,就会有专门要买化妆品的买家来到店里购买化妆品。"从摆地摊开始,小姜认为专做一类的东西已经不是王道了,品种多,规模大,才是做生意的王道。"如果是开实体店,因为有店面大小的影响,产品你不能全都有,发展受到局限。但是在网上上传照片,利用网络无限空间让产品无限上架成为可能。2007 年,因为种种事情耽搁,虽然我脑子很清楚如何经营,但是没有全部去落实。2008 年,我会在行动中贯彻我的思路,把'大世界玩具城'做到一个新的平台,并且让化妆品事业起步。"小姜提供了一个数据来验证自己决策的正确性。那就是在未做化妆品前,自己一周最高评价是 1 200,做化妆品后现在一周最高是 1 900,其间的差距和惊人的数字变化让他大为惊讶,同时也坚定了他做好化妆品的决心和信心。

　　小姜还有个梦想。他渴望今年加入商城,再开一家大规模的实体店。他认为淘宝越来越正规化,不积极响应淘宝,不加入商城,会被无形地淘汰。加入商城,势在必行。

客观面对评价

　　对于评价,笔者曾经固执地认为卖家应该能做到 100% 好评,而且一定要做到,甚至还希望这个是社会诚信的重要标志之一。但是,长时间接触不同卖家之后,笔者有了新的认识。对于利润高的行业、对于产品金额比较高的卖家而言,也许确实能做到 100% 好评,而对于那些销售产品本身价格相当便宜、利润也不高的产品,就非常难了。小姜说:"对于某些顾客,我无可奈何。收到货物,问题多多,换货不要,退货不要,就要便宜,还嫌态度不好。"笔者告诉他,在他的店中看到任何评价,笔者都不会觉得意外,更不会认为这个老板有问题,而是要综合考虑和分析,只要不频繁出现差评,就说明这个店是可以信任的,也是值得信任的。

　　"我已经练就了对中评、差评不动气的本领,而且每个行当都不同,差别蛮大。做衣服生意,我发觉要和顾客搞好关系,先做朋友。现在还有化妆品嘛,反正未来只要我有能力拿到货,我都会上淘宝卖,没固定利润的,看产品销售必爆,便宜卖;当季热的东西,低价卖。淘宝现在信誉高,游览量大,相信淘宝的买家,很多人其实不在乎信誉的,零信誉也照买,只要东西好。现在买家喜欢搜类目下的人气宝贝。卖点卡到皇冠,转行卖服装就不行。因为你的店铺,无服装客服收藏,你的宝贝没一个被收藏,无人气,而人气是靠千万买家收藏了你的店铺、你的宝贝得来的,这些是靠一路走来积累的,绝对不是一蹴而就的。还有,就是经验,现在我的经验肯定比我二钻的时候要丰富得多。"

　　讲到低价经营之道,小姜侃侃而谈,信心十足。

最重要的目标

　　问小姜将来的发展目标,他说:"有呀,大的目标就是赚更多的钱,任何一个生意人都是这样。创业初期的人基本是以金钱作为第一目标的,希望赚更多钱。有机会帮助别人,提供就业机会,培养年轻人,现在说这些还早哪。我这生意确实还做得很渺小,要好好地努力,才有可能在将来说这些话,这些话好像应该是世界500强老总说的。"他哈哈笑着,其实他非常清楚自己到底在做什么,怎么做,如何做。

作为教师,对于教育,笔者总是多一点关心。笔者问他:"你后悔退学吗?""不后悔。"他反问笔者:"能做到您来采访我,还后悔吗?"笔者一愣,但是马上会意到,其实他认为教育仅仅是一种经历和过程。"哈哈,我一直认为读书没用,要么读到顶级。人人都是大学生,但是想有好工作,要么靠家里关系,要么能力强些,或者看顶级学位。个人能力强,不是靠读书读来的,是靠经历,我说的顶级,就是读博士和名牌大学,才有优势。一般的大学生,有什么优势?我这里的客服都是大学生。现在社会找好工作,靠父母、靠关系,或者就靠好的PASS,比如博士,或者就是你个人能力强,聪明,有脑子,但这不是读书赋予你的,是天生的,还有自己的经历和总结。对于读书,我读个大学不是问题,但是读到博士,我肯定吃不消,所以我就不读了,干自己想干的事。初中、高中必须读,如果不读的话,字都不认识啦。不过我很高兴,毕竟有人写我了。这是对淘宝和我个人的一种肯定。"对于他的话,笔者的总结就是,学校的书要读,更要读社会大学的书。他来了句:"真不愧是博士!"其实笔者想读书还是有用的,只是我们用的地方不同。

不要盲目创业

创业前,一定要要分析自己到底适合做什么,不盲目,不盲从。小姜的经历和其他人不同,从小他就开始帮妈妈做生意,看到的,学到的,经历到的,体会到的,远远不是其他没有类似经历的人所能比的。小姜在退学前,是经过了认真的考虑和分析。当然,笔者并不赞同他的退学。只是说明,他在做决定的时候,不是一时冲动,而是说服了父母,得到了家人的理解和支持。

在此提醒年轻人,创业不要盲目,尤其是第一次创业,因为一旦失败,对人生的打击相当大。笔者不否认,失败是成功之母,但前提必须是对不断学习的人,能坚持的人,有梦想的人,失败才能成为成功之母;对不想吃苦的人,渴望一劳永逸的人,是不可能的。

本案例使用说明

一、教学对象与目的

1. 本案例主要适用于 MBA 的创业管理课程、工商管理类别相关硕士课程的教学和管理培训,也适用于电子商务类、经济类、管理类本科课程。

2. 本案例的教学目的在于帮助企业各层级的管理者和想创业的人以及已经创业的创业者更好地理解创业的实质,了解创业中遇到的机会的重要性,认识到创业者对于创业的重要性。

二、思考题

1. 试列出小姜创业的历程,分析小姜创业中的各种环境,指出环境对于创业者的作用和影响。

2. 你认为小姜在创业的过程中,使他获得成功的最重要的因素是什么?如何看待创业精神?

3. 小姜在创业中一直强调价格要低到底。怎么样看待价格战?

4. 小姜在创业中,一直强调读书无用论。如何看待读书的价值和作用?

5. 小姜摆地摊的经历对他日后创业有什么影响?

6. 小姜提到:"怎么可能呢? 没有钱才叫没有面子,我认为开奔驰穿布鞋叫有面子,穿西装骑自行车才叫没有面子。"这样的价值观该如何正确看待和分析?

三、教学思路

教师可以根据教学目标灵活使用本案例。以下思路,仅供参考。

1. 小姜的创业是从想摆脱学校的枯燥学习开始,从摆地摊开始走向实体店,然后转向网络店。在这个创业过程中,小姜的生活环境促进了他的退学决定没有成为一场战争。小姜在创业中也得到了家人的帮助和支持,这些成为他创业之路顺利的重要因素。

2. 小姜创业中,勤思考,吃苦耐劳,但是小姜创业的行为并不值得提倡,对于大部分学生而言,应该以学习为主,在学校接受知识和教育。

3. 价格战是双刃剑,一方面价格战确实对消费者有利,使消费者获得了一些利益,但是价格战在另外一个方面也削弱了企业发展的潜力,没有充足的资金进行研发和为工人提供福利。价格战是所有商业战争中最低级的手段和方法。

4. 小姜退学创业可以说是冲动和盲目的,他对教育的抵触和反对在某种程度上其实也应该让我们反思。新的事情,新的问题,必须要求我们用新的方法、新的思路来解决。

5. 如同文章中所说的,小姜在摆地摊的过程中学到了很多,最重要的是练就了任何时候都不灰心的生存能力和勇于尝试的勇气,以及与任何人融洽相处的能力。这些都是最重要的商人要素。

四、教学要点

1. 把握小姜创业的全部过程,要深刻明白生存型创业和兴趣型创业的不同,理解草根创业者的艰难和他们坚强不屈的精神。

2. 了解创业中创业机遇的重要性,任何微小的部分都有可能成为创业的关键因素。

五、建议课堂计划

本案例适用于专门的案例讨论课,在创业管理课程中进行。以下是建议的课堂计划,仅供参考。

整个案例课的课堂时间控制在80~90分钟。

课前计划:提出启发思考题,请学员在课前完成阅读并作初步思考。

课中计划:简要的课堂前言(2~5分钟)。

分组讨论(30分钟)。

引导全班进一步讨论,并进行归纳总结(15~20分钟)。

课后计划:如果有时间,请学员相互交流一下,写出自己的读书报告。

第七章

民族奇葩 "皇朝漆" 崛起之路①

摘　要：本案例全面记述何伟从一个文盲到网商、到企业主的创业历程，以及民族品牌"皇朝漆"在涂料市场上迅速崛起的经过，探索民族品牌通过网络营销崛起的新模式以及销售新方式。

关键词：创业　诚信　服务　创新

① 本案例是江苏大学工商管理学院教师胡桂兰、毛翠云收集整理编写而成。未经允许，本案例的所有部分都不能以任何方式与手段擅自复制或传播。本案例授权中国 MBA 培养院校案例中心共享使用。由于企业保密的要求，本案例中有关细节作了必要的掩饰性处理。

中原逐鹿的涂料市场

中国是世界第三大涂料生产及消费国,2004年的年生产及消费量均已超过200万吨,市场规模超过了200亿元人民币。目前每年仍以20%～30%的速度递增。据不完全统计,目前全国8 000多家涂料企业主要集中在长三角、珠三角和环渤海地区。其中,"洋品牌"和国内较大规模的生产厂家,将市场定位在中高档产品,处于市场领导地位,引导涂料消费趋势。其他国内众多中小涂料企业,则以生产中低档涂料产品为主,处于市场追随地位。全国性的强势品牌仅限"立邦"、"多乐士"、"华润三家"、"嘉宝莉"、"大宝"、"美涂士"、"紫荆花"、"古象"、"中华制漆"、"展辰"、"鳄鱼"、"常春藤"、"巴德士"、"秀珀"等,地域品牌则相当普遍。

中国涂料行业是一个不同于其他建材行业的特殊产业,涂料行业整体营销水平普遍偏低。中国涂料行业中企业众多,数目过万家,但基本都是模仿秀。涂料企业的基本特色是"一母生几子,个个抢饭吃",因此造成涂料市场企业规模小、品牌影响力弱、产品型号和性能近似、经营模式和广告活动雷同,致使众多国内涂料企业的竞争手段主要集中在价格、回扣、中伤他人、混乱无序等原始层面上。涂料行业营销水平低下,销售形式雷同,模仿秀盛行。中国模仿外国,小厂模仿大企业。自从"立邦"和"多乐士"推出"三合一"和"五合一"涂料后,一夜之间,几乎中国所有的建筑涂料生产厂家都有了"三合一"、"五合一",甚至"六合一"、"八合一"涂料,功能特点全部一样,单单从"多乐士"名字上派生出的各种"士"就不计其数,是模仿还是打擦边球,只有企业自己知道。翻一翻市场上派发的宣传资料,知名品牌和杂牌子的资料内容非常相似,尤其是木器漆宣传资料,除了产品结构、性能特点和注意事项惊人相似外,创意表达方式、语言表述都非常接近,至于同一厂家不同牌子的产品宣传,整个就是"全盘照抄",非常省事,反正目前中国的消费者还比较好糊弄!就连某些知名品牌也不能免俗,市场上形形色色的形象店、专卖店,走过几家后就会发现内部大同小异。从产品命名、编号、宣传到市场推广,每个环节乃至个别细节,除了模仿就是雷同。同质化现象势必引发同一阵容内部的价格战,降低整个行业的利润水平,这就是制约中国涂料企业整体水平提高的主要因素。

涂料行业的竞争不断加剧。早期进入中国的"立邦"、"多乐士"在全国影响较大,位居涂料行业前列,在市场投入、营销策划、经营管理和技术创新上都对国内厂商构成极大威胁,而"华润"、"嘉宝莉"、"大宝"、"美涂士"、"秀珀"、"鸿昌"等近几年都有很大的发展计划,有的已开始付诸行动:"大宝"要建成"中国最大的涂料生产基地",目标是年销量 100 亿元;"嘉宝莉"投入巨资用于央视广告宣传,并掀起颇具声势的"挑战洋品牌"公关活动等,当之无愧地成为行业"意见领袖";"美涂士"立下了"三年追赶'华润'"的二次创业誓言,并频频与国际、国内 4A 广告公司接触以谋求超越;"秀珀"要建成"中国地坪漆王国",并许诺多个优惠条件吸引了大批高精尖人才;"鸿昌"和"星冠"打出"博士后流动站"和"纳米技术研发中心"技术牌;等等。可以预见,中国涂料市场在未来 1~3 年里竞争将白热化。

"皇朝漆"是由香港皇朝化工实业有限公司全额投资,授权中国涂料之乡顺德某知名企业制造,并授权旗下全资子公司佛山市皇典涂料有限公司实行全面推广。公司在 2004年成立后,迅速发展,而且通过网络传播的方式迅速崛起,成为我国第一个以民族思想为推动力的涂料品牌。"皇朝漆"是一个具有历史意义的特色品牌,名字本身体现出了古代皇家风范,其品牌形象是塑造出一个文治武功的皇者形象,器宇轩昂,能给崇尚古典文化的人们带来博大精深的皇苑文化以及帝国时代的皇家享受,这些都因受现代工业技术的崛起而广泛普及,得以重现昔日的豪庭阔宅。

何伟的创业路

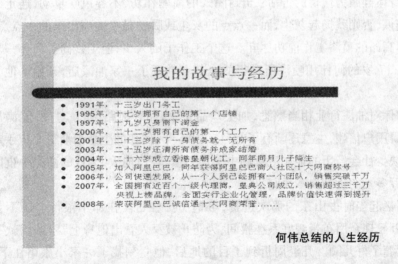

我的故事与经历

- 1991年,十三岁出门务工
- 1995年,十七岁拥有自己的第一个店铺
- 1997年,十九岁只身南下淘金
- 2000年,二十二岁拥有自己的第一个工厂
- 2001年,二十三岁除了一身债务就一无所有
- 2003年,二十五岁还清所有债务并成家结婚
- 2004年,二十六岁成立香港皇朝化工,同年同月儿子降生
- 2005年,加入阿里巴巴,同年获得阿里巴巴商人社区十大网商称号
- 2006年,公司快速发展,从一个人到已经拥有一个团队,销售突破千万
- 2007年,全国拥有近百个一级代理商,皇典公司成立,销售超过三千万
  央视上榜品牌,全面实行企业化管理,品牌价值快速得到提升
- 2008年,荣获阿里巴巴诚信通十大网商荣誉,……

何伟总结的人生经历

"皇朝漆"老板何伟,13 岁离家打工,从做苦力工开始,到家具厂的喷漆工,转变为涂料行业的业务员,之后成为业务主管,到如今拥有企业品牌,17 年过去了,多年的底层社会生活经历让他比同龄人显得老成得多,当然也坚强得多。一个普通的人,一介草根商人,创造了一个从文盲到网商的蜕变奇迹,打造了一个从最底层的油漆工到油漆品牌拥有者的传奇。

他头上有着一顶又一顶光环:广东暨南大学特约励志客座讲师,香港皇朝化工实业有限公司董事、首席执行官,佛山市皇典涂料有限公司现任总经理,涂料行业中运用电子商务营销倡导者之一,阿里巴巴成功网商、资深版主,佛山商盟盟主,中国民族事业推广协会会员,中国涂料协会会员,2007 年度中国十大"中华公益人物奖"提名者,2008 年中国诚信通十大网商等。

创业几多艰辛

何伟 13 岁随乡邻到安徽的祁门开山挖路,一天挣 6 ~ 7 块钱,虽然他身子单薄,但与成年人一样干挖土方、抬石寨的活,从不叫苦。半年后,随着北上打工大潮的涌现,何伟带着对大都市的憧憬和向往随师父到了天津。

何伟踏实肯干,愿意做最苦、最累的活——喷漆工。喷漆是一项绝大部分人不愿干的、以牺牲身体健康为代价的苦活:全封闭式的简陋作坊,不容风吹草动,连走路和呼吸都得小心谨慎,否则就扬起灰尘,而一点点的灰尘或哪怕是喷嚏喷出来的一点点水汽,也足以使成本高昂的喷漆工作前功尽弃。这个工作干的人少,但工钱高。何伟一干就是几年,1995 年,17 岁的何伟用喷漆所赚得的全部存款开了一家油漆店,开始了他人生中的第一次创业。

由于何伟对油漆行业相当熟悉,加上产品正宗,品种对路,质量过硬,能满足用户要求,从而获得用户信赖,生意逐渐有了起色。1996 年,何伟的生意渐渐得心应手起来。然而,年少且缺少社会经历的他在生意场中交友不慎,轻信他人,欠钱的商家一夜间踪影全无,高达 8 万多元的货物血本无归。

何伟回忆起当时去山东的那次进货,可谓历历在目。在那个银行卡还不普及的年代,他将几万元现金用布带缠好系在腰间,为防止被歹人看出他身上"腰缠巨款",他将钱在身上紧紧缠了好几圈。几经周折到了目的地后,他立刻找了一家小旅馆住下,关上房门,脱下上衣,解下"钱包",长舒一口气。望着已被汗水湿透的钱包,勒入腰腹的布纹,再望望窗外,再看看这一路陪自己辗转千里的创业资本,何伟不禁感慨万千。

然而,由于社会经验不足,加上经营管理不善,一些大客户的欠款越来越多,最后欠账、坏账高达十几万元。第一次创业失败,无奈之下,何伟选择再去打工,重新拣起了"喷漆"工作。前面提到,喷漆工作危险而没人肯干,也正由于无人肯干,这项工作的工钱特别高。这是何伟再度"明知山有虎,偏向虎山行"的重要原因。为了快速挣够重新开店的钱,何伟不仅到处承揽喷漆活儿,还主动承包整宗喷漆任务。为此,他创造了一天"赚"6 000元的打工记录。这时,他接触到一些朋友,他们谈到广东遍地是黄金,何伟决定南下淘金。

1997年,何伟来到顺德做涂料销售员。那时广东的涂料品牌刚刚起步,业务员很吃香,月收入几万元的大有人在,何伟3年时间积累了将近100万元。他决定开个化工厂再次创业。没想到,由于不懂管理,1年后不仅工厂破产倒闭,还欠下20万元债务,那一年,他23岁,何伟戏说自己是除了债务一无所有。

为脱离困境,何伟再返打工之路,通过跑业务拿提成的方式,还清了债务。还清债务后,不安分的何伟又开始琢磨干点什么了,自己不可能一辈子给人打工,而到底要做什么呢?一番普通而平常的谈话让何伟的命运发生了转变,那是在2004年。

特别的人 + 好创意 = 皇朝漆诞生

何伟说,多年努力和热诚与坚持不懈使他积累了丰富的行业知识和客户资源,认识了很多朋友,这些都成为他后来的最大财富。

何伟已记不清打工的总次数了,但他清楚记得自己跟8位老板一直都是好朋友。"我从来不说前任老板不好,他们之所以能成为老板而不是打工者,肯定有自己的独特的优势。"每次跳槽后一个星期,何伟都会回到原来的单位告诉原来的老板自己现在的地址、电话,并嘱咐若还有什么未尽的事宜可以再找自己解决。

何伟"过河不拆桥,还要把桥修好"的行为维持了一段又一段良好的雇员雇主关系,能力与品德获得了称赞,所有的老板今天都是他的朋友,甚至是合作伙伴,他们都非常信任何伟。有一次他和一个朋友聊天,谈到了营销油漆涂料。由于受到圣象地板的影响,何伟认为,完全可以依靠营销运作一个品牌。他说:"目前涂料生产厂家众多,规模各异,但是销售能力有限,我们可以发挥自己的销售优势,经过整合,做一个新的品牌。"对方一听,觉得何伟说的相当有道理,出于对何伟人品和能力的信任,对方问:"运作这个品牌需要多少钱?"何伟说:"8万吧。"他胆怯地回答,因为他根本不知道到底需要多少钱。对方说："好。我出钱。这事就这样说定了。"

于是，一席谈话，一个创意，加上两个特别的人，催生了一个新公司。2004年6月1日，香港皇朝化工（佛山）实业有限公司正式挂牌运营，"皇朝漆"正式诞生。当初在取名字上颇费周折，最后定为"皇朝"，这个名字可以说取得相当成功。在品牌的经营上，一个成功的品牌之所以区别于普通的品牌，其中一个很重要的原因就是：成功的品牌拥有家喻户晓、妇孺皆知的知名度，消费者在消费时能第一时间回忆起品牌的名称。因此，对品牌的命名来说，首要的是要解决一个品牌名的传播力的问题。也就是说，不管你给产品取一个什么样的名字，最重要的是要能最大限度地让品牌传播出去，使消费者尤其是目标消费者记得住、想得起来，只有这样，品牌的命名才算得上是成功的；否则，就算给产品取一个再好听的名字，但传播力不强、不能在目标消费者的头脑中占据一席之地，消费者记不住、想不起来，也只能算是白费心机了。"皇朝"这个名字几乎符合了所有上述要求，从一开始就显示了独特的魅力。

艰难品牌路

虽然承载着希望的公司诞生了，但是公司最初的成长之路却走得相当艰难。"客户会在我们公司的各个环节上挑毛病，比如销售环节，客户说我们没工厂、没实力、没广告、没人……合作的客户少，我们的生存空间几乎完全被剥夺。"那段日子，"皇朝"公司完全依靠何伟的关系找一点小单在维持运转。何伟清楚地记得公司创办头一年年销售额大概在300万元左右，而他以前打工时一年的个人销售业绩就可以做到将近千万元。

其实"皇朝漆"诞生在一个涂料行业极其艰难的时期，先天不足，加上营养不良，成长极为艰难。2004年对于所有涂料行业来说都不是好时期。当年涂料行业面临的是原材料价格涨幅已经达到20%，能源价格持续走高，而同期涂料产品价格涨幅不过5%。成本上涨引发的利润率大幅下滑已将不少国产涂料品牌逼上险境，虽然原材料涨价是全球性的，但规模差异导致中外品牌消化能力不同，且逐步显示在双方的市场份额上。成本的上涨和利润的降低进一步压缩了国内中小品牌的生存空间。随着竞争中企业规模、产品品质、渠道体系等要素地位的加重，涂料市场掀起了品牌整合高潮。与此同时，从日本"立邦漆"、英国"多乐士"到美国"宣威"、"杜邦"及德国"汉高"和"巴斯夫"，这些觊觎中国涂料市场已久的洋涂料巨头已先后进入中国，凭借雄厚的资金、先进的技术、丰富的市场营销经验，在中国的市场份额大幅上升。

　　"皇朝漆"诞生在这种内外夹击的环境中,生存自然更加艰难,什么都需要现金采购,并且由于没有实体工厂,还要给对方交押金等。在那种特定的环境下,何伟更诚恳地对待每一笔生意,要比别人付出的更多,同时,他在谋求出路——如何将生意做得持久。

　　何伟对自己的品牌理念深信不疑,但这不能改变许多客户对他的质疑。由于公司刚刚创立,实力薄弱,缺乏品牌影响力,许多客户对"皇朝漆"不接受。"客户不能理解我们的运作思路,甚至说我们是皮包公司。因为在他们的观点中,涂料企业就应该是个很大的工厂,哪有找人加工的呢。但事实却是在我们身边已经有很多的加工产品了,例如'耐克'、'圣象'、'立白'这些大品牌都是外派加工的,所以我就想在涂料行业作这个先例。但真的很难找到共通者。"无法说服客户,何伟只能靠事实来证明。他让谈成交易的客户去与潜在的客户交流,让潜在的客户通过对比了解真相。现在"皇朝"公司的很多客户,都是在观察了"皇朝"一段时间之后,发现"皇朝"依然在正常地运作,才放下心来和"皇朝"合作。

　　在最艰难的日子里,何伟也曾动摇过。面对难以获得客户认可、维持公司运作艰难的困境,何伟偶然间给曾经的一位客户打电话,聊了一些关于公司后期的发展方向,说到找人入股的想法。没想到这位客户给了何伟异乎寻常地支持:"'皇朝漆'这个品牌的生命力很强,在市场上已经被越来越多的人接受了,你现在说要放弃的话,我们在市场一线的人怎么办。你要是缺钱的话,我来号召所有'皇朝'的经销商一起支持你。"客户的一番话给了何伟信心。他谢绝了客户的帮忙,想办法筹集了一些资金,转换思维,改变策略,变为发展代理商重新运作"皇朝"。从这时起,"皇朝"的命运转变了。

　　之后,何伟通过在全国各地开设专卖代理的方式,线上洽谈与线下合作相配合,并定期对代理商进行集体培训。加盟"皇朝"的代理客户日益增多,加上一直追求品牌的形象化和专卖店式的操作,"皇朝漆"品牌在一些区域市场中逐渐建立起自己的稳定客户群。

　　但当生意好起来的时候,供应商却倒闭了。供应商的倒闭让何伟差点也垮了:产品后续跟不上,货款支付了,却没有产品。何伟又一次陷入了僵局中,怎么办?

网络营销迎来新生

　　何伟在困境中不停地思索,意识到供应商和销售商之间关系密切。一个大的供应商不但货源稳定,质量也能保证,而且后续服务都能跟得上,选择大的供应商对于他这个专门进行销售的公司来说应该是首要前提。于是,何伟考察了一些供应商(也就是涂料生产厂家），选择了一家比较大的厂家作为目标供应商，但"皇朝"规模小，销售能力有限，怎么打动他们呢？

何伟认真准备了一个月，写了一份10张纸的报告，他拿着这份报告去找工厂负责人，反复说明一个道理："尽管我公司现在很小，没能力销售更多的产品，但我公司有一定的销量，可以分担你们工厂的人工等各个方面费用的开销，而且我公司还在成长，将来一定能成为大客户。"经过一个多月的软磨硬泡，他晓之以理，动之以情，最后对方同意"皇朝漆"成为他们的贴牌商。

供应商选好了，产品的销售和服务也更新了，2005年"皇朝漆"销售额第一次突破1 000万。紧接着，何伟的哥哥加盟公司，员工由何伟单枪匹马突破到5人，发展前景开始显露。但在涂料行业，1 000万的销售额还是小蚂蚁的角色。何伟想一定要进行品牌推广。

一个偶然的机会，何伟在阿里巴巴与惠聪网上发布了产品信息。突然有一天，有人打电话询问"皇朝漆"的相关事宜，说在阿里巴巴看到了"皇朝漆"信息，但不全面，希望能深入了解。何伟脑子灵光一闪：既然有人能在网络发现自己，那么自己为什么不充分展现呢？商场如同战场，在战场上充分暴露自己就会引来密集的子弹，在商场上充分展示自我，会让更多的人认识自己。于是，他注册了"皇朝帝国"，公司其他人，分别注册了"皇朝至尊"、"皇朝水晶"等网名，开始进行网络推广宣传，并且加入了诚信通，将阿里巴巴一个大型的"免费平台"当作了推广品牌的第一战场。

一开始，何伟并不知道如何推广，发表了很多的"广告帖"，结果被删除很多。真正开始认真在社区里经营品牌是源自对"好帖"的理解。何伟发现，不好的帖子的人气靠推广与群发"帖子链接"的方式请人"支持"，而真正的好帖，往往在推广前已被大量浏览。于是何伟努力写好帖子，吸引浏览量。通过认真钻研，社区里"皇朝漆"品牌的影响力，开始随着一篇篇货真价实的好文章而渐渐扩散开来。这些好文章不光给他带来了生意上的伙伴，也得到了大量的财富值，目前他的财富值光税收就排列阿里第三位，这是皇朝漆的一个无形的广告位。他曾做过阿里社区的版主，这给他带来了人气与知名度。他把这种经验化为生意上的财源，把人气巧妙化为财富。

当然，被人认同是非常不容易的过程。让客户认可要花很长的时间，在网上他异常刻苦，阿里的广告位里少不了"皇朝漆"的影子，他的财富值一直在阿里会员里位居前列，而财富值是靠在论坛发帖换来的，由此可见他在论坛上多么努力。"皇朝漆"体现中国文化底蕴，宏扬中国文化，抓住了人们对传统民族文化的认同心理，加上何伟的努力运作，逐渐被客户认同。几个月后，"皇朝漆"在论坛里便人人皆知了，其网络订单络绎不绝，订单的数量远远超过传统销售部的销售量。何伟的做法其实是一种成功的论坛广告营销方法。

2005 年底经评估师评估,"皇朝漆"品牌价值为 200 万元。2006 年,"皇朝漆"开始在中央电视台做广告,引起全国关注,其销售额继续强势增长,突破 1 500 万元人民币,员工数量突破 20 人,2006 年 5 月,"皇朝漆"再次评估时,品牌价值已高达 800 万元。如今,在网上向"皇朝漆"要样品,一律得付款。何伟说,这一切,都是品牌价值的真实体现。"皇朝漆"质量是毋庸置疑的。样品不是用来检验的,而是被用户拿去使用的,所以样品也必须收货款,这成了"皇朝漆"的铁定纪律。

大病一场

正当何伟事事亲力亲为、干劲十足的时候,2006 年,一场大病没有任何预兆地来了,他肺部严重坏死,吐血不止,被迫住院。后来得知,这次病变的主要原因是当年喷漆没做好保护措施和长期抽烟而遗留的后遗症。医生将拍好的 X 光片给何伟看时,毫不客气地告诉他:"你可以看到你自己的肺已经坏死一半了。如果继续抽烟的话,就等于让自己的另外一半也坏死。"清晰而可怕的图片让何伟心惊。他彻底戒烟了。

待在医院 45 天,何伟发觉自己什么都干不了。公司的事怎么办?无奈之下只好授权,分给手下人干。何伟非常担心自己回去时公司不在了,大家全跑了。病好后他回去一看,公司运营的非常好,甚至比他在的时候还井然有序。这让何伟深思,决定从此开始授权管理。个人精力毕竟有限,绝对不可能干完所有事情。

事实上,公司发展一般会经历创业期到转型期继而到成熟期的过程。当公司处于初创时期,规模比较小,管理体制、运作流程还不是很完善,基于成本和控制风险的考虑,领导人"事无巨细,事事过问"的管理方式既是必要的,又是可行的。因此,在公司初创时期,一般是高管垂直管理的"人治"模式,权力是与个人而不是与职位相关联的。但是公司发展到一定规模,将处于创业与守业并重的阶段,规模扩张,管理的深度和广度与初创时期不可同日而语,运营和管理再依靠个别高管"事无巨细,事必躬亲",既没必要,又不现实。个人精力的有限性还可能导致企业的管理处于不可控状态,反而增加了企业的风险。事实上,何伟的授权管理让"皇朝"走出了单纯的个人狭隘主义的老板专制状态,为"皇朝"新的发展奠定了基础。

"农村包围城市"

2008 年,何伟获得了很多殊荣。在皇朝获得电子商务百强的名号后,何伟亲自驾车行驶 1.8 万公里,考察了江苏、浙江、上海、安徽、山东等大半个中国的市场,准备全面突进。

何伟说,经过此番考察,坚定了他要发展农村市场、走"农村包围城市"路线的信念和决心。中国人多,建材市场潜力非常大。就目前而言,我们国家城市、农村都在开发,县市方面的建材需求量在未来 10 ~ 20 年内会前所未有地加大,为建材行业中的企业、厂家提供了大量机会。很多人说建材行业已步入黄昏,何伟则认为我国建材事业正值壮年。只要有需求,不管产量多少,都会有市场生存的空间。建材在我国经过这么多年发展,可以说逐渐走向成熟期,现在正在往品牌化方向发展。国外建材都是品牌化运作,我们国家由前几年品牌无序化正走向品牌体系化,"皇朝"公司也是刚刚建立品牌体系化系统,以前走低价格路线,现在则要有一个有关品牌的长远规划。建材商更多地需要走这个路子。"皇朝"企业正在推广该模式——特许经营,品牌推广强化之路。

何伟希望中小企业能够关注网络平台,充分利用网络资源。"皇朝"公司是受益者,他希望更多的中小企业能够受益。对于网络营销,何伟的经验总结是:贸易通保持经常在线,组织统一用语,回答客户问题一定要专业;说话婉转真诚;及时给予客户答复,要有耐心、细心、诚心,才会有客户的信心和合作。"网络是大海,平台是渔竿,我们才是握钓竿的人。客户就是一大群鱼,想知道哪条鱼会上钩,这就要看你的垂钓技术和投放鱼饵的本领了。"何伟精确概括了网络营销的作用。电子商务对于传统行业来说是新模式和新平台,最大的好处就是让产品信息能够得到广泛的认识和认同,增加产品的知名度,由此提高产品的竞争力。依靠电子商务拓展市场,寻找新机会,将成为中小创业型企业发展的必然之道。

推销与人格魅力

何伟认为,对于自己,没有比销售更富有挑战性的事情了。他指出现在的人都将销售归为营销,其实不管是推销也好,营销也好,最终都是卖产品,让客户接受产品。推销产品就是在推销自己,推销精神,推销人格魅力。

　　1997 年何伟在广东做涂料业务员,那是他第一次接触涂料,当时他根本不懂如何推销,更别说营销理念了。好在公司的培训让何伟很快熟悉了产品。几天后,何伟独自去河北和天津销售,这是他第一次出征。那年冬天特别冷,何伟每天早上 8 点去建材市场,他用最笨的办法挨家挨户派发名片,但没人接受,也没人愿意给他名片。中午,看着别人都在吃热乎乎的饭,而自己在市场吃冰冷的快餐,别提多辛酸了。他想放弃,可是心里又有个声音在呐喊:为什么跑了那么多店,没一个人愿意和自己谈? 是技巧问题,还是说话问题?

　　他静下心来做了一天的总结,真的发现了问题。原来,何伟每走进一个店,第一件事情就是发名片,介绍自己,他从来没有认真观察客户店里的摆设及产品品牌,对别人的产品品牌也不了解,从没留意过客户是否有兴趣。经过总结,他决定换一种方式。第二天,何伟来到市场,先不急着跑客户,而是转一圈了解市场,看各个店面位置和店里品牌,做到心里有底再去洽谈。进去店里的时候,先进行观察,引起营业员注意,然后再介绍自己,对他们店里的摆设、产品品牌等做一些简单评价,引起他们的兴趣,然后才讲自己的建议和市场情况,言语之间将自己产品的品牌带出来(为的是勾起客户的洽谈欲望)。第一次的拜访在尝试中结束了,客户送何伟出门时说:"你明天再过来吧,我们好好谈一下,你们的品牌还不错,政策也可以。"就这样,经过 3 天不间断地接触,何伟终于接到业务生涯的第一单。大家熟悉后,何伟问对方为什么选择自己下单,对方回答很简单:"你做销售的能这么有耐心,和你合作,将来比较轻松。"

　　第一单的成功,让何伟信心倍增,热情高涨。此后,他不断推销,不断学习,不断总结。最后,他得出结论:凡事不可能只有一个答案,可以换个层面来思考,也可以转换角度为客户分忧,也就没做不成的生意,诚信是营销人的根本,思路是决定一个人能否成功的关键。经过不间断地接触客户,何伟认识到:推销是数字游戏。只要接触足够多的潜在客户,从失败中汲取教训,就肯定会有收获。何伟强调:营销必须行动,再好的策略,如果不付诸行动就毫无用处。与潜在客户接触、询问恰当的问题、演示解决问题的方案并征求对方的意见,能战胜自我,清除心理障碍,最终赢得客户的订单。不放弃任何可能,对潜在的客户要密切跟踪,这些使成功的几率越来越大。

何伟在销售员生涯中,记忆最深刻的是河北保定的一单生意。当时,何伟获悉当地一个大客户需要增加品牌,他带好资料登门拜访。第一次去,老板不在,通过店员了解到老板平时很少在店里,也说不准什么时候在。他仔细观察了一下店里后,几乎泄气了。从店面的装修和现有的品牌来看,客户的实力很强,而且店员也说老板希望找个比较大的企业来合作。对于何伟工作的小企业来说,合作难度相当大,客户要求也比较苛刻。可是何伟还是想试一试,也许有机会呢。他反复告诉自己:1% 的机会,也要付出 100%的努力。他连续一个星期天天去店里帮他们搬货、送货,慢慢和店员熟悉了。后来店铺经理把何伟介绍给老板时,老板惊讶地以为何伟是新店员,他很难相信,一个业务员会帮店里做琐事。何伟和他聊了很久,详细介绍了自己的产品,包括市场、品牌以及如何运作等。最后老板说细节问题需要考察。听到这话,何伟意识到至少有 8 成可能要成功了。几天后,对方到何伟公司考察,何伟赶回公司,对方通过与公司高层洽谈和几轮谈判,终于签订了合作合同,首批进货 20 多万元。对方老板对公司老总说:“我之所以选择你们公司,主要是你们业务员的那种坚韧的销售精神感动了我。”这个客户一直与何伟合作到现在。

何伟做了十多年的销售,认为销售心态很重要,做销售不能急,一急往往做不出来效果,这需要具有长时期形成的各方面综合能力,包括对产品的了解、对行业的分析,也包括对客户圈的积累,在这个过程中,心态是关键。就行业而言,人家问他做什么工作最好,何伟说做销售,销售这个行业具有挑战性,也能体现自我。另外,销售本身是一门艺术。以前供销员是很被人瞧不起的,经常遭白眼,但是何伟认为做销售最能锻炼人,又能增强自信心,能积累行业信息,为以后的职业打下良好的基础,提供很好的资源。

特色与企业文化

“皇朝”品牌形象定位为民族导向、皇者风范,体现着中国的文化底蕴,张扬的是一种大气的中国文化。这些特别吻合中国人的特殊心理。"皇朝漆"强调民族特性,不断以文化为题进行宣传,提升品牌的价值和形象,体现了"皇朝"不仅仅卖产品,更卖文化特色。这条发展民族特色与传统民族文化之路成为"皇朝漆"吸引客户的重要因素,尤其是在农村,皇家风范深受大家喜欢,成为顾客签单的关键要素。2007 年 5 月,"皇朝"一举拿下了名典咖啡全国连锁店的装修用漆供应大单。

何伟认为"皇朝漆"的企业文化建设符合堆砌石头的完善说。企业成立时,企业文化其实已经在慢慢塑造中;企业快速成长时,企业文化显得越来越重要。为了保持连贯性、连续性,发展"皇朝"特有的民族文化,必须不断去完善,不断去堆砌。"皇朝"诞生的时候,图案当时用的是特别古典的北京天坛,之后连续用了长城、故宫等种种图案,2005 年何伟突然发现,这些图案本来就是连贯的、连续的而且有联系的系列,完全可以成为皇朝的代表和皇朝的文化体现。虽然这些是零零碎碎堆积起来的,但这个过程也是企业发展过程的见证。

何伟认为企业文化其实就是用人文化。"皇朝"的用人文化体现了"皇朝"的特色。"皇朝"的选人方式是英雄不问出身,但求德才兼备:要具备强有力的市场开发能力,需独自完成各自省区的网点分布工作;要有独特的市场管理能力,能规范化经营市场;要具备良好的老板心态,必须要有 3 年内走向自我创业或者是内部跳槽的上进心。这 3 项自我挑战的能力,缺一不可,精一也不可,必须是三者兼备。"皇朝"企业的人才理念是在众多现代企业经营管理成功的经验上提炼精华后再结合本企业现状更新演变而来的,同时也是为了让企业员工能在一个合理、平等的机制下得到发展,达到双方共赢的局面。为此,公司大胆开辟了一套全新的企业人才激励模式和发展平台,从而在涂料行业中开了先河,为未来的发展奠定了良好的基础。

与代理商恋爱

建材行业中一个大的趋势是代理制度。代理节省了人力、物力,并且库存、运输资源共享。但在代理市场竞争激烈的情况下,每个地区会出现难以控制的因素和难以掌握的局面,这方面"皇朝"企业做得非常好,相当有特色,原因是与代理商捆绑发展。

"骑上马,送一程。"何伟经常对经销商说这话。何伟认为,"代理"这个词应该全面理解,应该看成是双方利益的共存点,是双赢。"皇朝"公司原先采取省级模式,跨越性较大,客户分布群不理想。目前"皇朝"公司采取地区代理模式,实现点对点接触客户,使服务更完备。公司把代理商分为一级、二级、三级,实行总公司直接管理代理商制度。中间设置一个分销商与装饰公司,加强客户管理,分担公司的压力,利益共享,并且尽量减少中间环节,使中间商获得更大的利润空间。利用"船小好掉头"的优势让大企业、大品牌服务不到的中间商,比如二级或者三级经销商得到更多的服务,提升他们的忠诚度,提升品牌形象。

何伟非常明白客户需求对公司业务的重要性:"要站在客户的立场为他们考虑,不要因为合作而合作,我们要确保对方有信心做好我这个品牌,在商言商。第一,面对急切询价的客户,采取多问的方法,询问对方需要产品的要求、档次等;第二,了解客户对行业动态等信息了解有多少,如果这些都不了解的话,我告知他们价格有什么用呢?"有意成为代理的客户在网上看到信息后咨询公司,公司并不是先告诉他们价格,而是把他们引入公司的主页,让他们了解和认识公司,认识"皇朝"这个品牌。何伟认为如果客户不认同这个品牌,不喜欢这个品牌,那么谈价格和合作是没用的。与代理商合作就像谈恋爱一样,公司只有在对对方有好感时才可以谈爱情、感情,一见钟情在做生意时非常少。

现在,"皇朝"在全国已有200多家代理商,打算在2008年实现300家的加盟店,总目标是3 000万元销售额。"皇朝"的电子商务,由一开始何伟亲自干,变成了现在由4名电子商务专员分别负责慧聪、淘宝、阿里巴巴、外贸4个方向,公司的销售额中来源于网上的贸易量已经达到了60%的比例。

何伟希望3年后在全国建立30家以上的合作营销分公司。总部负责统一营销策划、财务监控与品牌推广;总公司直接管控分公司运营,与培养出的省区经理形成战略联盟,直接扶持省区经理完成自主创业与人生的目标,企业也可以将人才利益最大化。

网络销售秘诀

何伟说:"网络销售,信任最重要。你的产品不见得比人家的好,但关键看人家选择你的时候是什么心态。态度决定一切,心态决定一切,所以必须真诚打动你的顾客。""在阿里我们经常做一些小广告,让人家容易找到,发展方向很好,客户们都是网上找我们,网下派经理去谈的,我们现在基本上都是被动接单。以前打下的基础现在维护好就可以了,不用再每天在论坛或其他地方发信息。跟踪好现在的资源就很不错了。我们主要是用真诚感动客户。"

真诚是现代企业人性化营销不可缺少的要素。何伟习惯于换位思考,总是设身处地站在对方的立场上考虑事情,打消客户的顾虑。

事实表明,优秀的商人品格,是品牌得以建立的第一条件。何伟诚恳而朴实的经营风格,赢得了顾客的信赖。人们对何伟的产品,无论品质、价格还是售后服务,均信任不疑。这种被信任的根本原因,其实是诚信经商。诚信经商往往由于客户口碑宣传而给自己的经营带来更多的销售收入。

创业要敢于行动并坚持

我们常说:"某人的成功不是偶然的。"意思是说,这其中包含着志气、决心、毅力、智慧等若干因素。其实真正的成功决不是靠侥幸得到的。失败也绝不是命运,命运掌握在自己手里,坚强的人不会因为环境不利而消失了斗志。只有那些优柔寡断的人,才在外在的阻力下低头退缩。

何伟经常写一些励志文章激励那些在经商过程中暂时受挫的人。生活中,我们常看见这样一些人,他们聪明而有能力,在大家看来他们都应该有所成就,他们自己也这样认为,可结果并非如此。

何伟企图找到个中原因。不断思考后他发现以下一些原因:

首先,许多人懒于行动。他们以为来日方长,有的是时间,加上自己拥有聪明才智,总有一天会成功。可是懒散一旦成为习惯，安于安逸的生活后，他们的天赋长期弃置不用，会生锈或发霉。

其次，有的人过分聪明。他们辜负了自己优越的天赋，因为太聪明，他们看透一切，会不时权衡利益得失，谋求最小风险与最大化收益，在不断的权衡中屡屡失去机会。

另外一些人，是小聪明，他们甚至看不起埋头苦干的人。他们认为，一样拿薪水，少付一些力气，老板不会骂我，不会开除我，兢兢业业又何苦呢？结果却发觉对上司交代容易，维持生活也不困难，但却没法向自己的未来交代。

还有一些人，经常埋怨自己"枉来一世"，其实这是人间最沉闷的叹息。有些人越走离他的目标越远，因为他的舵没把稳，没有坚定的目标，只能随波逐流，总是迁就环境。结果呢？肯定是被环境淹没而沉落下去了。"'不要做聪明的傻瓜'，不记得是哪位大师说过的，我认为很有寓意。假如你有天赋，我奉劝你就找点愚蠢的事干吧。只有苦练内功的人，才会真正显示出他的聪明。只有时常笑骂别人是傻瓜的'聪明人'，才是个真傻瓜呢。"何伟感慨地说。

创业者一定要用自己的毅力来把握方向，渡过难关才会获得最终的硕果。任何有成就的人都要饱经挫败、历经风霜，成功不是偶然的，失败了不能全怪命运。

本案例使用说明

一、教学对象与目的

1. 本案例主要适用于 MBA 的创业管理课程、工商管理类别相关硕士课程的教学和管理培训,也适用于电子商务类教程。

2. 本案例的教学目的在于帮助企业各层级的管理者和想创业的人以及已经创业的创业者更好地理解创业的实质,了解创业中遇到的机会和管理的重要细节,重视基础管理。

二、思考题

1. 试列出何伟创业的历程、环境和机遇。收集涂料行业几大品牌的运作模式和经营策略。

2. 请分析何伟创建品牌的思路和模式,分析一下类似的品牌建立的模式。何伟的模式有哪些优缺点?

3. 在"皇朝漆"诞生的过程中,网络营销起了关键作用。请说明网络营销的优势以及对"皇朝漆"而言哪些是关键部分,整个过程分为哪些阶段,发生过哪些重要事件?

4. "皇朝漆"的代理模式,从省级代理转为直接地级代理,为什么会有这样的转变? 这个转变说明了什么问题?

5. 如果您是何伟,将如何突破现状? 怎么样将公司转化为一个真正的现代化公司?

6. 何伟将"皇朝漆"未来的发展定义为"两条腿走路、农村包围城市",其目的是什么? 可行性如何?

三、教学思路

教师可以根据教学目标灵活使用本案例。以下思路,仅供参考。

1. 何伟的创业,关键是专业。他一直从事油漆事业,在这个方面他是以专家的身份来创业。

2. 何伟的运作思路其实就是效仿"耐克",自己建立品牌,贴牌生产,然后自己销售,关键部分在于销售和选择供应商。

3. 2005 年对于"皇朝漆"而言是非常关键的一年,因为运用了网络营销手段,"皇朝漆"销售额从 500 万元突破到 1 000 多万元,销售人员增加,规模扩大。还有一个关键,是论坛营销,利用在社区和论坛建立起来的声望,推销产品,链接产品,间接带来了客户,并且为一系列后续生意奠定了基础。

4. "皇朝漆"的代理模式从省级代理转为直接地级代理其实是实际的需要,是经过实践检验的,但在某种程度上也说明"皇朝漆"作为小品牌,进行省级代理具有盲目性。

5. 目前,何伟的"皇朝漆"公司还是老板一人说了算,要发展为一流公司的关键在于建立一个坚强的团队,形成合理的内部管理机制。何伟已经在努力着手进行股权改革,在积极进行第一步的转变。

6. 农村包围城市的方针,两条腿走路的模式,适合目前"皇朝漆"的现状。

四、教学要点

1. 了解何伟创业的全部过程,尤其是"皇朝漆"为什么诞生,怎么运作,中间的几次挫折和转变。通过这些,深入分析创业中创新的重要性。

2. 把握创业中领导人的重要性,尤其是如何培训和管理员工,在创业型企业中,怎么样留住员工,让员工更好地为企业服务。

五、建议课堂计划

本案例适用于专门的案例讨论课,在创业管理课程中进行。以下是建议的课堂计划,仅供参考。

整个案例课的课堂时间控制在 80~90 分钟。

课前计划:提出启发思考题,请学员在课前完成阅读并作初步思考。

课中计划:简要的课堂前言(2~5 分钟)。

分组讨论(30 分钟)。

引导全班进一步讨论,并进行归纳总结(15~20 分钟)。

课后计划:如果有时间,请学员相互交流一下,写出自己的读书报告。

第八章

战略型创业之刘翰龙①

　　摘　要：本案例讲述青岛世纪安泰有限公司创始人刘翰龙如何在两年内实现企业规模三级跳的奇迹。在电子商务蓬勃发展的时代，他不但抓住机遇，而且依靠直觉将战略用于实践，赢得市场，掌握主动权。更重要的是，在商海中，他一直保持着创业者的本色，发挥着个人魅力，创造一个又一个财富奇迹。

　　关键词：战略型创业　战术型创业　创新　电子商务

刘翰龙和卫哲

　　①　本案例是江苏大学工商管理学院教师胡桂兰、毛翠云收集整理编写而成。未经允许，本案例的所有部分都不能以任何方式与手段擅自复制或传播。由于企业保密的要求，对本案中有关细节作了必要的掩饰性处理。

"悍匪"印象

他从淘宝起家,两年时间三级跳,在淘宝从零售做到批发,从批发跳入阿里巴巴,从阿里巴巴的普通会员做到中国供应商,从一个人单枪匹马到组成 5 人团队鏖战电子商务,从 10 个人的小公司到 100 多人的工厂,从 OEM 到创建品牌,从一个公司到整合多家公司,成立集团化公司。短短几年时间,他横扫千军万马,以超人的速度创造了财富传奇。

然而最让人奇怪的是:2007 年,他赞助阿里巴巴网 50 万元;2008 年,竞选十大网商,在大家一片看好声中,他却急流勇退。但他宣布,人退心不退,依然赞助各种活动。

他就是青岛世纪安泰有限公司总经理刘翰龙。

"只要汽车是黑的,用户就可以把它想像成任何颜色。"这是 Henry Fond 的一句名言。但有人说:"只要是青岛的外贸箱包,别人拿不到的,我都能拿到。"说这话的人就是刘翰龙,他给笔者的第一印象是"悍匪",虽然言语不多,总是抱拳作深沉状,但那份发自内心的霸气逼人,一开口都是惊人之语。认识刘翰龙的人,也多惊诧于他的大手笔。时势造英雄,诸多因素成就了这位英雄。

他在两年之间完成人生三级跳,从网游顺利游入淘宝,淘宝不到一年又跳进了阿里巴巴,之后转向国际市场,成为出口供应商。每一次,他都赚得盆满钵满,挥洒得从容自如。其间的传奇经历,风雨变幻,确实精彩绝伦,可以成为一部小说,也可以成为一部电影。用他的话说:"我的故事,写本书估计都写不完。"其实,经过接触才知道这个表面冷酷的人非常热情,外冷内热,外刚内柔,绝对不是一个冷血动物。他的话茬一旦打开,就排山倒海般汹涌而来。

第一次见刘翰龙是在杭州。2007 年 9 月 14 日晚,最高会议总部。在紧张而激烈的讨论中,大家都在委婉而含蓄地表达自己的意思,突然有人说:"关键的一切就是要做到有利益,说这么多所谓的奉献呀,服务呀,太虚,没有利益谁能干得长久?现在是个务实的年代,大家都来点实在的吧,不要太虚了。"这个不和谐的声音引起笔者的注意。他坐在笔者旁边,一身运动服,一条腿盘在另外一条腿上面,他的腔调和那完全不在乎的吊儿郎当的模样,感觉简直就是悍匪来了。说实话,笔者在佩服他直爽的同时也感觉实在是有点不合气氛。

在关于核心领导人选的激烈讨论中,他又甩出了惊人之语:"谁现在摆下 100 万,谁就是老大,谁就领着大家干。文人就是虚,实在点,事实就是这样,出资与经营嘛。"

这句话一出,笔者直觉判断他似乎不是文人,可是他说的营销、广告等做法处处透露着专业性,笔者这个外行听着都觉得相当有道理。笔者问:"他这么会说,干吗不自己做?"结果有人回答说:"他只会说,做不行。"那么他到底是什么人?

这个"悍匪"的外表下,到底有什么样的真实人生呢?

网游奇迹

随着互联网的发展,现在玩网络游戏的人越来越多,既然是游戏,自然是让人消遣的,不过,现在一些玩家已把玩网络游戏变成了一种"职业"、一种赚钱的工具,靠它来养家糊口了。这些靠玩网络游戏赚钱的人被称为"职业游戏玩家"。他们依靠倒卖游戏点卡和售卖虚拟装备及游戏号来赚钱。在网络游戏中将一个虚拟人物玩到攻击力很强、级别很高的程度是需要时间、精力和财力的。据一位游戏玩家介绍,像《传奇世界》这样的游戏,一个相对技术熟练的玩家,一个月就可以将一个人物升到 35 级左右,但之后随着游戏难度增加,升级速度变得很慢,大约玩一年才能升到 47 级左右。有许多玩家没有充裕的时间玩,放弃又可惜,或者是自己的熟练度和技术比较差,却想快速升到一个高级别,于是,一些玩家便找上收费的"职业代练"。目前天津专业的"代练"机构大概有 6 家,小规模的个人"代练"就很多了。

刘翰龙从玩网游中学到了很多东西,包括财富、人生秘籍、经商诀窍等。"其实,我发觉网络游戏与现实世界基本相同,网络中的生存规则在现代社会中可以通用。网游讲究要占领有利资源,要垄断,现实生活如此,经商亦如此。"

刘翰龙爱玩,当他还是某报社驻青岛记者站站长的时候,就经常玩网络游戏了,其实游戏的本义是为了调剂生活,为了丰富生活与获得快乐,但游戏中承载的太多的其他幻觉却也让人沉迷甚至沉沦。能从游戏中领悟商机、赚取利润的佼佼者非陈天桥莫属。虽然在今天他的发家之奇迹并非为社会主流所推崇,但不可否认的是,并非所有游戏都害人,也并不是所有的游戏都能害了所有人。刘翰龙说,他希望能告诉大家,其实有时网游也能赚钱,他自己就是个典型代表,最疯狂的时候,一天大概能赚到 5 位数。

刘翰龙爱玩网络游戏,但他从来不玩他称之为"单纯机械运动的网游"。比如《传奇》等,他不喜欢整天拿着刀呀枪呀到处盲目冲杀,他喜欢玩智力型游戏。智力型游戏一方面能锻炼人,另一方面具有挑战性。当《大海战Ⅱ》还处于公测阶段的时候,当时无所事事的他就开始玩这个智力游戏了,尤其是这款游戏可以选择战争游戏,刘翰龙的将军梦可以在这里得到虚拟的实现。一个月公测结束后,正式版游戏发行了,刘翰龙在玩的同时就在琢磨:怎么样才能很快升级,而不是拼命练级?

一般而言,玩网络游戏的人中,少年孩子居多,此时刘翰龙已是该游戏中的年长玩家了。曾经当过销售经理的他深受商业的浸润,此时,看着大家练级艰难,他没有埋头去练级,而是去研究这个游戏的关键点在哪里?经过一个星期的研究,他发现"大海战"中最关键的要素是游戏币和"水兵",尤其是具有一定级别的"水兵"。于是,他开始用现金购买游戏币,游戏币多起来之后,他的目标就是提高级别。首先他以重金收买"傀儡","傀儡"被炸一次,只需要200游戏币修理,刘翰龙出到了1 000游戏币的高价。这样他的"水兵"升级很快,所以最后出现了当刘翰龙已成为最高级别110级的时候,很多人还在30级徘徊、挣扎的局面。此时,刘翰龙开始卖游戏币,带别人升级,甚至他有更绝的一招,垄断了"大海战"里面的一个升级必须的战舰——22级"水兵"使用的"FX船",就是我们平时所说的"导弹护卫快艇"。他用游戏币买下了整个服务器里面的9 999条船,等于"大海战"领域里所有的这个"水兵"需要升级用的关键"船只"都归刘翰龙一人所有。他之所以这样做,就是在认真研究后发现,这个级别的"水兵"几乎是升级的必然选择,没有"这个船",很难升级。"这个船"的优点是速度快,以至于甚至是30级的高等级的"水兵"见了都头疼,因为等他装备好武器弹药后,很可能22级别的"水兵"早已经轰炸完逃跑了;而22级别以下的人,练到22级后,升到30级就相当艰难。

几招下来,刘翰龙成了"大海战"系统的"国际警察",上升为"国际纠纷"的"仲裁人",甚至成为很多"国际交易"的"担保人"。掌握了垄断资源的刘翰龙从来不傲,他把自己的22级的"水兵船"前前后后大概送过200多个,尤其是青岛范围内,所有玩"大海战"游戏的人都免费送,包括他们的朋友。当时22级"水兵船"最高时候的价格是一个就超过了2 000元人民币,甚至这样都买不到。此举使刘翰龙人气大增,现在他说自己走到任何一个玩"大海战"的游戏点,几乎都被当财神爷一样接待。他在网游中被称为老大,他还骄傲地说:"我这个老大,现在还带了很多人出来做网商,当时很多跟着我玩的小孩子们,一些人见了我问:'老大,怎么总不见?干什么去了?'我告诉大家,老大做网商了。后来,我在淘宝卖包、卖牛仔裤时,还带了一些人做,有的现在已经做到三钻、四钻了。可以说,网游真的让我学到了很多。"

但是刘翰龙又向笔者强调,玩网络游戏,太小的孩子、自控能力一般的人,一定要慎重,即使是智力游戏也不能太过沉迷。他其实是在游戏中学习,而不仅仅是玩,是一种有目的的玩,并非单纯的玩。爱玩是人的天性,小至满周岁抓周开始,大至耄耋之年,没有一个不贪玩的，而且都有一两项特别钟爱的游戏。但不知哪个家伙玩过头了，才出了个"玩物丧志"的说法，导致多少人不敢玩，或者只能偷偷地玩。笔者想"玩物"和"丧志"并没有必然的因果关系，"丧志"的原因很多，如果硬要说"玩物"一定"丧志"，没有多少特殊嗜好的人必定是志向远大，而那些收藏家一个个都要被列为"另类"。可实际上，只要人不古董，家里藏着几件古董，甭说价值连城，就是价值连"村"，也足以让人羡慕不已，谁还敢说你"丧志"。现在多数人好像返璞归真了，又敢正儿八经地说玩、谈玩、把玩，同时也不会轻易被盖上"玩物丧志"的帽子。只要根据自己的兴趣爱好和经济状况等因素，有选择地玩、有分寸地玩，那是不会"丧志"的。

淘宝淘出金元宝

当刘翰龙在游戏中逍遥的时候，他妻子看不下去了，实际上让妻子生气的是他居然放着 100 多万元的货物在仓库里不想办法，整天玩游戏。网络游戏迷得刘翰龙有时甚至几天不出门，一直趴在电脑前。妻子看了非常反感，家里争吵不断。有一次，妻子气急了，跟他大吵起来："你整天在家玩游戏，你仓库里那么多货也不卖。"到这里事情就得往前追述了。刘翰龙做房地产投资生意时，他的一位合作伙伴欠了他几百万元，打官司的判决结果是：合作伙伴除支付一部分现金外，又拿出价值 100 多万元的衣服、裤子等货物作为赔偿。因为是压仓货，刘翰龙没想过把这些货卖掉，就一直放在仓库里，还要为租仓库再掏钱。妻子提议："如今互联网上的生意挺好做，你喜欢玩网游，不如把衣服放到网上去卖，就当是玩游戏了，说不定能卖掉。"

刘翰龙一听，觉得可行。2006 年初，他在所有能卖货物的网站都注册开了店，但网游情节依然在，他注册的名字几乎都是自己的网游名字。店是开了，不过一直无人问津。2006 年春节晚上，突然有个地方显示有成交，一看是淘宝网。他无比兴奋，淘宝这个名字太吉利了。他脑子里就打转了："虽然是只卖了一条 3 元钱的银链子，我还发了 EMS 给人家，真是亏大了，但是很开心，那种兴奋是难以用语言表达的；而且又是大年三十成交，哇，太吉利了，我就打算在淘宝大干一场，然后就开始花心思研究淘宝了。"

曾经的销售工作，做记者练就的敏锐观察力，以及网游培养出来的赢家通用的成功之道，已经让刘翰龙不是一个小小的淘宝卖家了。他首先研究淘宝规则，发觉一元拍最得人心，人气最旺，而且还发现，淘宝对 1 元拍卖很重视，有许多推广措施。同时他发现买家对于拍卖最担心的是退换等售后问题，一元拍更甚，于是他立马承诺：包退包换，运费卖家承担,完全解决了买家的后顾之忧。刘翰龙的一元拍马上引起了轰动,顾客潮水般涌来。

淘宝上的生意做得有声有色,刘翰龙一个人忙不过来了,于是找了几个做电子商务的员工帮他,这样一来有了一个小团队。由于当时卖的是一批质量不错的牛仔裤,又以超低价出售,结果生意出奇的好,引来不少的淘宝店主批发。他积压了一年多的服装在淘宝上不到两个月就卖完了,而且还赚了钱,盘活了资金。此次事件,让他看到了网络的魅力,网络的神奇,于是决定继续做网络生意。

尝到了处理尾货的甜头后,刘翰龙尝试收购尾货在网上出售。经过摸索,刘翰龙发现,在网上卖衣服很难做,关键是衣服的可变因素太多,顾客往往因为尺码不合适而退货、换货,衣服的颜色和款式也相当复杂、烦琐,售后服务压力大,成本太高。他在考虑:做什么新产品呢? 经过在青岛的一系列考察,他发现青岛是皮包 OEM 加工基地,青岛一个地区就有 46 家皮包加工厂,做箱包尾货生意,另外,箱包方面的规格尺寸简单得多,而且售后服务基本没什么顾虑,于是他想转行做箱包尾货生意。

刘翰龙说干就干。箱包尾货货源不稳定,他就在当地的媒体上做广告,征收箱包尾货,原则只有一个:便宜。只要便宜,他就敢进。

第一批箱包是美国纯牛皮包,他以极其便宜的价格出售。由于产品价格低,质量好,而且没有任何售后之忧,顾客挤爆了旺旺。他给所有顾客的自动回复是:“本店实行五星级服务,不满意无理由包退包换,来回运费本店承担。”由此一来,此包卖得无比火热,可用前无古人来形容。他的五星级服务绝对是淘宝的第一个创举。由于货物好,价格低,服务信用好,顾客无任何后顾之忧,他创造了在短短 3 个月内迅速成长为三钻的卖皮包的网店奇迹。

卖完了美国牛皮包之后,他又开始卖起了 GUCCI 包。他说:“最奇怪的是识货的人太多了,我根本没有写 GUCCI 字样,也没有在说明中说,只是照片拍摄的非常清晰,说明相当详尽,关键字方面进行了一些研究和专门的设计。但是买家如潮,刚开始我买了2 000 只,因为都是旅行包,不能折叠,2 000 只包装满两辆汽车。结果根本不够卖,我一看,干脆把剩余的全部都买过来了。当时淘宝网进行了推荐,那真是疯狂呀,一个人应付那么多顾客,几乎达到崩溃的地步。最过瘾的是,过了几天后,支付宝上的钱纷纷到账,都是 20 多万一天呢。当时的销售,创造了一周销售额 83 万元以及淘宝支付宝一日内成交额最高纪录。”

经过这些创举,加上淘宝的推荐,结果在短期之内,他就把青岛当地的箱包尾货全收了过来。半年之内,他的生意就做大了,淘宝的平台已经很难适应他快速发展的需要了。

于是他开始谋求新的选择。

2006 年 7 月,为了能顺利入住淘宝商城,刘翰龙注册了青岛世纪安泰科贸有限公司,并且加入了阿里巴巴诚信通会员,开始做大批量的箱包生意。

外贸尾货

刘翰龙做的一直都是外贸尾货,依靠这些尾货赚取了大笔金钱。那么什么是外贸尾货呢? 为什么他能赚到这么多钱呢?

中国是世界制造大国,在世界任何地方都可以看到中国制造的产品。其中很大的原因是中国劳动力便宜,国外很多厂家都到中国来加工制造商品,然后运回本国销售。一般情况下,国外都会预留 3% 左右的涨量,以备不合格的产品或意外发生。因此国外品牌在提供面料和辅料的时候会多提供一些。于是每次订单生产完成总会有一些多余商品,比如生产 1 万件时装,然后剩下部分产品(因为剩下的未必都是成品),那这剩下的就叫作外贸尾货。这些是多余的,厂家已经完成订单,赚到钱了,这剩下的产品就以非常低的价格卖掉,通常是低于成本价的,大的尾货商就把这些剩下的尾货集中起来分拣后自行出口到国外或在国内批发和销售。

之所以能获得暴利,是因为一般的商品流通程序是厂家成本加利润给批发商,批发商加利润再给零售商,从零售商再加利润传送到消费者手里。外贸尾货由于厂家的出货价格往往低于生产成本,批发价会相当便宜甚至会低于成本价。由于产品款式和质量都和国外的订单属于同一批货的标准,同等商品质量比国内的高,而且国外的款式往往先于国内流行,因此在款式上占据得天独厚的优势。总结归纳外贸尾货的特点就是:好的产品,低的价格。另外,外贸尾货的批发价往往都是低于成本的,所以没有人做假货。

但外贸尾货的特点是瑕疵率比较高。考虑到网上购物的特性,刘翰龙一般不通过网络处理瑕疵品,他专门成立了一个门市部,直接当地消化,一般都是 10 元一件倾销,其他好的产品直接整理包装发到外地市场,或者通过网络销售。

刘翰龙之所以能赚取超额利润,关键是因为垄断清货。一般的厂家喜欢一次性清仓,刘翰龙主要靠资金大来清库。清库后要花费相当大的人力、物力进行整理,包装分销,过程相当复杂而且比较费力、费时。更重要的是,必须有办法销售出去,不然就全部赔光了。

在经营外贸尾货的过程中,刘翰龙的大手笔又一次显示了他的独特战术魅力。

淘宝开业后,刘翰龙的店依靠拍卖、广告、廉价吸引了广泛的注意,批发商大量拥入的同时也带来了一些麻烦。淘宝的购买交易经历和流程让他感受到了诚信的危机,偶尔会出现一些不诚信的顾客,或者是中间商寻找不到下家又想退货而不乐意承担风险。交易就在持续的退与不同意退之间纠缠着。经过几次后,刘翰龙干脆又来一个大手笔:"购买货物超过3 000元的给我飞来。来回费用我来出,亏了赚了都是我自己的。"此言一出,来者众多,而他言出必行。其实在这个背后,更多的是飞来购买的人,绝对不会只买3 000元。刘翰龙等于花小钱赚了大钱。

弹指间成为一条龙

曾在哈佛大学执教的经济学家约瑟夫·熊彼特认为,真正有价值的创业机会来源于外部变化,这些变化使人们可以做以前没有做过的事情,或使人们能够以更有价值的方式做事。比如,激光的发明使人们开发出一种新产品(超市扫描仪),用来扫描食物上的条形码。刘翰龙成功收购一家企业,自己从一个只有1 500多平方米场地、40多个员工的小老板转变为有一家超过80 000平方米、员工上百人的中型工厂的法人代表,从一个做贸易尾货的生意人转变为努力打造品牌的商人,其间最大的机遇就是外部的变化。

前面提到,刘翰龙在淘宝卖尾货箱包出了名。青岛46家箱包厂有不少成为他的OEM加工厂。也正因为这个出名,又带来了新机遇,这个机遇使刘翰龙一举由一条虫真正变成了一条龙。

2006年底,位于青岛胶南的一家箱包工厂在接待韩国和美国的客户来青岛时,不幸发生车祸。2位客户不幸去世,工厂厂长受重伤。更不幸的是,正在生产的40万个包袋,是专为韩国和美国的客户生产的。发生车祸前客户付定金30%,余款600万元的支付成为悬案,法院审理半年还是没有结果。这件事轰动整个青岛,刘翰龙也知道这件事,但是一直没有插手。箱包厂和韩国客户一直在打官司,到2007年5月,工厂由于资金链断裂,有破产的危险。箱包厂实在是没有办法了,到处找救星,而刘翰龙做库存生意在青岛已经小有名气,所以人家自然而然想到了他,于是他成为大家期待的解决问题的救星。

当时箱包工厂已经停工,工人已有3个月没领到工资,工厂随时都有倒闭的可能,工厂的投资人正在考虑遣散工人,关闭工厂。刘翰龙心想,这些工人都是熟练工,遣散容易,再往回招可就难了。于是他开始考虑怎么救活这个工厂。其实,事情一出,刘翰龙就开始关注了,在对工厂的考察过程中,他了解到这些产品绝对是高质量产品,同时款式新颖、独特,可以出手,能卖得掉,问题的关键是时间。时间太紧张,金钱需要量又太大,600万元是当时的他不能一下承受的。他想自己在箱包尾货生意上有着很好的人脉,在全国众多城市的箱包市场中都有很好的客户关系,只要这些客户都能吃进一些货,工厂的这些箱包就能发出去,自己不至于亏损。有了这个底,他心里有了数,提出了一个变通的方式,提出先交10%的定金,也就是60万人民币,之后3个月内把产品全部出清,给足600万元货款。尽管当时箱包厂觉得为难,但是公司在没有任何第三人乐意接手的情况下,只能按照刘翰龙说的办,于是刘翰龙交了10%的定金,回头想办法去了。

刘翰龙在作这个决定前,已经作了长时间的考察。他研究了所有的产品,仔细考察了仓库和产品资料,他缺的就是时间。短期内能让大家知道的办法只有打广告,于是他开始在青岛各大报纸、新闻媒体做广告,还在互联网发布信息,以每个35元的单价批发。当天晚上,他就接到7~8个电话。上海一家客户,是德国伊兰迅连锁超市驻中国的机构,第二天就飞到青岛,以6个货柜600万元的价格收购。更让人叫绝的是,刘翰龙直接把德国人带到工厂签合同,工厂老板看到刘翰龙其实一分钱都没有赚,仅仅是帮助工厂把货物全部出售了。老板非常感动,拉着刘翰龙打开了另外一个仓库,那里积压着他开工厂12年来的全部库存产品,并把这些作为对刘翰龙的回报。刘翰龙弹指间将大批货物清理完毕,并且得到了大批货物。

真正让他名声大振的是他狂掷50万元给阿里巴巴的事。

狂掷 50 万

话说到这里,得追溯到2006年了。2006年7月,在淘宝商城推出前,刘翰龙正式成立了世纪安泰科贸有限公司,并且还注册了阿里巴巴,他一次交了诚信通3年的费用。别人问他:"你为什么要交那么多呢?"他的回答是:"马云不同意一次交5年,要是同意,我就一次5年的。"一年的淘宝商城和阿里巴巴诚信通经历,让他将网络的魅力、网下的资源结合得相当自如,闪转腾挪,游刃有余。他巧妙地利用网下资源的强势,尽现网络空间的无尽魅力,写就一个又一个传奇。

接收了箱包厂老板的馈赠,最麻烦的是仓库问题,当时货拉回青岛,实在放不下。刘翰龙想到了阿里巴巴。进入阿里巴巴一年来,从2006年9月开始,除了两个月外,其余时间他都是阿里巴巴竞价标王,淘宝被推荐的甜头使他念念不忘和淘宝、阿里巴巴的官方合作。于是,他想到了一个好办法。他主动提出赞助阿里巴巴。他说,自己有几个想法:

第一,自己在淘宝和阿里巴巴都赚到了钱,应该吃水不忘挖井人;第二,顺利解决这批箱包的原因是在阿里巴巴上得到的这个消息,并且最后接受货物的德国公司和后来的英国订单也是通过阿里巴巴知道的这个消息,应该说很大程度上都是阿里巴巴的功劳;第三,他希望通过此次赞助,能够让阿里巴巴为他提供一些资源。关于事情的经过,实在是稀奇:刘翰龙提出赞助阿里巴巴,阿里巴巴也不客气,"阿里巴巴那帮人太识货了,要的都是什么'万宝龙'之类的高档包,而且还问我这些成本多少。我计算了一下。总共2 600只各色礼品包,一起50万元。"

赞助物品已经谈妥,刘翰龙告诉阿里巴巴,从青岛到杭州,这些物品需要一个20立方米的集装箱,需要6 000元运费。阿里巴巴工作人员一听,觉得费用太高了,提出走货运。刘翰龙考虑到物品的特殊性,说:"万一路上挤压坏了,算谁的?"然后他非常爽快地说:"你们能出多少运费?"经过请示,工作人员告诉他,他们只能出3 000元,于是另外的3 000元运费刘翰龙也出了。他说:"反正赞助都赞助了,这个小小的3 000元,也没有什么稀奇了。"

写到这里,笔者问了朋友一个问题,真正的销售大鳄是否重视宣传?刘翰龙能不能算是阿里巴巴的一条鳄鱼呢?有人这样评价他:"青岛人刘翰龙,两年前做箱包尾货时还无人知晓,现在已经小有名气。我看他做生意的经过,大气磅礴,要不就不动,要动就是大手笔,是那种能够打大战役的人,能够摧枯拉朽的人,能够靠战役扭转自己形势的人。"他确实处处都是大手笔,举动皆是大气派,但却从来不忘记回报。他说:"我现在还不是企业家,更不是大企业家,现在承担自己应尽的责任和义务就够了。要向马云、牛根生一样担负起社会的脊梁和责任,还要等我的'依撒安笛'做成了名牌之后,才有这个资格。"

笔者问,进入阿里巴巴后,做过过瘾的大生意吗?他想了想,说:"有。2006年9月,收购了一批皮衣、皮夹克。(笔者还清晰记得,他说过曾经开大奔带老婆去夜市卖皮夹克的事情。)去掉很多瑕疵品后,我把消息传到了阿里巴巴网上,很快就有一个北京的皮货商人来买了,他前后两次要了6 000件纯皮衣,也就是不带毛线的那种皮衣。这笔生意做完后,我基本就回收了全部货款。"

笔者想起描述创业者的一句英文:"Take opportunities,taking risk beyond security."创业者把握机会的敏锐度与敢于抵押资产承担风险的勇气和魄力,将赋予自己高于普通人的回报与财富。刘翰龙是不折不扣的创业者中的勇士与英雄。

刘翰龙和阿里工作人员在一起

"儿子"要自己的

　　笔者记得马云曾经说,雅虎这个儿子是抱来的,不如家养的好养。这个话,在刘翰龙这里就变成了:要养就最好养自己的"儿子"。

　　道理其实是相同的。只是马云将雅虎这个别人家的儿子正式划归自己名下,前提是看好人家的"儿子"有出息,能够在自己家发挥更大优势;刘翰龙则是通过实战,真实的体会到了:"人家的'儿子',哪天你把他养大了,有出息了。人家'亲爹亲妈'来认领了,结果人家是直系血统,得,人家领走了。多年的心血最后也就所剩无几了。"他说的那个惋惜劲头确实是经过自己深刻体会的,想当年自己为承德"露露"集团立下汗马功劳,一年在青岛铺货1 500多万元,但是两年后,这个养大的"儿子"被"亲娘"合法认领,刘翰龙是空欢喜一场。于是,从那刻起,这个在青岛长大、个性中更多张扬因素的、给我感觉像是有着匪气的书生,就下定决心,要有朝一日养大自己的"儿子"。

　　所谓机遇总是垂青有准备的人,真是一点都不错。刘翰龙在2006年7月入住淘宝商城注册世界安泰科贸有限公司的时候,同时也注册了ESND有限公司。"其实,当时注册这个公司就是为了做品牌。在做箱包的过程中,我知道,卖尾货虽然能够赚钱,但绝对不是长久之计。折腾来折腾去，永远是个二道贩子，正儿八经的做个品牌，捣鼓点事情出来，弄出点名堂来才是我真正的想法。"

但是这个想法一直只是停留在刘翰龙脑子里。没有工人，没有设计师，没有更多资金的投入，也许它将永远只是个梦想。但是，刘翰龙一直在准备着，他自己在卖箱包的同时，就开始自己做箱包，甚至挑战一些世界名牌。

2007年，机会来了。前文我们讲到，刘翰龙利用阿里巴巴，弹指间让一家濒临倒闭的公司走出破产危机。其实当时看中这批仅以单价35元出售价值600多万元箱包，并且进行了洽谈事宜的还有一位福建客户，他虽然非常遗憾没有做成这笔生意，但是他对刘翰龙自己做的一些箱包充满了兴趣。几次考察下来，他要求刘翰龙按照他的要求做一些箱包，来考察他的实力到底如何。

前后这样折腾了几个月，福建客户终于放心了，相信了刘翰龙的能力，下了一笔57万英镑的大单。这个大单价值人民币800多万元。刘翰龙本人的小工厂难以承担如此重任。他回到了自己曾经拯救过的那个工厂，谈OEM加工的事宜。这笔单子的价值比工厂的总体价值还要大！工厂的投资者本来就对刘翰龙的能力钦佩得很，对他的个人魅力更是青睐有加，他所表现出来的那份大气与沉稳也让工厂信服。工厂投资人向刘翰龙建议由他入主管理工厂。刘翰龙考虑之后，双方约定，工厂股权变更为刘翰龙占51%的股权，原投资人占49%，工厂管理仍然由原出资人负责。于是刘翰龙一夜之间摇身一变，从一个谈OEM的加工者一举成为一家拥有数百人工厂的大股东和董事长。

之后，刘翰龙把自己原先建立的一个小型工厂与现有工厂合并，马上开始实施起了自己的品牌路。"其实以前叫'依撒安泰'，在高人的指点下，最后改为'依撒安迪'。英文名ESND。'依撒安迪'的'依撒'是圣经里一个勤劳的女子的名字。'安'是'安全'、'平安'的'安'，世界童话大王'安徒生'的'安'。'笛'，大发明家'爱迪生'的谐音，就是用勤劳把童话变成现实，而且有渴望社会安宁的意思。"

后来，香港人还曾经希望用500万港币买走这个名字，他们这样分析：依，五行属土，笔画数是8，含义是努力发达，贯彻意愿，不忘进退，可期成功；撒，五行属水，笔画数是16，含义是能获众望，成就大业，名利双收，盟主四方；安，五行属土，笔画数是6，含义是万宝集门，天降幸运，立志奋发，得成大业；笛，五行属木，笔画数是11，含义是草木逢春，枝叶沾露，稳健踏实，必得人望；产品（品牌）名称总体解析："依撒安笛"所有汉字的笔画数是41，含义是天赋吉运，德望兼备，继续努力，前途无限。单个字和整体名称皆无比吉祥。

刘翰龙充满自信地讲："你看这个名字多吃香。我虽然将来不一定能把它做成和NIKE、ADIDAS相提并论的世界一流品牌，但把它做成一个大品牌是一定要的。""我把

'依撒安迪'定位为高档品牌,主攻高档、时尚市场。LV 不是牛吗? 我比它还牛,我研究了 LV 很长时间,甚至亲手在商场撕开过几个 4 万块以上的皮包研究过,确实是不一样,原材料呀,工艺呀,相当精湛。但这些并不意味着不能突破,不能创新。LV 不是号称能承受 500 多斤重量吗? 我就专门做一些能承受 600 多斤重量的、高品质的皮包,在德国和英国卖的比 LV 还贵,从行为上震撼他们。"

笔者想起了他在 9 月 15 日杭州饭桌上说:"我的目标是打造一个世界品牌。但我的目标是实在的,是一步一步走出来的。既要当元帅,统筹全局,又要当将军,冲锋陷阵。"其实自从他打算做品牌以来,就坚持不放过任何一笔能够赚钱的生意。经常卖中低档产品,尤其是尾货,大量销售,大笔进出,目的很明确。打造一个品牌所需要的投入太大了,必须有雄厚的资金实力来支撑。低档走量,重要的一点是保证资金流转周转;中档产品维持利润;高档产品创造形象。

创立品牌的策略

听着刘翰龙讲述那些惊心动魄的事情,笔者觉得他是适合一路开拓、一路高歌猛进的创业者、挑战者。如果谁请他作职业经理人,估计企业将面临大的动荡,依靠他这份折腾的本领,还不知道要折腾出什么事情来呢。正如同他自己说的:"我出去如果身上没有钱,肯定能弄些钱回来,但带着钱出去,回来肯定是一分都不剩。"

打造一个世界品牌,而且是通过网络这个新的渠道和平台来打造世界品牌,难度相当大。但是从刘翰龙的性格特点看,他适合这样做,适合一路挺进。哪天让他停下来,安闲了,估计反倒容易出事情。

在讲到做品牌时,他和笔者讲了一个事情:"我要做一个比 LV 更牛的品牌,要卖到比它还贵。就要让大家议论这个是什么包呀,怎么比 LV 还牛。"笔者不解,继续询问,怎么能做到比 LV 还牛,LV 可是具有 150 多年历史的老品牌、大品牌了,难道说你的一句话就能证明吗?"LV 的皮包承受重量是 500 斤,我现在就能做到承受重量是 800 斤的包,比他牛吧。我不在中国卖,它随同我卖到德国的皮包一起在国外卖,哪怕一件都卖不掉,都要让大家关注到它,反正它就是卖的比 LV 贵,关注的人自然会多。"笔者明白了,他在争取眼球效应。于是笔者提醒他,做到这个地步,承受能力没有问题,技术也能够达到,但是款式是更重要的一环。LV 去年新出了一款和中国大街农民工身上随处可见的尼龙袋一模一样的包,笔者不明白是 LV 哗众取宠,还是真正的创新点就是为了回归最底层的老百姓。

刘翰龙在建立品牌时,采用了以下战略。

(1)标杆效应。

世界上最牛的皮包,最奢侈、最华贵、最能引起大家激动的、最让女人迷恋而忘记了金钱来之不易的皮包,大概非 LV 莫属。刘翰龙虽然求安宁,从来都不服输的精神却促使他要做就要做到最好。以他目前的状态,单纯追求效益是空话,追求效果将一定能达到这个目标,作为标杆的 LV 会帮他的忙。要做就做比 LV 更牛的包,光这句话就够引起关注了。

(2)市场的两手战略。

将 LV 当作标杆与超越对象,并不等于亏钱赚吆喝。他说,自己只做两端,最高档次和最低档次的,不做中档。做中档的人太多了。价格差异太大,区间范围太广。低档的走货快,资金周转迅速,流量大,能够很快带来收益。中国其他都不多,就是人多,也许刘翰龙更深刻地认识到了中国市场的特点。

与创业者分享

1. 机遇

刘翰龙的经历可谓丰富。做过销售经理,亲自披挂上阵推销过产品,从最基层了解和接触过客户;曾经做中国建设报山东站站长,和各类房产大亨深度接触过;从事过中国的黄金产业、直接捡钱的行业——房地产;卖过外贸库存产品;最后由外贸转而渴望创立箱包品牌。

创业机会是一种情境。在该情境中,技术、经济、政治、社会和人口的变化产生了创造新事物的潜力。研究者为创业机会的存在提供了两种解释。纽约大学的经济学家伊斯威尔·柯兹纳(Israel Kirener)解释说,创业机会之所以存在,是因为人们拥有不同的信息。某些人知道一项新的技术发明,另外一些人知道在一个露天商场里有一个店铺是空的。人们拥有不同的信息,使有些人比其他人更善于就一个具体的商业创意作出决策。刘翰龙从事房地产,完全是因为自己掌握了比周围其他人更丰富的信息、更好的资源和人脉。所谓"近水楼台先得月",讲的就是这个道理。

2. 胸怀

刘翰龙从事箱包尾货经营,短短几年内,创造了奇迹。一般商人商业机密是不会公开的,而他敢于将这个行业的"秘密"公开,原因是什么?

他说做任何事情都要依靠经营者的头脑,而不仅仅是竞争。一个行业利润高,就会有成千上万的人蜂拥而入。但面临的问题是:战略方面大家可能都懂,战术方面就不一样了。刘翰龙讲了一个故事:1997年前,他做承德"露露"集团的销售经理,两个月中他的业务人员没跑出1个单,在没办法的情况下,他自己披挂上阵,带领业务人员,现场操作,手把手地带领团队打开市场,别人卖不出去的货物,他卖得出去,别人铺不出去的货物,他铺得出去。

笔者感到奇怪,向他讨教方法。他说,战略与战术之间的把握相当不易。然后他具体讲了铺货的一个故事。他去一家小店,小店有个老太太,估计是管不了事情的。他一开口说卖"露露",老太太直摆手,他儿子不在家,她不管进货,并且说已经有好多人来过了,这个产品味道很一般。刘翰龙听完,拿出两瓶说:"大娘,今天是我上班第一天,外面的汽车上还有经理在,如果我推销不出去一瓶,我今天的工作就等于没有了,大娘您不做主,您先放着,等您儿子回来了,老板回来了,觉得不好,您打电话给我,我把它拿回去。最起码让我外面的经理看到,我把货物放到您这里就可以了。"老太太一听,觉得这个小伙子老实,觉得应该帮助他,于是就说:"算了算了,这个算我买了。卖不了我自己喝。"于是掏出5元买下两瓶。刘翰龙就依靠这样的方法一点一点地把货物铺了出去,有的店要2瓶,有的是4瓶。数量虽然不多,但是总数却是惊人的。就是用类似这样的办法,他带领团队,1年拿下了青岛1 500万元的市场。

刘翰龙说,他从来不怕竞争。因为在他眼里,没有竞争对手,只有合作伙伴;而且竞争要讲究方法和策略,是用一个集团军去战胜一个排,还是一个排去逐个消灭集团军,其中的关键在于战术,而非战略。刘翰龙则很好地把战略和战术有机地糅合在一起。

3. 变中求不变

安利的营销在很大程度上是"洗脑"工程。他们磅礴的气势,感人的场面,确实振奋人心,毒药般的宣传为整个营销界所效仿。"安利"说:"刘翔之所以是刘翔,是因为刘翔只做一件事情,跨栏。"类似的名言在安利几乎是俯拾皆是,刘翰龙给笔者的感觉则是永远在变。从营销员到销售经理,从记者到杂志主编,从房地产到外贸尾货,从服装到皮具,甚至还经营过化妆品,从网游大户到网商大亨,种类繁多。所有的一切都在不断改变,其中唯有一个没有改变,就是他的大手笔。几乎出手就是大手笔,虽然非惊天动地之作,但也是惊人之举。

谈到自己的营销技巧,刘翰龙有些得意:"我可是1999年就已经上网了。"多年的网游生涯,别的网游玩家可能忙着杀怪练功或者聊天,而刘翰龙却成了一个虚拟物品交易的熟练工,在游戏里是标准的商人。网游中的交易,看得见摸不着,但在实际的交易中,却都是真金白银地交换,和真实的财产交易并没有太大区别,只是交易风险高得多。以虚拟道具交换虚拟币,网游里并没有现成的交易工具。举个例子,如果甲需要一件道袍,乙以一件武器成交,他们需要在网游世界里找一个僻静处,甲往地上"扔"武器,乙拣走了,再把道袍"扔"到地上,由甲拣走。这样的交易方式,假如乙在捡走武器之后并没有把道袍留下,而是溜走了,甲就只能自认倒霉。类似的事情在虚拟世界中屡见不鲜。在这样没有任何诚信保障的虚拟世界中,双方的交易全部依靠自己的行为约束来控制。刘翰龙早就学会了如何区别真假交易方以及如何取得对方的信任,并且在虚拟环境中,和那些虚拟网游角色背后的真实网友建立起长久的合作关系。这样的锻炼环境真可谓是绝无仅有,也亏得刘翰龙这样有着生意头脑的人才能从玩网游中悟出这些道理:"比如我卖一件虚拟物品,如何给它起标题,吸引对方并让他相信我,里面就有很多技巧。"

网游使刘翰龙积累了大量的交易经验,于是,当他拥有实实在在的货物,面对实实在在要与他交易的买家时,对他而言,这样的交易简直得心应手,"比网游里的交易容易多了"。之后,所有的奇迹基本在这里产生。

4. 培养客户一起成长

刘翰龙认为客户一定要培养,他的客户基本都是经销商。他认为经销商都会从小到大,从弱到强,能成为合作的坚实基础和动力,经过考验的客户才能成为真正需要培养的客户。他培养客户的方式非常独特。一般而言,当客户需要产品的时候,他第一次发给客户的绝对不是畅销产品,原因很简单:一个连困难商品都卖不出去的经销商,是不可能做长久的。而那些把困难产品卖出去的经销商,他会在以后第一时间提供他们最畅销的货物,让他们利润丰厚,同时这些人也将成为他未来品牌的代理商。其实这是在实战中考验和培养客户,尤其是优质客户。

补记

自2004年网商概念在中国出现以来,网商发展经历过"浮现"、"立足"和"步入崛起"三大阶段,在全球范围得到了广泛认同。同时,网商群体的分布范围遍及世界各地。2008年,网商群体作为世界商业发展中一支重要而活跃的新生力量,必将影响到更多地区与更多人群。刘翰龙参加第五届十大网商竞选前,他竞选的宣言是:"享受过程,享受快乐。"他说快乐有很多种:"赚钱,是一种快乐;幸福,是一种快乐;帮助别人,是一种快乐;享受过程,更是一种快乐。"

但是,在他呼声高涨的时候,却选择急流勇退,宣布退出竞选,并发表如下声明:

> **十大竞选我仍然要做赞助商!**
>
> 去年的十大网商节,我赞助过阿里巴巴,今年的网商大会,我仍然要做赞助商!十大的竞选,就是要避免闲言。为避免万一评上,说我的头衔是花钱买的,我首先退出竞选。但是我仍然要来赞助阿里巴巴,阿里巴巴是给我带来效益的平台。我感谢阿里巴巴,更感谢支持我的网商朋友,评选是人气,赞助是实力。

与此同时,他整合了各方资源,成立了集团化公司,准备大干一场。目前的青岛世纪安泰有限公司是科工贸一体化的集团化企业,下设3个事业部及1个全资子公司(青岛安泰智业科技有限公司)。软件事业部专注于SaaS模式的软件服务。快递事业部是EMS(中国邮政)的战略合作伙伴,专注于国内领先的快递服务。环保产品事业部专注于高新生物技术在环保领域的开发及应用。青岛世纪安泰科贸有限公司专注于世界高端男女服装服饰产品,在欧洲拥有高端自主品牌"依撒安笛"(ESAD),是欧洲贵族和成功人士的首选品牌。公司秉承客户第一、员工第二、股东第三的理念,在客户第一的基础上给员工提供充分发挥自己才华的舞台;公司坚持利益分享的理念,同客户分享、同员工分享、同股东分享,让员工实现自我价值。这些是他的宣言,应该说也是他努力的目标和方向。

通过以上历程可以看出,阿里巴巴给了刘翰龙很多机会,也给了刘翰龙实现理想的一根金稻草。刘翰龙渴望通过阿里巴巴实现自己通过网络打造一个世界品牌的神话与传奇。"马云太牛了,他的那些E网打尽等思路连微软都震惊了,跟着马云就等于跟着加速器。所以我几乎步步不拉地紧跟着,希望能学到更多东西。"刘翰龙说。

对于刘翰龙做出品牌,笔者不怀疑,也相信这个经历过疯狂般人生的人在车祸事件后的大彻大悟。"大师说,我做事情不能想着钱,越想钱,钱越不来,不想钱,钱反而来了。"此话的真谛,俞敏洪也曾经说过:"成大事者,金钱、财富、名声、地位这些东西都会随之而来。"王利芬曾补充道:"即使求来了,也很快会失去。"所有这些,和刘翰龙本人写的"做事情前不求回报",意义相同。

本案例使用说明

一、教学对象与目的

1. 本案例主要适用于 MBA 的创业管理课程、工商管理类别相关硕士课程的教学和管理培训,也适用于电子商务类、经济类、管理类本科课程。

2. 本案例的教学目的在于帮助企业各层级的管理者和想创业的人以及已经创业的创业者更好地理解创业的实质,把握创业中遇到的机会,学习如何进行战略型创业,怎么样进行战术性开拓。

二、思考题

1. 试列出刘翰龙创业的几次过程,分析其间的特点和区别。

2. 如何评估外贸尾货创业这个项目?

3. 刘翰龙创业成功的关键点在哪里?

4. 从整个案例来看,怎么评价刘翰龙这个人?

5. 怎么样看待战略型创业?

6. 如何看待竞争?

7. 如何看待创业中的投机行为?

三、教学思路

教师可以根据教学目标来灵活使用本案例。以下思路,仅供参考。

1. 刘翰龙的创业过程应该是从做销售员开始的,他运用创新的营销方式打造了金牌营销员的业绩;网游中同样出其不意,运用各种手段和方式掌握了关键资源,独霸《大海战 II》;在淘宝网依靠优质货源和有效的推广手段,迅速占领了市场,获取了丰厚的回报;进入阿里巴巴,拓展品牌,成为供应商,整合组织了集团化公司。所有这些创业历程,其实是经历了发展的不同阶段,其基本思路大体相同:尽量迅速掌握优势资源,然后运用战术性的手法推进。

2. 外贸尾货创业是特定时期的产物,也是特定中国阶段的产物。一个方面说明中国作为制造大国名副其实,另一个方面说明中国的制造还处于低级加工阶段。我们欣喜能有让国人创业的好项目的同时,悲哀中国制造的升级。所以,外贸尾货行业创业,在将来一定会逐渐变少,会经历一个从少到多,从多到少,从少到非常少的过程,也将见证从中国制造到中国创造、中国智造的历程。

3. 刘翰龙成功创业,成功因素有很多,包括机遇、个人的性格与思想等。其中最重要的是思想。思路决定出路。他的战略思想决定了他的创业从来不是从战术出发,而是战略先行,战术执行。

4. 刘翰龙这个人,有魄力,大手笔,有思想,有远见,但是同时也嚣张,目中无人。优点与缺点结合于一身。但是他爱学习,能吃苦,敢挑战,这点是值得学习的,有很强的创业精神和创新思想。

5. 战略型创业完全从战略出发,而不单纯考虑战术。随着市场竞争日益加剧,创业浪潮滚滚而来,创业必须从战略角度出发,高起点、高要求、高标准,才能保证创业的成功和顺利发展。

6. 竞争在很大程度上能促进发展,没有竞争其实就没有发展,可以利用文章中的小故事来进行说明和分析。

7. 我们经常听到,创业一定要注意长效效应,做企业不能急功近利。换句话说,一定要耐得住寂寞,忍受得了市场的风险与各种不确定性。刘翰龙从网游到淘宝,从淘宝到阿里巴巴,从阿里巴巴到供应商,虽然每一次飞跃都值得学习,但是逃脱不了投机和急功近利的现象,其本质上是一种投机行为。华尔街人士施为德曾对投资和投机做过精彩的分析。他说,要让市场新人知道"投资"和"投机"的区别,就好比想去教育满脸青春痘的小男孩知道"爱情"和"性欲"是不同的,即使这位"赤豆男"迷迷糊糊知道了两者是不同的,但他还是继续去做他原本就想做的事。创业很大程度上在依靠投机积累原始资本。对错难分,希望大家讨论。

四、教学要点

1. 了解和熟悉刘翰龙创业的全部过程,深入考虑创业的思路和战略。

2. 深刻理解创业中战略与战术的关系,创业者对于创业的重要性。

五、建议课堂计划

本案例适用于专门的案例讨论课,在创业管理课程中进行。以下是建议的课堂计划,仅供参考。

整个案例课的课堂时间控制在 80 ~ 90 分钟。

课前计划：提出启发思考题,请学员在课前完成阅读并作初步思考。

课中计划：简要的课堂前言(2 ~ 5 分钟)。

分组讨论(30 分钟)。

引导全班进一步讨论,并进行归纳总结(15 ~ 20 分钟)。

课后计划：如果有时间,请学员相互交流一下,写出自己的读书报告。

第九章

"诚信666"的中间商天下

　　摘　要：本案例全面记述2005年第二届十大网商之一李伟的"诚信666"的创业经历。李伟从一个学徒工干起，从乡村小镇到县城、到地级市，再到全国汽车用品之都广州的地域性突破，从实体到网络的空间性跨越，从单纯的小业主到向正规化公司经营者的过渡，展示一个网络成就从零售批发商到贸易中间商的奇迹。

　　关键词：创业　诚信　服务

背景

　　中间商是指在制造商与消费者之间"专门从事商品交换"的经济组织或个人。中间商可以按照不同的标准进行分类：按照中间商是否拥有商品所有权，可将其划分为经销商和代理商;按照销售对象的不同,分为批发商和零售商。本案例的主人公就是从事汽车装潢、汽车用品交易的中间商,而且期间经历曲折,从乡村到县城,从县城到地级市,再到面向全国,直至成为面向全世界的网络中间商。他就是 2005 年第二届十大网商之金星汽车用品商城的店主——李伟。

汽车用品包括汽车电子、电器产品(如车载导航仪、车载影音、车载冰箱)、汽车安全系统(如防盗器、倒车雷达)、汽车美容养护用品(如润滑油、车蜡)及汽车饰品(如坐椅坐垫、汽车香水、装饰类工艺品)等。中国汽车消费市场持续升温,为汽车用品行业发展提供了巨大的商机。

近年来中国政府逐渐重视汽车用品行业,积极推进汽车用品的产业化,鼓励汽车用品行业特别是技术含量高的汽车电子产业的技术创新,政府也在逐步完善汽车用品行业的相关法规及标准,为汽车用品企业的发展提供有序的竞争环境。同时,汽车用品企业不断自主创新,引进和培养专业人才,抓住汽车用品行业的发展机遇。中国汽车用品行业的发展潜力很大,预计到 2011 年,仅汽车电子类产品市场规模将达 2 400 亿元,每年以平均 26% 的速度增长。汽车安全系统、美容养护市场等将有较大的发展。

创业艰难

很多的人由于生活的艰辛、生活的无奈而不得不走上创业谋生的道路,李伟同样如此。他来自湖北一个贫困家庭,爸爸是建筑工人。李伟在初二时某次跳跳板,因跳板断裂而致重伤腿折,从此无法干重活。1995 年,李伟 15 岁,初中毕业后因家庭经济困难而只好辍学。生存成为第一要素,在农村看来,掌握一门手艺,就能永远都不会饿肚子,能吃饱饭,于是他投靠亲人,拜师学艺。

李伟当时学的是汽车装潢,其实就是为汽车贴太阳膜、缝制座套等。学艺期间,需要自带粮食且所有开支自理,所以李伟特别认真刻苦,期望能早日出师。其实 15 岁还是孩子的年纪,贪玩好动是孩子的本性,但学徒生涯改变了他的性格和人生。远离亲人和伙伴,孤独和寂寞时时伴随着他,而且师傅相当严厉,稍有差错就会遭到严厉批评和指责,不完成任务不能睡觉。作为徒弟,受委屈是不能申辩的,只能默默忍受,努力用功,争取让师傅满意。两年的学徒生涯,他的性格发生了很大改变,从此他谦逊谨慎,做事认真而且富有耐心。

李伟学艺二年后,出了师,由于无本钱开店,只好继续为师傅打工。师傅本来有 3 个徒弟,大徒弟出师后,李伟成了大徒弟。由于李伟能独自完成店内的所有业务,小徒弟帮他打下手即可,根本不需要师傅动手了。因此师傅有了充足的闲暇时间,加上本人爱玩,逐渐迷上了斗地主,日夜混战在牌场。老板娘为了逼老板重新做事,又知道李伟老实、肯干、能干,于是借给李伟2 000元,并支付他一年的工资2 000元,共计4 000元,让李伟自己出去开店创业。当李伟将消息告诉家人后,家人卖了两头猪,想了其他办法,共筹借了4 000元。李伟凭借这8 000元,正式在公安县一个镇上开了店,做汽车装潢。

李伟的小店开业了,当时他18岁,父母帮他一起经营。他对未来充满了憧憬。第一个月下来,毛利1 000元,纯利200元。尽管收入少的可怜,李伟当时已经非常高兴了。李伟很快发现小镇上的市场容量太小,生意有限。小店主要是进一些半成品,然后用缝纫机按照顾客的要求加工定做汽车座套、麻木篷等(麻木就是加汽油的三轮车,是乡镇的主要交通工具之一,主要任务是拖货物及载人。麻木必须要做一个篷子来遮风挡雨。)。他意识到镇上的汽车少,麻木的保有量小、更新速度慢,市场一旦饱和,就很难再发展了。在发愁中,他一直在考虑该怎么办、该怎么突破。

进军江陵县

正在苦恼之际,一个机会来了。李伟有个大伯在江陵县城做汽车装潢生意,有个不错的小店,一直是请人帮忙经营,后来帮忙的人去深造,没有找到更合适的人,加上大伯年事已高,他想退休了,正考虑如何处理小店。他发现李伟在做同样的生意,而且人可靠,技术过硬,于是他提出把店面转让给李伟,当时店面价值是21 000元。李伟没法支付这笔钱,跟大伯协商后,他打了欠条并保证两年内还清欠款并支付相应利息。

李伟关掉了小店,与家人一起搬到江陵县城,正式接手后发现这个决定相当正确:县上市场与镇上市场大有区别。县里市场容量大,周边乡镇的客户都来消费,再加上李伟为人谦和,手艺精湛,因此在汽车行业很快展露头角。随着业务量增加,李伟一个人应付不了生意,此时他想到了弟弟。弟弟学习成绩并不太好,上大学这条路相当渺茫。对于农村孩子,学一门手艺是一条不错的出路,不然只有当农民,脸朝黄土背朝天。于是,弟弟也辍学回家,与李伟共同经营。他先从学徒做起,由于学习能力强,加上李伟毫无保留地讲授要点,进步神速,半年时间就基本上达到李伟的水平了。

虽然生意越来越好,但李伟敏感地意识到汽车行业日新月异,新车不断上市,自己的手艺很快就会满足不了客户的新要求。1999年,他果断决定送弟弟去荆州深造学艺。当时荆州是湖北省的发达城市,汽车行业处于领先水平。

当时李伟的汽车装潢业务包括:加工汽车座套;加工麻木篷(这项其实不在装潢之列,但当时是李伟的利润来源之一);加工太阳膜;铺地胶;加工 JEEP 车篷;改装、更换汽车音响(当时是换主机及换喇叭等);打蜡、清洗等;销售精品饰件。一切与车有关的,只要是李伟能办到的,他都尽可能做,然后收取一定的工时费。当时月营业额在 20 000 元左右,毛利润 4 000 元左右,纯利 1 000 多元,每月除了周转资金,还有多余的钱可以还债。笔者对李伟说,那时大学老师的工资一般才 500 多元,他的收入相当于大学老师的收入了。但李伟说,当时有一块大石头压在心头,就是 20 000 多元的债。他总是充满了危机感。不过如果没有这个大石头,可能就没有强大的动力和紧迫感了。

弟弟走后,李伟又招聘了一个徒弟。他们继续在县上经营,一干就是两年。期间生意越来越好,倒不是因为是独家生意,而是其他家来得快、去得快,只有李伟一直坚持着,而且在竞争中越来越有生机和活力。李伟从外地来,特别希望能有行业内的朋友,而且他很爱思考和跑市场,很快就发觉汽修厂是老大,于是开始刻意和汽修厂的师傅、徒弟接近。师傅们基本和李伟同龄,于是他经常晚上请他们玩网络游戏,时间一长就熟悉了,关系越来越好。他们经常介绍客户给李伟,加上李伟的汽车装潢店在当地人手最多、手艺最好,因此生意非常稳定,顾客越来越多。"后来小徒弟们、小师傅们成了大师傅,有几个还做了老板。种瓜得瓜,种豆得豆,他们不可能永远是徒弟,也不可能永远为别人打工。我积累了一笔庞大的财富。"他骄傲地说。

笔者问李伟,汽车维修和汽车装潢之间有什么关系?他说:"新车不需要维修,但与刚生下的孩子一样,生怕有什么闪失,所以车主经常会去汽修厂检查机油之类等,并且会学习车的知识。新车车主是我们的大客户,他们要的东西最全面,并且一旦认同你,以后就是你的忠实客户。"所以李伟在县城养成了一个习惯,只要一看到新车,就会骑上自行车拼命追,新车一般开得不快,只要在城区停车基本上都能追到,追到后李伟会递上名片,尽量想办法推销自己。"在小地方尤其是小县城,这种方式成功率太高了。基本上车主办完事,有空时他们都会来店里参观,我总是安排他们休息,并与他们谈一些关于保护车的知识。大多数人成了朋友,生意也就自然来了。"李伟还追过没做篷的麻木,只要看到有可能成为客户的,他就会主动出击。笔者反问,有没有担心过被拒绝后的难堪呢?"拒绝也不是太难为情,一般小地方的拒绝都比较婉转,不像大城市里的冷漠。"李伟如此回答笔者。有时李伟将新车车主指引到关系好的汽修厂,增加他们的业务;他们反过来,介绍更多的车给李伟,由此一来,生意越来越好。

转战石首市

2001年,弟弟从荆州学习回来,带来了很多新技术,特别是安装音响、装防盗器、贴前贴与整张膜等,这些技术在当时的县城是没法完成的,他们的店成为当时县城唯一一家能贴整张膜、能装防盗器的一家装潢店。但县里容量有限,李伟想向外发展。经过熟人的介绍和两个多月的考察后,李伟决定搬迁到石首市,石首市的市场容量是江陵县的3倍,当时只有3家汽车装潢店。

作这个决定是经过激烈的思想斗争的。离开县城就等于扔掉了熟悉的市场和客户,毕竟在县城他有很多老客户,熟门熟路,一切都容易,而且生意不错;去新的环境,一切都要重新开始,而且未来是未知数。但留在原地,也有问题:大家都是熟客,赊账多,而且发展空间有限。思来想去,李伟考虑到以后的发展空间,最终决定搬迁。

来到石首,李伟希望能一炮打响。他首先选择了一个100多平方米的店面,成为当地规模最大的汽车装潢店,并且精心挑选了店面位置,一下拥有了很多便利:店铺所在位置不在主城区,靠近副城区,停车方便,交通便利,众多的车辆都会经过那里,会很快注意到他们的店;附近有汽车维修厂,洗车点多,有车的氛围,该市区有车一族都要去那条街;所在地区不是商业主城区,租金相对便宜,视野开阔;等等。为了营造声势,李伟做了很多大大的招牌,到处树立,并且将所有精通的手艺全部印在名片上,四处派发。后来证明,他们选的地方确实是好地方。

当大大的招牌挂起来后,金星店也就正式开业了,李伟他们充满了美好的期望,毕竟他们的服务项目全面,而且他们是当地唯一一家拥有为汽车贴前贴和整张膜技术的汽车装潢店。但前3个月,生意一直平平,基本属于保本经营状态。3个月后某一天发生的事彻底改变了局面。

交通警察在任何一个城市都是拥有绝对权威的。有一个交警想为汽车贴整张膜,但觉得李伟的金星店要价太高(全车贴整张膜收取1 800元,前挡900元),于是就到另一家去贴。这个店其实技术不到家,但是非要逞能留住客户。结果汽车膜没贴好,车主气得当场撕掉膜,掉头开到金星店,经过3个小时的精心装贴,车完美到极致,甚至体现出武汉顶级师傅的技术效果。车主激动地给店里师傅派烟。此次事件说明金星店技术过硬,加上交警大力推荐,一下就打开了当地市场。来店里的人络绎不绝,且因为交警的推荐,基本都不还价。市场虽然打开了,但李伟坚持:技术要过硬,收费不比同行高,经常帮些小忙,只要花的时间不多,没花什么成本,尽量免费。比如有的地方缺个螺丝,有的地方松动了,有的地方有点脏了,帮个忙,如此一来口碑极好,到今天还有很多当地车主记得金星,要去找金星,金星已经成为当地的一个品牌了。

接触网络,南下广州

李伟在获奖感言中说:"非常感谢阿里巴巴给我这个机会,我觉得支付宝非常好。我现在的成功证明我放弃实体店、选择淘宝网是非常正确的。今天有点激动(掌声)。我觉得淘宝网非常适合小本创业,如果选择小本经营,可以选择淘宝网;如果要做大,要提升经营状况,就选阿里巴巴。我们现在是一个团队,专门经营淘宝网。非常感谢淘宝网提供给我们这么好的创业平台和购物平台,谢谢!"

这一切要从石首市的店说起。

李伟在石首市的店很快步入正规,成为一个小有名气的品牌。李伟开始尝试做了一些汽车小精品。因为小城市消费量小,李伟尽量进些质量好而价格不高的产品,但也会因失误而造成积压。在此期间,李伟一直没有中断过玩网络游戏与上网聊天,由此学会打字和简单的电脑操作。2002年,一次无意中看到搜狐买卖街,突发奇想:能在网络上卖东西吗?于是在搜狐买卖街与易趣试着销售失误造成的积压产品,想不到还真有人买。2002年他在易趣买了一件高档家用电器——电脑。

接触网络后,李伟希望清理掉积压商品,后来发现网络确实可行,就把所有的商品都上传至易趣。李伟开始教太太上网并记账,大概二三个月后发现在网上卖了10 000多元的产品,利润3 000元左右。

当时石首市的店主要是弟弟全面负责,李伟比较清闲。征得家人同意后,他决定南下广州,专门做网络中间商。原因是:广州物流发达;货源充足,可以说是天然大仓库;网络市场无限宽广,大有可为。当时李伟新婚刚5个月,夫人怀孕,李伟还是决定南下。2002年他揣着8 000元,带上一个在江陵县玩得特别好的又有能力的朋友一起去追求梦想。他们到广州后,才意识到现实与理想之间太遥远。一下火车,没落脚地,没亲人,没朋友。当时认为是巨款的8 000元,第一夜住宿花掉100元,还不含吃饭与其他开支。他们很快运用网络资讯搜索到永福路,也就是全国汽车用品最集中的地方;然后买地图找到永福路,又网络搜索该地区的租房,第二天下午租了一间月租600元的一厅,20个平方米;然后购买电脑和家居用品,仅余1 000多元,要吃、住、用、网费、电话费等开销也相当吓人。好在两人相当乐观，马上开工，四处出击，寻找货源，然后买样品挂在网上卖。当时淘宝还没有开张，由于广州人比较传统，李伟成了永福路网上开店第一人。但由于数量少，供应商难以信任他们，第一次拿一个样品，第二次还拿一个，第三次还拿一个，供应商就开始加价或不卖。为这个问题，李伟痛苦了很长时间，后来决定选择几家进行重点突破。经过沟通与协商，不断交流感情，终于稳住了几家，这几家到现在一直都是他优先考虑的商家。当时易趣还是收费的，李伟他们当时一个月营业额在 10 000 多元，除去开支略亏。2003 年淘宝开张，生意真正迎来了转机。

崛起于淘宝

"老婆怀宝宝 6 个月时来广州寻夫，我不得已花了 1 400 元租了二房一厅，冰箱、空调等一应俱全，这样一来压力更大。"李伟说。真正的转机是在 2003 年淘宝开张后，特别是支付宝推出之后。他刚开始也比较抵制支付宝，一直担心安全性及流动性，后来看到淘宝不断宣传其好处，便开始尝试部分产品接受支付宝。实践证明，接受支付宝的产品卖得更快。这样一来资金周转出了问题，紧急情况下，他向家里又要了 10 000 元，之后还汇过 10 000 元，共计 28 000 元，用于资金周转。淘宝网当时最吸引人的是免费，由此一来，他的生意很快上了一个新台阶。

李伟坦诚相告，在淘宝刚开始时非常艰苦。为了吸引顾客，李伟经常做一元拍。他想让顾客低价买到，或者顾客认为买不买无所谓，比较便宜，买了之后再建立信任感，带来回头客，并且口碑相传。于是李伟经常拿一些不太贵重的东西参加一元拍。一元拍为他带来很多客户，名气也大起来，相当于花钱做广告。其实很多时候，淘宝上的商家真的是在亏本卖东西，只是为了吸引人气。但当时网络上卖汽车用品还是属于新鲜事情，卖家少，买家多，现在则不再新鲜了，卖家逐渐增加，在淘宝输入汽车用品，排名达好几页了。李伟的店能脱颖而出，是因为具有绝对货源优势。有句流行话是这样说的："全国汽车用品看广州，广州看永福路。"他们就全部迁往这个汽车用品核心地带广州永福路。货源充足，并和厂家、代理商有很好的合作关系，分派采购员负责不同区域进行采购，并与供应商保持极好的关系，只要汽车用品界有新品出现，他们就能第一时间知道，并拿到货品，而且由于采购商家众多，了解供应商的渠道及生产成本，因此总能将采购货品成本控制在最低。由此一来，就拥有了绝对的货源优势和价格优势。

后来孩子出生了，李伟母亲也来到广州。等太太休养好后，4 个人分工合作，采购、打包、客服，当时淘宝的宣传一直比较强劲，加上他们占了先行优势，产品定价低、品种丰富、重视信用、接受支付宝等综合因素使他们的交易在淘宝处于前 3 名位置，当时易趣已排至第一，李伟的店成为汽车用品类第一个全面放开接受支付宝的店。

随着生意变好，月盈利开始突破 10 000 元，他却发现忙不过来了，而此时弟弟在石首市的装潢店一月只有 2 000～3 000 元的赢利，虽然比较稳定，却难以突破上线。在这种情况下，弟弟提出结束实体店，全面进攻网络店。经过考虑，李伟先让弟弟学习协助管理淘宝店，并熟悉交易流程。2004 年，网店使用支付宝生意稳步提升，李伟觉得在广州的发展潜力巨大，胜过在湖北开装潢店，于是他让弟弟关闭了实体店，来到广州，一起并肩作战。"当时的状态是老婆管客服与后勤，大家有空就上，也就是不让电脑空着，只有一台电脑，谁有空谁上，白天连着晚上，一直有人在线。后来老弟与爸过来后，增添了力量，我弟主攻客服，什么问题都能解决。他脾气好，性格好，谦虚又耐心，对汽车非常熟悉，生意成交率相当高，2004 年营业额大增，电脑从 1 台变为 3 台，月赢利达到 40 000 元左右。"这其中还有一点，就是产品对路。这是李伟和弟弟多年的一线经验磨练出来的，他们对汽车用品有极高的敏锐性，一看产品就基本上知道好不好卖，所以判断非常准确，不会盲目进一些不好卖的产品。

为什么我叫"诚信 666"

对于"诚信 666"这个名字，笔者一直非常疑惑。李伟揭开了疑团。他认为为人要诚实，要踏实，一定要时时刻刻记住一条：任何一个人不会比我笨，要笨，就先从自己笨。为人不要表现的太精明，太精明的人，没多少人愿意与之交往。其实就是告诫大家不要耍小聪明，别戏弄别人。"诚信 666"的名字代表着：我们一定要诚信，不玩小聪明。只有诚信才能顺利，人生顺利，生意顺利。笔者追问怎么解释不耍小聪明，李伟说其实就是诚实，做足各个小细节，不偷懒，不耍滑。比如，做个座套，某些不是特别重要的部位，有些人会省略掉，但顾客迟早会看到，就会说，唉，这里他们没缝好；反之，他们会认真地做好，顾客就会称赞，这里他们都缝得这么好。小聪明其实不是聪明，只是一种侥幸的心理，希望自己少出力或少出钱，以为别人不知道，其实人心一本账，付出多少，得到多少，别人心里清清楚楚，小亏经常吃，大亏就不吃。小亏其实就是自己小有亏损，而帮了别人大忙，或是联络了感情，比如哪里脱胶了，免费帮他胶几下，哪里脱线了，帮顾客免费缝几针，虽然不一定是李伟店加工的。这些点滴都是顾客再来光临的绝对理由。总之，举一反三，就是不要以为比别人聪明,没有人会比自己笨。李伟在易趣上也叫"诚信 666",现在还有易趣店在销售,虽然易趣人气不旺,但他不会关闭,因为他对这个店有着深厚的感情。毕竟他是从这里入门的,当时有很多免费的易趣大学讲师培训过自己。

心态制胜

"其实如果我什么优势都没有,我想我也能生存,并且应该会活的比较好!我是有压力就会爆发很大动力的那种人。优势是什么?货源?人力?成本?客户?都是,也都不是。以后的市场什么优势都会没有,都是透明的!什么优势都没有,就是我的动力!你没优势了,你就要想办法,你勤于想办法,就会搞出一些新的优势!一直这样循环,社会才会发展。优势没有绝对,不是静态的,是动态的。我以前说过,你不要谈公平、公正,人出生就是不公平的、不公正的。为什么你出生在穷人家,别人出生在富人家?不要存在这些消极的想法!消极是没有办法的,苦恼只会伤心伤神!遇到不平事,不要总去想这些事!不然会作出极端的事情来!而要想没什么大不了,我活着并健康比什么都好。"

价格低就会有客源

只要促销不亏本就可以做。促销价已经非常便宜了,市场价如果 2 000 元,你进价就只有 1 600 元,那就有优势了。比如检索出来好几页,为什么选你呢?除了价格方面的优势之外,还有图片和详细介绍,还有你对这个产品的理解程度,像淘宝有旺旺即时通讯,顾客随时会问你一下,如果答不上来的话,就很被动了。虚拟的店主要是面向全国市场,只要你的产品好,服务好,生意一定是可以无限放大的。实体店,湖北的东西不可能卖到上海。只有借助网络,才可以做到。虚拟最大的缺点就是不能面对面,但支付宝已经解决信任这个问题。实体店可以做一个展示,就像卖衣服要看面料;网络上的图片只是平面图,而且本地的客户也会要求来看货的。李伟说,自己网店的经营方针是,定价坚持不比别人高,也不比别人低,但比实体店要低一些。没这个优势,大家不会上网买东西了。由于网上产品基本上是直接到消费者的,跨过了代理商和批发商,这样利润就得到了保障。

速度和服务

汽车用品行业是特殊行业，产品有两百多种，退货率比较高，不可能每个产品都是适合所有车型的。有时候他们觉得可以就发过去，发过去客户觉得不合适的话，就让客户退过来。从产品的角度讲，哪一种产品也不可能有100%的合格率，厂家的失误也是他们承担的，退货等服务他们是要做好的，他们是要做零差评的。客户服务是非常非常重要的。没有好的客服，不要做网络。淘宝上的卖家很重视自己的信誉，几乎达到苛刻的状态。前天他们升成四钻了，以前是三钻。这意味着有两千多个用户与他们发生交易并对他们作出过好评，两千多人没有说他们坏话。

核心竞争力

随着淘宝网的发展，同行越来越多，要保证竞争优势相当困难。李伟几乎天天都在考虑这个问题。李伟认为，自己会做的，他人也会做。在这种情况下，客户是核心竞争力，稳住客户，就是稳住客户量、交易量，所以稳定老客户相当重要。他们老客户重复购买率在40%～60%之间。现在同行竞争中低层次的竞争，就是价格战，最高状态的竞争应该是服务的竞争、形象的竞争、品牌的竞争。金星汽车用品商城，基本上是一个品牌了，虽然不是很响，但已经是一个小品牌了。下一步他们还要做形象方面的工作，他们在广州专门租了写字楼和展厅，这样客户对他们的信任度大大提升。

获得"十大网商"之一的称号

2005年度李伟名列"十大网商"之一后，淘宝网的生意开始真正兴隆，甚至忙不过来。"十大网商"之一的称号对李伟和他的店铺起到很大的宣传作用，客户明显增加，可信度得到很大提升。李伟认为自己没有当选前也做得比较成功："没评上之前我们也做得比较专业，比较成功，主要因为产品性价比高，售后服务好，客服也比较专业，只是先前了解我们的人不多。评上十大后行业内的人都认识我们了，很多小批发商、零售商开始跟我们拿货批发!"获得"十大网商"之一的称号后,李伟在广州投资了实体店铺,进而注册了公司。他承诺将在货品质量、货品数量以及专业的汽车用品知识方面有更大的提高,下工夫把售后服务质量提高,网上销售汽车类的产品今后会更多样化、更专业化。他强调:"值得我们挖掘的东西还很多,但我只会专注挖掘汽车用品类的产品,绝不会分心。"

"当选时感到激动、幸福,更多的是感觉责任更重了,因为荣获"十大网商"后,要配得上'中国十大'称号,如果哪天运营不好,或服务不好,买家就不会再相信"十大网商"这个招牌了!因此,对自己、对淘宝、对阿里、对客户,感觉责任更重了。"李伟感慨地说。

2007年李伟加入淘宝品牌商城不久后又加入了魔豆宝宝行动。但进入商城后,感觉更加紧迫。"没加入时生意也较好,旺旺都忙不过来,所以没有紧张感!但现在却感受到了严重的紧迫感。紧迫感来自我们的竞争者,新客户发展速度缓慢。我看到汽车用品行业已有一些同行加入了商城,并且明显感觉到他们的生意有一定的提升,在发展新客户方面也比我们快,之前觉得生意还不错,所以没在意这些。加入魔豆宝宝行动则是基于多种因素的考虑,首先是因为要具有爱心。要让买家喜爱,有很多因素,其中包括爱心,让买家在买东西时捐献给魔豆,本来就表示了买家们的爱心,这个不是我们捐献的,要理解为买家们捐献的爱心!如果同样的价格,我相信,大多数买家会选择有爱心魔豆宝宝的商品!现在客服旺旺可以增加到5个,其实分摊下来劳动强度没有增加!所以还是可以考虑一些事情的。"

给淘宝开店的人支招

"在淘宝开店,可以说是非常简单的,只要你有初中文化,就绝对没问题了。后期关键就看你的策略及经营方式。如果你想短期快速获利,我劝一句,最好不要开淘宝店。想长期稳定地经营,是不错的选择。开淘宝店为什么难?因为同行多,竞争大,利润少。但目前所有市场都是这样,不仅仅只是淘宝店,淘宝店的门槛低,给了创业者很好的平台,用流行语说淘宝是支长线股、绩优股,但要耐得住前期的寂寞。开淘宝店是这样的:前期很看好;中期很无趣、很无奈;后期很美好;后后期会更美好,可以当一个事业来做,半年寂寞期后老客户才慢慢多起来,这时候生意就做的有意思了。价值体现在人生细微处,能有用处就有价值。在淘宝开店就是货品上架、交易、打包、发货之类的工作,如何体现人生价值呢?比如说货品上架,你的图片是不是比竞争者的更好?如果是,你的价值就体现出来了。你采购的新产品是不是畅销?如果是,员工会产生成就感,觉得为公司做了很多事,并且学到了很多新的知识。拿工资不是终极目标,要让公司更强大,这样价值才能体现出来。如果将来出去做事,就会更值钱,就是一个真正的人才。要让员工看到未来,帮助他们规划未来。员工是公司的财富,一定要善待。打理一个团队、一家综合性的大公司,需要慢慢发展,慢慢转向高学历,这需要一个过程。这就要让员工工作有价值感,成就感! 不要让员工老想着工资,要引导他们:今天做了什么? 学到了什么? 为他们的未来着想。贵在坚持。淘宝的环境,很适合网商成长。"李伟如此给淘宝开店的人支招。

商道即人道

李伟现在最忙的是找货源及与供应商沟通。沟通虽然不是很麻烦,但过程复杂,很浪费时间。需要不断地协调,注意每一个细节。与外国人打交道和与淘宝买家打交道是完全不同的模式与运作方式,但相同的是,一定要站在对方的立场考虑问题。因为没有一个买家是存心让卖家来亏本的,而是想达成交易,双赢,实际上买家是想买到自己需要的东西。只要你提供好他想要的东西,质量好,价格低,售后服务好,生意会红火;反之,总是找不到客户需要的产品,总是想赚取高利润,出现问题总是推责任,生意能做得下去吗? 做生意靠老客户,口碑效力是很强大的。善待网络,善待朋友,善待所有人,收获的不仅仅是财富,更多的是幸福。

经营好家庭

问及经营秘诀,李伟谈了一个很多人都没有谈过的问题。"我觉得生意要做好,必须先把家庭经营好,我不是很喜欢那种为了事业做拼命三郎而忽略家人的创业者。家人也是你的动力之一,一个和睦友好的家庭,能让你拼命奋斗,一个分裂的家庭会让你失去动力,并产生消极的想法。有很多人就是破罐子破摔。家庭说白了就是人的关系,人是个有感情的高级动物,你对家人好,家人会给你双倍的好,再者,你还之双倍,再而复之,关系就会变得融洽,并且自己要克制自己不成熟或冲动的想法,不要说出伤人的话,说伤人的话,比伤害身体更伤人。想想现在离婚的人太多太多,他们离婚后就会过得更好? 事业会更好? 不一定。不如把家庭经营好。人总是希望有无私的爱! 但你不无私地爱别人,别人为何要无私地爱你? 当然,你如果一直自私,就是亲爸、亲妈都不会爱你了。所以离婚率才会越来越高,而且可能以后会更多,因为很多独生子女就是索要无私的爱,而不懂得奉献自己的爱。"李伟的话让笔者震惊。李伟还讲到一件令他感动的事情。当时他们采购货物是骑单车的,有一次大风大雨,有个老婆婆横过马路,撞倒了李伟的车,结果李伟摔得鲜血直流,老婆为此哭过好几次,李伟内心感动不已。"你说有这样的家庭,能不兴旺? 我与弟弟都没有不良的嗜好,都积极上进,团结合作,而且我们基本是金牌搭档,我在前面冲锋,弟弟则是实干家。"

团队协作

团队到目前主要还是家庭成员,实干加肯干。家庭型团队有一个好处,就是一条心。2005 年获得"十大网商"之一的称号后,生意迅速发展,李伟开始正式招人。李伟认识了不少阿里高层,与淘宝小二也有不错的关系,为日后处理一些纠纷带来了便利,并且带来一些资源。

招聘来的人主要分为客服和打包工与采购工。采购完全就是体力活,作为中间商基本是寻找新品,拍照上网,所以采购员就是按单子到指定的地方去,把采购单给供应商,捡好货后就拉回来。采购工与打包工是男孩子。专职采购工 3 名,每天采购 5 次,合计每天采购 15 次。专职打包工 2 名,从早上一直打包至晚上 7 点。客服一般是女孩子。客服 6 名,弟弟现在在值夜班,至二点;其他人员挂易趣、拍拍、金星网、阿里巴巴、淘宝。专职 3 人,他自己做网站,增加黏度及客户忠诚度。做了实体店后,一直没有一个真正的厂家协助,加上金星不愿冒大的风险去做产品,因此开展并不顺利,但偶尔接到一些小的外单。一年来投入的精力和时间跟收入不对称,导致网上发展速度慢,于是 2006 年 8 月左右最终将实体店折价转让,重新搬回写字楼。这让李伟和他的团队意识到,目前状态下,做中间商是最好的选择。经过协商,决定 3 年专攻网络销售,所有精力放在网络上来,不做生产,不给供应商造成紧张感与压力,造成新品不及时提供及其他阻碍;发挥自己的优势,专攻自己熟悉的贸易经销。新目标是: 做更全面、更低价、更高信用及更好服务的网上汽车用品第一店铺。

目前"金星"在淘宝还没有做到绝对老大的位置。因此不敢放松,单就淘宝而言,还有很多可以挖掘的。如果把永福路所有产品都上架到淘宝,初步估计应该在十万余种才对,现在仅上传万种左右,也就是品种数量上可以再翻十倍! 更不要说其他网站及整个互联网的汽车用品业务。改装汽车和音响将是之后的主攻方向,而且连续几周保持支付宝交易额第一了,因为改装汽车有很多产品,车型不同,各个改装件就不同,此类产品的特点是:大多数人不喜欢,但有极少数狂热车友喜欢,因此销售不会大,但利润会很高,并且客户绝对忠诚。

中间商天下

作为中间商,经常害怕出现断货的情况。笔者问李伟,出现这样的情况怎么办?李伟承认,尽管目前控制得比较好,但这个是网络经营经常面对的问题,任何一家中间商都不可能避免。一旦出现这种情况,会采用如下方式处理:第一时间询问供货商,什么时候会再到货,一定要确切的时间,不要估计与大概。如不能肯定的,立即下架,如能肯定到货时间的,做好记录并立即通知客户,道歉并说明。如不能到货的,退款并承诺下次购物给予相应优惠。这时中间客服就显得很重要了,道歉态度一定要诚恳,一定要千方百计让顾客感受到你的诚意。

李伟现在最大的威胁是来自与他一样的网络中间销售商,他们完全克隆李伟的做法,这种人现在在永福路大有人在。但是,有的对汽车不太懂,有的对请的人不放心。对自己卖的产品不懂,客户提相关的问题,一问三不知!有些人完全复制李伟的图片与说明,甚至有几个搞笑的,连货是哪里进的都不知道,就敢将产品上架,这种人的店只有倒闭。有些人找不到货,居然就不发货。李伟告诫说:"在网上购物,千万不要直接汇款,无论是对我,还是对别人!用支付宝或其他第三方担保支付方式最好!你汇几千元给我,我可能不会骗你。但不管哪个人,都有一个金钱底线!比如,你汇2 000万给我,我可能会不发货了,这就是我的金钱底线。有些人的底线是100万,有人是10万,有人是1万,有人是1 000元,有人是100元!各样的人,有各自的底线!超越底线了,会令他们作出错误的决定!有人说得好啊,每个人都有正义的一面,也有邪恶的一面!只是平常我们把邪恶的一面关起来了。"

汽车用品市场是一块很大的市场,虽然在目前高油价的压制下出现发展变慢的迹象,但是做汽车服务一直有很大的市场空间。李伟期待低能耗的汽车尽快出现,以拓展他们的服务空间和发展天地。"人类是向前发展的,绝对不会向后。因此,未来的汽车用品行业是非常看好的。因为汽车可以改变人的速度!会有更多人去买车,高油价只是其中一道小障碍。"李伟自信地说。

本案例使用说明

一、教学对象与目的

1. 本案例主要适用于 MBA 的创业管理课程、工商管理类别的相关硕士课程的教学和管理培训,也适用于电子商务类、经济类、管理类本科课程。

2. 本案例的教学目的在于帮助企业各层级的管理者和想创业的人以及已经创业的创业者更好地理解创业的实质,把握创业中遇到的机会和管理的重要细节,重视基础管理。

二、思考题

1. 试列出李伟创业的动机、环境和机遇。李伟的创业是主动还是被动?

2. 试从李伟的创业案例中分析选择创业项目的重要性。

3. 李伟在创业中经历了几次转折和变化? 试找出这些转折和变化,并且假想如果不这样转折和改变的话,后果会如何?

4. 李伟在管理中强调分工明确,强调流程化运作。试从管理学的角度来分析这样做的重要性。

5. 李伟坚持认为家庭是其重要支柱,并且一直坚信经营企业和经营家庭有异曲同工之妙。您怎么看待这个问题?

6. 李伟坚持不特别冒险,他为什么会如此选择?

三、教学思路

教师可以根据教学目标来灵活使用本案例。以下思路,仅供参考。

1. 从李伟的经历来看,李伟的创业是被迫的。各种机缘巧合下,关键一点是李伟本人的能力和品质决定了他能把握住这些机遇。李伟创业初期的动机非常简单,仅仅是为了谋生。后来也是为了维持,为了还债,一切都和生存紧密相连。从小镇到县城,从县城到地级市,从地级市到广州,从实体到网络,从网络又到实体,又从实体回到网络,反反复复,根本的原因是为了生存。

2. 从李伟创业来看,创业选择的项目极其重要。汽车服务这个项目贴近了社会服务这个主题,可以说是创业的主流。

3. 李伟的创业有多次曲折变化。从小镇到县城,从县城到地级市,从地级市到广州,从实体到网络,从网络又到实体,又从实体回到网络,其关键和根本是创新、求变,也只有如此,才能求得长久的生存和发展。

4. 李伟在管理中强调分工明确,强调流程化运作,这些其实是管理精髓。李伟从实践中总结了管理的精髓,并且将其运用到理论中来,使管理体现出了深度。我们可以从日本等国的管理中发现,其实最高境界的管理相当简单,就是流程化的管理与人性化的管理相互结合的管理。

5. 家庭、企业、国家有类似之处,家庭不能治理好,谈不上能治理好企业和国家。

6. 李伟的创业是缘于求生的本能,所以在这个过程中,更多的是渴望赢利而不是冒险。创业者的背景和动机在某种程度上决定了创业的风险取向。

四、教学要点

1. 把握李伟创业的全部过程,尤其是创业的动机。要深入研究其创业过程。

2. 了解创业中管理的重要性,尤其是如何培训与管理员工,在家族制企业中,怎么激励家庭成员,了解家族制背后的各种积极作用。

五、建议课堂计划

本案例适用于专门的案例讨论课,在创业管理课程中进行,以下是建议的课堂计划,仅供参考。

整个案例课的课堂时间控制在80~90分钟。

课前计划:提出启发思考题,请学员在课前完成阅读并作初步思考。

课中计划:简要的课堂前言(2~5分钟)。

分组讨论(30分钟)。

引导全班进一步讨论,并进行归纳总结(15~20分钟)。

课后计划:如果有时间,请学员相互交流一下,写出自己的读书报告。

第十章

富阳市嘉裕玩具有限公司的战略转型①

摘　要：本案例讲述富阳嘉裕有限公司的发展历程：在内外交困的情况下，公司采取了一系列措施，如借船出海、聘请顾问、组织各种活动、网络推广、给玩具取名等，成功进行战略转型。

关键词：战略转型　玩具　"七仔"　外贸

玩具

①　本案例是江苏大学工商管理学院教师胡桂兰、毛翠云收集整理编写而成。未经允许，本案例的所有部分都不能以任何方式与手段擅自复制或传播。本案例授权中国 MBA 培养院校案例中心共享使用。由于企业保密的要求，本案例中有关细节作了必要的掩饰性处理。

引言

记得两年前,笔者给儿子在淘宝网买了一个毛绒小熊玩具。它的特点是有音乐,而且在音乐启动时能看到小熊的脸变红。虽然玩具很贵,花了99元才买到手,但卖家说,这个已经很便宜了,是她从法国带回来的,经过了特殊工艺加工处理。

之后,在淘宝访问过扬州卖毛绒玩具的一个卖家,了解到玩具市场利润空间很低。富阳市嘉裕玩具有限公司专门销售玩具,其压力很大。

玩具制造大国却玩不到好玩具

每逢重要节日,许多家长都为小朋友们精心挑选节日礼物。各种各样的玩具当然是家长们的首选。在目前中国的市场上,80%以上的玩具是为儿童设计的。据中国玩具协会的一份调查资料显示,目前国内平均每名城市儿童每年在玩具上的花费大概是400元人民币,以这一数值计算,全国8 000万城市儿童每年在购买玩具上要花掉320亿元人民币,再加上2.5亿农村儿童的玩具消费,每年国内儿童的玩具消费额在500亿元以上。不仅如此,近年来兴起的成人玩具、益智玩具,发展也很迅速,各种生动有趣的益智玩具受到许多成年人的喜爱,因此仅国内玩具市场的利润就相当可观。

“大而不强”是许多业内人士对中国玩具产业的总体评价。据有关机构提供的数据显示,中国现有玩具生产企业8 000余家,玩具业从业人员350多万人,可谓是一个相当庞大的产业。不仅如此,中国还是世界上最大的玩具制造国、出口国。据不完全统计,全世界有近75%的玩具是在中国境内制造的,特别是一些毛绒填充类手工制作玩具,中国企业几乎垄断了全球市场,无论我们走在世界哪一个国家,几乎都可以看到“Made in China”的各种玩具。然而,中国玩具生产企业从中收益却甚微。

中国的玩具生产企业普遍集中于广东、江浙一带,其中广东在全国玩具出口总额中的比重高达66%,深圳、东莞、澄海等地区已经成为中国主要的玩具生产基地,东莞是世界最大的玩具生产制造地。可是如此庞大的生产基地,订单却绝大部分来自国外企业,或是一些国际知名的玩具企业来到这里直接开办工厂。大量的玩具在这里生产后,源源不断地出口到国外。

中国众多的玩具生产企业中,约有 2/3 以上的企业从事"三来一补"型的简单加工工作。在一些玩具企业比较集中的地区,一些企业生产玩具的出口价格竟然可以用这样的公式来计算:"出口价格 = 原材料价格 × 重量 + 加工费"。由此我们可以很明显地看到,企业从中赚取的仅仅是加工费,利润相当低,已被外商压到不能再低的程度。据一家玩具生产企业的负责人介绍,他们生产的某些玩具常常会有 500 多道加工工序,而企业从每件玩具中赚取的加工费却只有 2 美元左右。一些工序比较简单的毛绒玩具,单个产品的加工费仅几美分。但是,这些玩具,无论是在国际还是国内市场上,售价都会增长 5 ~ 10 倍。中国企业在玩具生产过程中只能赚到一些辛苦钱,绝大部分的利润都被国外玩具品牌企业和国外的经销商赚去了。以 2004 年的统计数据来看,2004 年我国玩具的出口额达到 119.62 亿美元,然而玩具生产企业的平均纯利润仅为 6% ~ 8% 左右。虽然玩具已成为我国出口商品五大支柱之一,但是基本集中在低档产品上。现在在玩具进口大国美国的玩具市场上,70% 的中低档产品均来自我国。北京玩具协会孙书伦会长每年都要到北美、欧洲、日本考察市场。就他所熟悉的长毛绒玩具类来说,1987 年去美国,闭着眼睛去抓,10 个中有 7 个是中国生产的,现在去闭着眼睛抓,10 个中有 10 个是中国生产的!

我国有 2 万多个玩具生产厂家,完全靠内销的很少。孙会长所接触的有一定规模的企业中,靠内销的几乎一个都没有。玩具厂家做出口活儿,主要有 3 种形式:一种是靠企业自己开发、自己设计;一种是由客人提出构思或图片,由工厂进行再创造;还有一种就是中间商提供材料、式样和尺寸。

北京最大的绒毛玩具厂——佳艺玩具有限公司,全厂 1 000 多位职工,每年销售额是 1 000 万美元,产品 100% 销往国外,这样的规模在全国属中小型水平。广东镇泰集团规模较大,是港商投资的玩具厂,年销售 4 亿多美元,也是全部出口。

1999 年大学生运动会期间,有一个吉祥物,卖得很火,很多人想买却买不到,于是就有人说厂家没有经济头脑。工厂知道这种吉祥物,但就因为对内销没有把握,而不愿去做。对于厂家而言,如果有一种产品,哪怕有人订 50 个,就敢生产 100 个,但是"大运会"才开几天,真做 10 万个吉祥物玩具,卖不出去,没人替你分忧。市场才不管你积压不积压,万一卖不出去,就造成资金周转不过来,没人敢冒这个风险。

成熟的市场必须要有一定的需求作支持。发达国家是 0 ~ 100 岁都有玩具消费,而我国主要是儿童,城市里成人玩具每人平均消费仅为 16 元,农村为 0 元。我国的玩具,只有消费者认为很便宜时,国内市场才能打得开。

外贸危机

2008年4月19日,备受关注的第一百零三届广交会第一期顺利落幕。按照惯例,广交会方面公布了第一期交易额的统计数据,情况显示,中国机电产品出口仍有较强竞争力,但成交量则出现下滑。从总体情况来看,今年中国产品的出口环境不容乐观,保持出口快速增长的难度较大。

这正好印证了日前国家统计局公布的一季度外贸情况。今年一季度出口同比增长21.4%,比去年同期低了6.4%。中美双边贸易总额736.7亿美元,仅增长10.5%,对美出口步伐明显放缓。从本届广交会头两天的成交数据看,虽然出口展区成交50亿美元,比去年秋交会有所增长,但也仅仅是增长4.1%;即使是成交量占六成的机电产品,也仅仅比去年秋交会增长8%;与此同时,纺织制品等出现明显的下滑,比去年下降了二成多。

本届广交会透露的另一个信息也值得我们重视,这就是到会的国外采购商比以前有所减少。美国到会采购商为5 852人,比去年春季广交会同期减少1 399人。由此来看,美国次贷危机给美国经济和社会造成的影响,很可能超过原先的估计。最新调查显示,美国2008年3月消费者信心指数只有64.5,为2003年以来的最低水平,且已是连续第3个月大幅下降。

总之,来自广交会的多种信息表明,美国次贷危机的冲击波,正通过海外采购商传递给"中国制造";人民币升值,加重了出口企业的经营困难。这是目前很多中国外贸人的切身感受。

出现这种情况,其实很正常。作为中国重要的贸易伙伴,美国的次贷危机无疑会对中国产生影响。从中国出口美国的商品来看,基本是以资源性产品、劳动密集型的工业制成品和半成品为主,大都是美国的日用消费品,似乎对美国人的日常消费影响有限。但也要看到,次贷危机引发美联储多次降息,美元疲软态势加剧,持续贬值将进一步加大人民币升值的压力。

另外,国内能源资源与运输价格上升、资金供应偏紧、劳动成本增加等,这些都不利于出口继续高速增长,会降低中国企业的出口竞争力,低端电子制造、航运、家具、纺织等行业会受到较大打击。事实上,通过对近10年来美国经济增长同中国出口关系的观察发现,美国GDP每下降1%,中国对美国的出口下降6.2%。

某种意义而言,出口下降也许并不是件坏事。国际收支的失衡是中国经济近两年着力要解决的一个问题。国际收支的失衡主要来源于外贸顺差过大,这是人民币升值的主要推动力。

分析中国的出口结构会发现,尽管近年来中国的机电产品、高科技产品以及生物制品等有较大的增长,但如前述,支撑中国出口大幅增长的,主要是劳动密集型产品和资源密集型产品。纺织、服装、塑料制品和玩具等是其中的代表。这些产品一般位于产业链的低端,技术含量小,产业附加值低,利润本来就很稀薄。

这样的出口结构对中国经济的长远发展和提升人力资源的水平明显不利:一方面,它在使外国消费者享有中国物美价廉产品的同时,还使一些外国政客以此为借口频频发动措施,给"中国制造"增加麻烦;另一方面,国内廉价的劳动力所获得的低收入无法改善自己的处境,无法提高自己的素质,同时,宝贵的资源和环境却为此受到很大破坏。因此,宏观调控的目的之一,就是要缩减这些低端产品的出口,并通过它们减少贸易顺差,以缓和人民币的升值压力。

劳动密集型产品出口的下滑会影响到很多人的就业,而就业是人们获取收入和社会保持稳定的主要途径,出口增速的下降也会拖累中国经济的增长速度。要解决当前诸多的社会问题和经济问题,经济必须要保持一定的增速。所以,对出口的下降我们不能掉以轻心,必须高度重视,并积极寻找对策,以变应变。

针对美国次贷危机对中国纺织产品出口等的影响,相关企业可以通过提升产品附加值、开发自主品牌、多元化国际市场及扩大内销等方式来克服困难。针对人民币升值给出口企业造成的影响,可以采取欧元交易、短期报价等做法,规避人民币升值带来的风险。除企业自身调整外,还需多方努力,特别是政府要对出口行业平稳发展进行整体规划,改善出口结构,进行产业转型升级。此外,稳定物价、完善收入分配,培育国内消费市场也很重要。

战略转型

杭州市富阳嘉裕玩具有限公司坐落在美丽的富春江畔,距杭州市中心 33 千米。公司创立于 1997 年,属私营独资企业。现在公司固定资产 800 万元,占地面积 4 700 平方米,职工人数 120 余人,拥有技术人员数十人,能自己设计、打样及来样翻样。公司的主要产品有毛绒玩具加童毯、靠垫、整套、门帘、儿童背包等,有 500 余种款式,主要出口东南亚及欧美国家或地区。年销售额 2 000 万元至 3 000 万元。总经理夏祖军是阿里巴巴的中国供应商,是诚信通会员,也是淘宝商城店主。

中国是世界制造业中心,任何产品都可能出现中国制造的标签。10 年 OEM 经验,10 年加工制造国外产品经验,使夏总有了很强的质量观、品质观、市场观意识,并且逐步意识到必须从 OEM 中走出来,才能真正谈得上立足。

战略转型不是战略的局部调整,而是各个战略层次上的方向性改变。因此,其具有以下 3 个方面的特征:

(1) 前瞻性。

企业战略转型首先以企业自身发展为基础。它是在对企业未来发展的环境分析和预测的基础上,对企业的战略目标进行修正与革新,企业的一切资源都服从和服务于这个战略目标。因此,企业战略转型必须具有前瞻性特征。"嘉裕"面临的市场机遇是,目前卡通玩具虽然多,但品牌缺乏,具有很大的发展空间。

(2) 目的性。

企业战略转型更多是求得企业持续发展而不仅仅是为了企业的短期增长。无论是企业的生产规模,还是企业的市场规模,都存在着一个增长的有限性问题。增长是一个量的变化,发展是一个质的变化。企业战略转型寻求的是企业发生质的飞跃。所以,"嘉裕"期望能突破原有局限,全面招商,实现个体和整体的良性发展。

(3) 创新性。

企业的持续发展来自于创新,知识创新、技术创新、管理创新、市场创新等已成为企业发展的动力。没有创新,企业就无法在竞争中取得优势,无法保持永续发展的能力。企业战略转型要具有创新性,既不能随大流,又不能重蹈覆辙。"嘉裕"目前期望通过网络营销的模式开辟出一条新道路。

机遇与压力并存

但是,压力同样存在。10 年前,"嘉裕"开始创业,那时国内玩具市场基本一片空白,中国的工厂基本都是依靠国外的加工订单来生存。10 年后,大浪淘沙,中国经济迅速发展和世界经济不断变化,单纯地依靠国外订单已经只能艰难维持生存,甚至是举步维艰了。必须学会生存,必须寻找新的出路。与此同时,国内同样存在着毛绒玩具的强大竞争对手。扬州毛绒玩具市场,工厂密集,产品品种丰富,种类繁多,名气大,与这样的对手竞争,"嘉裕"还存在很大差距。更糟糕的是,他们费心得来"七仔"正版授权的市场上,蔓延着无处不在的假货,到处都横行着伪劣商品。伪劣商品品种繁多,花样迭出,但是却有着广泛的客户,虽然也有人反映这些假货的质量存在问题,比如,刚买没有多久,就掉毛、褪色,但是难以禁绝,真正的"七仔"却是"处于深闺人未识"。

怎么办

一切压力都来自市场环境外部,来自市场的不成熟性。但在内部,公司有着很好的优势。

首先,10年OEM加工经验,积累了专业技术。特别是跟迪斯尼合作,他们将产品的趣味性和产品的实用性相结合,积累了很丰富的专业技术。这个技术,是目前很多玩具加工厂短期内无法效仿或超越的。

其次,培养了自己的设计队伍和创造能力。10年来,欧洲、美国加工订单对于他们影响很大,他们曾经自我设计和开发,但客户接受和认同的款式相当稀少,一方面是他们的设计能力跟不上,另一方面应该是国情和文化意识的不同,他们也意识到必须自我开发和创新,只有走自己的路,才能真正拥有长久的生存和发展。

第三,培养了市场意识,强化了做自有品牌的梦想。外贸企业最大的好处是不用担心货款,但是,与此同时,缺乏市场风险的锻炼和考验,也可能是只具有市场意识而缺乏市场运作实践经验。不过,长期的观察和思考也能培养和锻炼市场意识。

第四,培养和锻炼了质量能力。长期与国外公司合作,了解和掌握他们质量方面的细节,质量意识比较强,质量方面把握能力比较强。嘉裕公司以前做过睡袋、靠垫,他们要求很严格,光测试样要送3次(产前、产中、出货样),环保、安全指标通过后才能出厂。一直以来,"质量第一,用户第一"是"嘉裕"的宗旨。以质量求生存,用他们的优质产品和优良服务取得国内客户的信赖。只有高质量的产品才能有广阔的市场前景。去年美国突然提高玩具的产品质量要求,国家质量总局重新按新标准考核,"嘉裕"是第一批直接通过考核的外贸企业。"十年磨一剑",积累起来的经验和意识,是"嘉裕"最为宝贵的优势和资源。

出击

世界船王丹尼尔·洛维格是借助银行贷款起家的。他买第一艘货轮时,没有资金,去贷款,因为没有任何东西可抵押而被银行拒绝。情急之下,他找到一家信誉好的石油公司,设法跟这家公司签订了租赁合同,将自己准备购买的货轮租借给石油公司,租借费用则用来偿还银行的贷款本息。银行看好这家石油公司,就把钱贷给了洛维格。于是洛维格有了第一艘货轮。接着,他又用同样的方法,贷款买下了一艘又一艘货轮,最终成为美国实业界的巨头。

洛维格的发家史,初看之下,有点儿像空手套白狼。实际上,这是一种智谋型的发家战略,其成功得益于借船出海。

借船出海,就是在各方面条件初步具备但缺少某一项条件时,与能提供这一条件者进行合作,借助其力量达到自己的目的。

与国外经销商合作,将自己的优质产品卖到国外去,是一种借船出海;引进外资带动地方经济发展,促进本土企业升级换代,也是一种借船出海。借船出海,一方面可以学习强势企业的管理经验,提高自身的管理水平,另一方面可以使双方的渠道资源得到最大限度的利用,降低双方的销售成本。目前,我国企业实力普通还较弱,要想快速壮大,在国际竞争中取胜,应当学会借船出海,通过整合他人的强势,弥补自己的弱项,实现自我发展。除了资金外,企业要借的船还有管理等方面。只要对方具有某一方面的长处,能弥补自己不足,都可以借来助己出海。

"嘉裕"多年来一直在借助外商的力量成长壮大。现在,尽管风浪大,还是决定借船出海。

借助一些重大事件进行营销,也是借船出海的好方式。"神五"、"神六"上天后,各种"中国航天专用产品"的广告趁势而上,使不少企业一夜扬名。"西气东输"工程启动后,国内的装备工业借势而上,争得了大部分订单,因为工程质量要求高,一些生产企业更新了设备,提高了管理水平和生产能力,让国际同行不得不刮目相看。北京申奥成功,杭州一些丝绸企业很快瞄准了商机,经过激烈竞争,杭州有 3 家丝绸企业,获得了北京奥运会的特许商品经营权,为奥运会的特约零售商设计、生产特许商品。北京奥运会是中国在世界面前做的一次广告,对于这 3 家杭州丝绸企业来说,无疑也是一次进行品牌国际推广的良机。

"嘉裕"也是如此。"嘉裕"分析了内部环境和外部环境后,决定进行品牌化和差异化经营。目前市场上竞争者多,但是拥有独立设计和自我开发能力的企业少,拥有自己独立的品牌和商标的少,产品质量难以满足市场的需要。在这个情况下,公司决定首先从品牌化入手,大举开发国内市场。

一个淡绿色的小身子,顶着一个毛茸茸的金色脑袋,头顶上还带有一根像天线的小触角,闪着一双精灵滴溜的大眼睛——"长江7号"原来是一只可以一手托起的外星狗。这个可爱的形象已经深入人心。嘉裕有限公司是小企业,产品的注册商标是"飘飘龙"。为了顺利而成功地创造出自己的品牌,为了减少在战略战线上的投入,为了更快地赢得消费者的信任,公司专门花重金取得电影《长江7号》中外星狗"七仔"的生产权和销售权。2008年3月18日,香港多莱宝公司上海绿网授权嘉裕有限公司为"长江七号"CJ7卡通造型文具、礼品、精品、家用品、饰品的中国内地区制造工厂,负责"长江七号"CJ7布绒文具、工艺品礼品的生产和"长江七号"CJ7卡通造型文具、礼品、精品家用品、饰品的中国内地区的经销商及布绒工艺礼品、精品总经销商。

授权成功后,公司吸取以往在淘宝成功销售的经验,决定入住淘宝今年大力推进的淘宝商城,却突然发现网上的"七仔"布绒玩具已经铺天盖地。淘宝网上有4 000个号称"长江7号"的"七仔",获得"七仔"布绒工艺礼品精品总经销商权的嘉裕公司却只有13种"七仔"款式。可以认为,4 000个"七仔"中多数是假冒产品。嘉裕公司获得的授权期限只有一年,如果到期没有完成指定的销售额,授权就会被取消。

为了能够迅速推进发展,打击盗版和假冒产品,公司决定首先利用打击假冒产品的机会,推出正品,宣传自己。于是公司采取了以下措施:

第一,网络营销,请点亮团队做活动造势,以及软文打假,用强劲而有力的软文吸引顾客的眼球,引起大家的注意;而对于造假者,也能引起他们的注意,达到一定的威慑效果,让他们有所收敛,为企业的进一步发展做好准备。

第二,变劣势为优势,强势推出活动。世界各地都有一个现象,就是好产品的背后,畅销产品的背后基本都有假冒产品,原因很简单:挖利润。所以,有假冒产品就说明真货本身有生命力和市场前景。所以,公司意识到,可以借打击假冒产品推广自己的品牌和产品。为此,夏总说,公司目前已经决定大规模生产,降低价格,和假冒产品斗,假冒产品58元一个,正品28元一只。从价格上进行竞争,斗倒假冒产品。虽然风险很大,但是没有风险也就失去了机遇。

第三,全面招商,推广和利用优势资源。公司意识到网络是个非常好的推广平台,尤其是淘宝,直接面对终端消费者,市场的检验最直接,而且,淘宝目前拥有众多的皇冠店铺,店主是淘宝C2C优秀商人的代表,拥有广泛的资源,他们积累下来的信用指数和每天超强的浏览量带来了潜在的无限商机。所以,"嘉裕"全线招商,期望通过网络更好地推销和发展自己。

第四,多渠道营销。比如举办为"七仔"取名等活动,吸引眼球,培养潜在顾客,增加成交量。

借船出海，自己要当舵手。不管对方拥有如何先进的生产技术，或多么高的管理水平，都要把握一个原则，那就是争取自己控股，经营好自主品牌。否则，不仅借不到船，弄得不好，连自己的舢板都会被对方卖掉。这就要求企业自身必须有自己独特的优势和核心竞争力，能与强势企业实现优势互补，通过强强联合，双方都能获得较好的效益。那种以市场换技术的借船出海战术只能解决基本生存问题，对企业长期发展不利，应尽量避免。

人性化的玩具产品

笔者在跟公司负责人夏总谈话时得知，"嘉裕"正在加强设计，力图生产更多符合人性化的产品。

设计简单、科技含量不足是我国玩具业一个很明显的缺点。我国的玩具企业绝大部分以来料加工和来样加工为主，这样的生产既不需要专业的人员来设计，又没有太高的科技含量。在我国每年出口的大量玩具中，绝大多数是毛绒玩具、布艺手工玩具，而做工较为复杂、利润空间相对较大的智力玩具、电动玩具仅仅占到出口玩具总量的 3% 和 0.6%。

考虑到这些问题，公司确定整体的思路是以优质的产品和优良的服务取得国内客户的信赖。质量定位在中高档，价格定位适中，产品定位多用途，客户层定位在 20 岁左右的年轻人。年轻人时尚，乐于尝试新鲜产品，喜欢体验有品质的生活。曾经有人这样形容嘉裕公司的产品：在玩具中，它最家居化；在家居中，它最玩具化。这是一个缝隙产品，如它的品牌含义，"飘飘龙"，扶摇直上九重天。

国内的玩具大部分是针对儿童设计的，实用性不强，运用范围也不广，这是普遍存在的一个问题。中国人似乎没有意识到这个问题的重要性。但是公司的"抱抱熊"（见 http://auction1.taobao.com/auction/item_detail-0db1-eb8305dbc94e5c3f1b590888ba70d745.html）能够在那么短时间内销出 2 万多件（网址显示的数量不是全部记录），消费群却不是小孩，而是年轻人，因为它的设计非常人性化、家居化、时尚化。譬如"长江七号"音乐抱枕，这款多功能音乐保健午睡枕主要是针对受办公时间和场地限制，专为办公室工作人员午睡而设计的枕头。午休的时候，趴在桌子上睡觉，聆听轻音乐，对人体有舒缓神经、放松心情、改善疲劳感的功效。趣味性在于让你休息时能轻松享受音乐的美。音量就是根据人的睡眠状态调节，在 30 分贝左右，不会影响到周围人。产品颜色新，感觉安静，很容易让人入睡。款式上面非常重视适应人体结构,考虑到人体结构的很多方面。

企业法人营业执照

(副 本)

注册号　330183000016915 (1/1)

名　　称	富阳市嘉裕玩具有限公司
住　　所	富阳市富春街道
法定代表人姓名	夏祖军
注 册 资 本	壹仟万元
实 收 资 本	壹仟万元
公 司 类 型	有限责任公司
经 营 范 围	长毛绒玩具制造;文化用品、文娱用品、纸、纸制品、通信器材、自动抓物机、工艺品、箱包、陶瓷制品批发,零售;其他无需报经审批的一切合法项目。*****

凡以上涉及许可证制度的凭证经营

成 立 日 期	一九九八年四月二日
营 业 期 限	自 一九九八年四月二日　至 二○一八年四月一日

须知

1.《企业法人营业执照》是企业资格和合法经营的凭证。
2.《企业法人营业执照》分为正本和副本,正本和副本具有同等法律效力。
3.《企业法人营业执照》正本应当置于住所的醒目位置。
4.《企业法人营业执照》不得伪造、涂改、出借、出租、转让。
5.登记事项发生变化,应当向原公司登记机关申请变更登记,换领《企业法人营业执照》。
6.每年三月一日至六月三十日,应参加年度检验。
7.《企业法人营业执照》被吊销后,不得开展清算范围之外的经营活动。
8.办理注销登记,应当交回《企业法人营业执照》正本和副本。
9.《企业法人营业执照》遗失或者被吊销的,应当在公司登记机关指定的报刊上声明作废,申请补领。

年度检验情况

企业年检期限为3月1日至6月30日;成立日期满一季度的在三月份参检。属二、三、四季度的分别在四、五、六月份参检。如属分支机构的,自本省属企业通过年检后未到规定时间的由本企业在年检指南,可浏览 登记机关统一 ...

二○○八 ... 月 ... 日

授权书

授权合约编号:19021

兹授权富阳市嘉裕玩具有限公司为香港多莱宝代理之"长江七号cj7"卡通造型文娱礼品家用品饰品的中国大陆经销商及布绒工艺礼品精品总经销商,特此证明。

授权商: P&F Giftware Company
授权代理商: 香港多莱宝授权(国际)有限公司
授权代理商中国大陆全权代表: 上海绿网形象策划有限公司
授权生效始止日期: 2008年3月18日至2008年12月31日

Greenone Graphic Design Brand

我国的玩具产品在出口到国外的过程中,会受到当地有关标准的限制,比如我国玩具最大的出口流向国美国有《美国玩具安全标准》,其他国家和地区也会有相应的标准来限制玩具产品的质量。因此,玩具的生产要受到层层标准的严格限制,只有高质量的产品才会有广阔的市场,才会在国际市场上站稳脚跟。我们期待着有一天,我国的玩具业不但足够大,而且足够强,我们可以骄傲地告诉世界:中国不仅仅是玩具生产的大国,更是玩具生产的强国。

品牌化梦想

缺少自主品牌也是困扰中国玩具业的一大问题。由于缺乏站得住脚的知名品牌,中国的玩具生产一直处在一种较低的水平,这导致我国的玩具生产产量很大但是产值并不高。在中国出口的玩具产品当中,绝大多数产品是挂着洋商标的,而中国企业自主开发生产的玩具不到总出口量的1/3。尽管在国外许多地方都会看到中国生产的玩具,可是其中真正能够体现中国人智慧的玩具却不多见。靠着他人的品牌打天下终究不是长久之计,想要使我国的玩具业真正强大起来,一定要有大量自主品牌、自主知识产权的玩具出现。

"嘉裕"负责人告诉笔者,做品牌是他们最渴望的。他们希望先不断改进产品,开发产品,加强设计,推进线上和线下渠道的联合进行,之后做出自己的品牌。他们强调,在产品生产过程中要引入品牌概念,使自己的产品有别于其他竞争者,在消费者心中确立一个鲜明的印象。如果消费者对某一品牌的玩具比较喜欢,就会持续关注该品牌的其他玩具产品或其他商品,比如著名的迪斯尼公司,世界各国的小朋友不仅喜欢迪斯尼的动画片,对片中动画人物造型的各种玩具产品也是钟爱有加。因此,迪斯尼这个品牌就在人们心中形成了极高的认同度,人们会在选购玩具时首先想到这些知名品牌的玩具。

然而,品牌的建立并非一朝一夕可以实现,这需要企业长期持之以恒地努力。比如国内知名的玩具生产企业"好孩子"集团创立了"好孩子"品牌,并开发出一系列以"好孩子"为品牌的儿童用品,其中主打产品"好孩子"童车,不但在国内市场拥有80%以上的市场占有率,而且在海外市场取得了不俗的销售业绩,同时,"好孩子"集团用自主品牌、自主知识产权的各种商品创造了相当高的利润。目前,"好孩子"集团已经拥有2 200多项专利技术,并且不断开发出各种新的产品,从而使企业长期处于健康而快速发展的状态。富阳嘉裕公司对于自己的"飘飘龙"品牌也寄予厚望。

本案例使用说明

一、教学对象与目的

1. 本案例主要适用于 MBA 的创业管理课程、工商管理类相关硕士课程的教学和管理培训,也适用于电子商务类、经济类、管理类本科课程。

2. 本案例的教学目的在于帮助企业各层级的管理者和想创业的人以及已经创业的创业者更好地理解创业的实质,把握创业中遇到的机会的重要性,认识到创业者对于创业的重要性。

二、思考题

1. 试列出富阳嘉裕有限公司战略转型的各种原因,分别分析经济政治环境和社会环境,深入分析其战略转型的必要性和历史必然性。

2. 富阳嘉裕有限公司为什么会选择"七仔"?"长江 7 号"有什么特色?

3. 你认为富阳嘉裕有限公司在做品牌的措施中还有哪些欠缺之处?

4. 如何看待未来几年内中小企业的制胜之道?

三、教学思路

教师可以根据教学目标来灵活使用本案例。以下思路,仅供参考。

1. 富阳嘉裕有限公司战略转型的原因有多个方面。既受到国际大环境的影响,自身能力又有限,在这样的情况下,作出战略转型的抉择,其实是没有办法的办法。在商场中,只有进和退两种状态,如果不能前进,就必然倒退。

2. "七仔"因为周星驰的电影而闻名天下,它象征的亲情、真情与人间温情成为打动现代人的重要因素。富阳嘉裕有限公司作出的这个选择是相当正确而且及时的,确实是研究了市场需求和顾客需求后的慎重决定。

3. 富阳嘉裕有限公司在做品牌的过程中可能在赋予品牌的含义、价值方面有所模糊,而且推广品牌方面的力度可能需要强化。

4. 未来几年内中小企业的发展相当艰难,能在大浪淘沙中不被淘汰,显得相当艰难。只有提高自身能力与技术水平,加强创新和改革,才是唯一的生存之道,前提是必须立足于社会的需要,立足于消费者的真正需要。

四、教学要点

1. 深刻了解国际国内环境的变化对于公司的各种影响和作用。

2. 了解在创业中创业机遇的重要性,进一步了解和领悟随时随地都需要创业的含义。

五、建议课堂计划

本案例适用于专门的案例讨论课,在创业管理课程中进行。以下是建议的课堂计划,仅供参考。

整个案例课的课堂时间控制在80~90分钟。

课前计划:提出启发思考题,请学员在课前完成阅读并作初步思考。

课中计划:简要的课堂前言(2~5分钟)。

分组讨论(30分钟)。

引导全班进一步讨论,并进行归纳总结(15~20分钟)。

课后计划:如果有时间,请学员相互交流一下,写出自己的读书报告。

第十一章

变劣势为后发优势的"玫瑰基地"①

摘　要：本案例主要讲述"玫瑰基地"通过网络把劣势变为后发优势的创业过程，探讨网络与传统产业及落后地区相结合的发展模式。

关键词：网络优势　后发优势　玫瑰基地

─────────────

① 本案例是江苏大学工商管理学院教师胡桂兰、毛翠云收集整理编写而成。未经允许，本案例的所有部分都不能以任何方式与手段擅自复制或传播。本案例授权中国 MBA 培养院校案例中心共享使用。由于企业保密的要求，对本案例中有关细节作了必要的掩饰性处理。

美容家化产品的天然趋势

提到美容家化产品,近年来"天然"这个词似乎是一个很好的润滑剂。随意走进超市、药房或是百货商场的美容专柜,都能发现许多标注着"天然"、"草本"、"植物"、"香薰"一类的美容产品。不管这些产品究竟是真的具备它所标注的功能还是对顾客有某些欺骗行为,可以肯定的是,天然美容家化产品对消费者的吸引力是越来越大了。以纯天然植物精华为主题的护肤品,方兴未艾。随着丽人们对皮肤保养认识的加深,笼统的美白护肤,已经成为过去。个性化的、针对性的皮肤护理,内外兼备、自然安全的个人保养,成为时尚新宠;而作为中外公认的美容精品——花朵,正在以不同的方式释放着它们那与生俱来的美容功效。

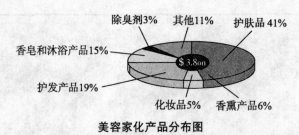

除臭剂3%　其他11%　护肤品41%

香皂和沐浴产品15%

$ 3.8on

护发产品19%

化妆品5%　香薰产品6%

美容家化产品分布图

以玫瑰花为例。她似乎总是与浪漫、美丽有不解之缘,古今中外都被爱美女性视作宠儿。她不单气味甜美,而且含丰富的维生素,特别是维生素 C,一杯玫瑰花维生素 C 的含量等于 150 个柑橘维生素 C 的含量。因此,她有着相当好的养颜美容功效。在科技高度发达的今天,玫瑰花在美容方面的价值,正伴随着最新科技的发展而不断提升。国外追求浓缩再浓缩。一滴纯玫瑰精油的价值,已经达数欧元。国内利用中医原理,利用天然中草药配方,将玫瑰自身的功效发挥到极点。本文主人公就是经营天然玫瑰系列化妆品的"玫瑰基地"老总陈伟。

最简单的方法最有效

从前,有位农场主巡视谷仓时,不慎将一只名表遗失。因遍寻不获,便定下赏金,要农场上的小孩帮忙寻找,谁能找到手表,奖金 500 美元。众小孩在重赏之下,无不卖力搜寻。奈何谷仓内到处都是成堆的谷粒和稻草,大家忙到太阳下山仍无所获,结果一个接着一个都放弃了。

只有一个穷人家的小孩,为了那笔巨额奖金,仍不死心地寻找。当天色渐黑,众人离去,静下来之后,他听到一种声音。那声音"滴答、滴答"不停地响着,小孩立刻停下所有的动作,谷仓内更安静了,滴答声也响得更清晰。小孩循着声音,终于在偌大漆黑的谷仓中找到了那只名贵手表。

"静坐无所为,春来草自青。"

唯有让流水平静下来,太阳和月亮才能在它的表面上显现倒影。

人安静下来,才能找出所有的干扰清晰思考、蒙蔽真实感情、影响智慧判断以及阻碍自己找到答案的问题所在。

这个故事,包含了管理学中的一个重要启示:最简单的,也许就是最有效的。很多情况下,是我们把管理复杂化了。陈伟简单而且单纯,简单到透明的程度,简单的她实行了简单的管理。

捐助与人性

人民网报道说,在国内工商部门注册登记的超过 1 000 万家的企业中,有过捐赠记录的不超过 10 万家。这意味着,有99%的中国国内企业从来没有参与过任何形式的社会捐赠。

上海飞奇商务咨询有限公司总经理马海仪曾经给笔者讲慈善事业,告诉笔者人民网将开设专业慈善频道。香港慈善总会主席郑苏薇女士在人民网专访中讲到,女性似乎天生是做慈善事业的,她们具有爱心、耐心、善心。马海仪给笔者的最大印象是坚韧,具有佛家的坚定与清淡。她说她是花旗银行聘用的第一个没有大学文凭的人,在花旗银行她做出了好成绩,然后走入慈善行业,成为专业慈善人士。如同报道中所形容的那样,马海仪面容严肃,有种清教徒的气质。路上见到她,会觉得这个女子很平凡,过眼就忘记。但是当她说起那20个希望小学的孩子,说起办公益画展的种种艰辛,她的情绪激动起来,甚至在发布会上泣不成声,这个时刻你会发现这个女人单纯而可爱,执著而勇敢,原本朴素而平凡的脸上顿时有了光辉。确实,一个30多岁而没有结婚、几乎把自己的全部奉献给慈善事业的女性是值得我们尊敬的。

本文的主人公陈伟,也是慈善人士。2005 年的冬天,淘宝网上关于"一灿"的爱心活动此起彼伏。笔者访问了"我爱一灿"小店的 3 位店员。在访问中，他们提到了"玫瑰基地"，说"玫瑰基地"听到"一灿"的事后，第一次捐款 300 元，第二次拍了 6 次产品计 300 元，祝福"一灿"早日康复，还主动邮寄 10 000 多元产品给"一灿"，而且不求任何报道，不希望被关注。店员们之所以告诉笔者这些，是因为觉得应该让大家知道她。于是笔者搜索"玫瑰基地"，便认识了一个单纯、善良、朴实的山东女人。

陈伟文化水平不高，话不多。需要不断地揣测她的话，才能明白到底是什么意思，很多问题，必须经过长途电话才能讲明白。但陈伟给笔者最深刻的印象是朴实，朴实的就像是大地上面的花朵，没一点的矫情、伪饰与虚伪。进入淘宝，她似乎一直在捐助，刚开店，认识"魔豆"，捐助"魔豆"3 回；第二次她捐助孔燕；第三次是"爽子刘"；第四次就是"一灿"。笔者问她，为什么要捐助"魔豆"？她的回答非常令人吃惊：孩子可怜，大人有志气，有能力就捐助。笔者问，那为什么要捐助这么多次？"捐款没有什么理由，缘分'把'。"之所以用这个错别字，因为这个就是玫瑰基地的陈伟，一个总有错别字、没多少文化的女人，一个普通的个体户，一个单纯的人，给笔者的回答。笔者相信她说的一切都发自内心，是真实的，不带任何功利成分。

笔者总认为，慈善的背后是付出的爱心，同时还有一份单纯的感情。目前捐助似乎都打上了烙印，其实很多真正的捐助背后都有着商业的目的。"玫瑰基地"不希望宣传自己的慈善行为，让笔者感动。她告诉笔者的，更让笔者感动："我实在是没钱捐助了，所以只好用物品来帮助他，希望'一灿'好起来。我也是母亲，能体会母亲的心情。"很简单，很单纯，简单单纯到任何企业家可能都不相信。她确实没钱了，开发产品几乎用尽了她所有的钱，而她本人仅是一个初中毕业生，一个千百万普通个体户中的一员。她并不富裕，但她已捐助了很多人，"一灿"仅仅是其中的一个。

其实，慈善捐助的背后拷问的是人性。马海仪做慈善事业，很多人都认为她是打着慈善捐助的幌子谋个人的私利，是为了个人出名。但笔者相信，她不是，她过着清教徒般的生活，持有佛家的出世态度，其从事慈善事业绝对不是仅仅为了个人；笔者也相信"玫瑰基地"陈伟的单纯，一个表达上面都没有条理的女性，一个仅仅只有初中文化水平的女性，一个单纯的个体户，她没有很多人的那份深谋远虑与"老奸巨猾"，她只是出于母性的爱，出于善良人的善心而进行捐助。中国慈善事业不发达、国内企业漠视慈善捐助的状况并不能简单依靠制度完善得到根本解决。慈善的背后是人性，只有在国内企业界和国内企业家群体中间真正形成了足够的社会责任感，只有每一个企业和他们的领导人都真正意识到作为合格"企业公民"的含义所在，国内企业在慈善捐助上的"积贫积弱"状况才能得到彻底改观。

1 000万家企业,有大有小,凝聚在慈善事业所收到的每一笔善款上的爱心,却是同样博大。如果每一家企业捐一元钱,就是1 000万元!当然不能如此要求所有的国内企业,但真的希望国内企业和企业家们,能早一天从慈善的侏儒变成爱心的巨人——而这,确确实实与捐赠多少无关。

女人与玫瑰

山东省平阴县盛产玫瑰花,《中国名胜词典》上称之为"玫瑰之乡"。平阴的玫瑰栽培,历史悠久。据史书记载,平阴大规模栽植玫瑰,始于汉朝,迄今已有2 000多年的历史。明万历年间,翠屏山宝峰寺僧人慈净在翠屏山种植玫瑰,后繁衍扩大。明末已开始用玫瑰花酿酒、制酱,清末已形成规模生产。清末《续修平阴县志》载有《平阴竹枝词》:"隙地生来千万枝,恰似红豆寄相思。玫瑰花放香如海,正是家家酒熟时。"词中描绘的场景正是平阴花开时的写照。民国初年《平阴乡土志》载:"清光绪二十三年摘花季节,京、津、徐客商云集平阴,争相购花,年收花三十万斤,值银五千两。"此时栽植玫瑰花盛极一时。平阴玫瑰,不但栽培历史悠久,而且因花大、瓣厚、色艳、味浓、品质优异而闻名中外。20世纪50年代和80年代初,世界著名玫瑰花王保加利亚玫瑰专家斯达依柯夫和法国香料专家沙马尔先后来平阴对玫瑰进行考察研究,一致评价平阴玫瑰为世界之最,称之为"中国第一玫瑰之乡"。陈伟的玫瑰花全部来自这个"玫瑰之乡"。但是"玫瑰之乡"却相当贫穷,并没有因为有玫瑰而富裕。

玫瑰基地

玫瑰花是花之精魂，是激情、浪漫、爱的化身，是高贵的花之皇后。多少世纪以来，玫瑰始终保持着一种魔力，无论是谁，一触及玫瑰，便会醉心于它的色、香、味，获得一种特殊的力量，愉悦而兴奋。因为玫瑰达到了自然本身的绝妙境界，拥有凝练的活力和生物活性能量。

玫瑰花生长在自然界中，适宜美食。明代医家薛已《食物本草》、清代陈吴子《花镜》、清代的《养小灵》中，专立玫瑰花入肴的"餐芳谱"一章，分叙了玫瑰花食用的方法。玫瑰入肴的主要原因是，花乃植物之精华，它所含的养分比茎叶要多出许多倍，这些养分被人体吸收后，能促进人体的新陈代谢，补充人体能量，调节人体生理机能。据临床测定发现，玫瑰花中含有丰富的蛋白质、维生素、胡萝卜素等，科学研究证明，玫瑰花具有多种药物功效，食玫瑰花可清热解渴、理气活血、益人气色、促进胆汁等。

玫瑰花可入药。古籍药典《本草纲目》载："玫瑰花，香气最浓，清而不浊，和而不猛，柔肝醒胃，疏气和血……芳香诸品，殆无其匹。"《纲目拾遗》载："玫瑰花，和血、行血、健脾、降火、理气、调经、滋补养颜。"玫瑰花在《中药大全》中被称为君子药，其性温和，香气甜润，有舒肝醒脾、滋肤排毒、通气活血等功效。长期浸润在玫瑰花散发的香味中，能使人体味芳香、身心愉悦、美容养颜。

玫瑰的特性、玫瑰的俏丽，与女人有着天然的联系。从古至今，玫瑰都是女人的最爱。

据史书记载，埃及艳后克莉奥佩特拉特别钟爱玫瑰，她斥巨资兴建"香膏花园"，以天然植物精油护肤、饮用，让香气充满全身，容颜长葆、倾国倾城，使安东尼、凯撒大帝成为她的爱情俘虏；拿破仑的爱后约瑟芬出身豪门，美艳非凡，她自幼酷爱玫瑰，将玫瑰花汁用于养护皮肤，饮用名贵红玫瑰汁，得以长驻美丽容颜，举手投足更是红袖添香；据清人《御香缥缈录》载，慈禧太后长年以玫瑰花、茉莉花等鲜花为食，所以 70 多岁高龄，肌肤仍宛如 20 多岁的妙龄少女一般娇嫩。

陈伟的玫瑰缘

陈伟曾经使用过见效很快的化妆品，但没想到皮肤中毒，长了很多痘，脸部有斑点，很长时间难以见人。她在朋友介绍下来到玫瑰镇，被玫瑰所吸引，感受到纯正玫瑰花及其精油的价值。陈伟想，受到非天然化妆品毒害的女性肯定很多。她意识到天然玫瑰的前景，于是决定销售玫瑰产品。平阴玫瑰虽有名，但长期以来产品缺少更新换代，而且种植玫瑰、粗加工、深加工相互分离。销售什么呢？首先还是当地的老四样产品：玫瑰酱、玫瑰花水、玫瑰精油、玫瑰花蕾。怎么销售呢？传统的渠道已经有很多人在销售，陈伟单枪匹马是没有办法做到传统的批发零售的，资金实力跟不上。

陈伟

有一天看电视采访节目时，讲述团队精神的马云吸引了陈伟，正好给陈伟指点了迷津，为何不去淘宝销售产品呢？2005年9月13日，陈伟正式在淘宝开店，5个月得三钻。其间陈伟大刀阔斧做了两次活动，让一个没有名气的玫瑰产品短时间闻名于网络。笔者问："为什么要做活动呢？""我当时进淘宝，没信用，看见论坛都在做活动什么的。我的原则是，既然要活动，要做的活动就必须有吸引力。于是就做了这个买500克花水送250克面膜粉的决定。"活动开始了，产品卖出去了，麻烦也来了。"当时进淘宝的时候什么也不懂，液体、粉末国家禁止走航空，不能在网上订购。去鞋城看见很多鞋盒，2毛钱一个，我就购买了很多，在路上看见收破烂的车子里面很多好的纸箱，就买下它们。有一次和淘友去商品市场，我们两个同时摸那个纸箱，说，这个纸箱质量很好，发货大小合适，在回家的路上，朋友在唱，纸箱纸箱我爱你，就像老鼠爱大米，买纸箱都成了职业病了。"

第一个活动果然奏效，但顾客不多。陈伟在零信用的情况下卖化妆品，而淘宝网上卖化妆品级别高的人很多，所以依靠一个活动吸引更多顾客是不切实际的。陈伟决定继续加大力度，又进行了一个5元活动，也就是顾客只要出5元，就可体验到价值30多元的产品。5元活动一下轰动了，陈伟实在忙不过来，体验过的顾客，购买过的顾客回来了，回头客产生了，陈伟非常激动与兴奋。可是，陈伟想得太单纯了，5元活动时，一本地的客户和他的两个朋友一起要了3个5元的活动产品，一定要陈伟送去。陈伟说离得太远，而且活动期间繁忙，没有时间送货，麻烦你自己来拿吧。顾客说："你给我送来，不送来我给你坏评。"没办法，陈伟只好在大冷天，顶着大风送去了。做活动时，她同时和五六个客户讲产品、订货，一分神就出错。可以想像所有的创业者初期阶段都先是焦灼地等待顾客，之后是焦虑产品的认可度。

做活动时，产品随着5元送活动送出去了，但是心里没底气，不知道结果会怎么样。

虽然她自己知道产品和效果,可其他顾客呢? 顾客的反应才是真正的结果。那段时间她在忐忑中度过,每天无论醒来还是睡着,想的都是玫瑰。终于顾客有回音了：效果很好。悬着的心才掉了下来,她在万分欣喜中开始想到一个问题。单纯的老四样产品能够坚持多久,坚持多远? 一个购买产品的顾客,提醒陈伟要开发新产品,新产品的开发就成了当务之急。

当时是冬天,陈伟在潍坊销售产品,所有产品和原料从平阴发到潍坊。只有初中文化的陈伟决定开发玫瑰后,就成玫瑰迷了。当时她每天就是卖产品,想着怎么开发新产品,天天如此。为了开发新产品,陈伟废寝忘食,日思夜想,满脑子都是想法,导致她接孩子回家走错路而被家人笑话。

2006 年 9 月,开业一周年后,陈伟开发的第一批产品玫瑰乳液、精华液、洁面乳、胭脂、粉饼正式到货。

2007 年 9 月,陈伟开发的第二批产品增加了 20 个玫瑰产品,其中的睡眠面膜赢得了顾客很高的评价。

2008 年 8 月,玫瑰基地的第二代姊妹缘系列上市,在不断学习和顾客需求下,新产品在不断更新换代。

由于产品品质优异,销售量一直增加,网上销售玫瑰产品走俏的情况引起了记者的注意,在城乡致富报纸上,陈伟作为致富能手频频出现,引起很多人关注,也带来了很多顾客。

但紧接着,“玫瑰基地”遇到了很多问题。陈伟来自乡下,淳朴,只有初中文化,在管理方面完全是个门外汉。销售日益变好,有的顾客变成了代理,可没有一个良好的代理管理制度。一时间,出现了代理胡乱打价格战的情况,没经验的陈伟居然采取了地域保护政策,导致情况更加糟糕。好在经过了失败,陈伟意识到了问题所在。此后她在代理方面进行了大幅度调整,强化了管理,加强了整体性的形象培育。

开发姊妹缘系列

> 品茶听雨面对面,惺惺相惜姊妹缘。
>
> 柠檬欢聚笑开颜,小筑聆风共游玩。

在淘宝的日子里,陈伟遇到太多事情,在顾客的支持下,陈伟渡过一个个难关,陈伟很感谢这些顾客,并开发了姊妹缘系列产品。姊妹缘系列产品更全,质量更好。在淘宝销售的日子里,陈伟有太多感慨,再苦、再累,看见顾客评价,心里有一种甜甜的味道。当顾客使用天然产品,安全见效地改变皮肤,在店铺留言表扬产品的时候,陈伟有一种满足感,顾客喜欢就是陈伟最大的心愿。

下面是一些顾客的留言:

> 路途远,又逢奥运时期,第一时间没有收到货物时,掌柜迅速给延长了期限,收到货时不仅毫发未损还发现了很多礼物,总是在不经意间收获这份感动,谢谢!和这样的掌柜合作不需要任何担忧,这样的购物收获的就是轻松和快乐!(买家:cn_wangr688 2008.07.11 13:07)
>
> 是一位很好、很诚信的卖家呢!货品在运输途中发生了意外,掌柜不计个人得失,以最快的速度又重新发了一份给我!(买家:泸沽湖之梦飞船 2008.06.30 12:07)
>
> 玫瑰姐姐啊,我依然爱你!(买家:cadburyy 2008.06.16 10:46)
>
> 超级好的卖家!只要您还在淘宝卖东西,我就会一直光顾的!(买家:gracehappy 2008.06.16 18:20)

"玫瑰花水"是精油在蒸馏过程中留下来的水,是精油的一种副产品。植物精油在蒸馏的过程中,油水会分离,由于密度不同,精油会漂浮在上面,水会沉淀在下面,这些水就是"玫瑰花水"。"玫瑰花水"中含有微量的"酸"类物质与"脂"类物质,化学结构与一般纯水不同,对身体调理很有帮助。

"玫瑰花水"还含有许多植物体内的水溶性物质。拥有100%植物水溶性物质的"玫瑰花水",其中所含的矿物养分,是精油所缺乏的。所以"玫瑰花水"同精油有相同的地方,也有不同的地方,各有所长。

"玫瑰花水"的pH值范围很广,但永远是偏酸性的数值,从2.9~6.5不等。一般蒸馏水的pH值呈中性7.0,玫瑰精油的pH值介于5.0~5.8之间,所以,当精油分子与水融合在一起时,其pH值会介于5.0~7.0之间。健康的皮肤是呈弱酸性的,介于pH值5.0~6.0之间。弱酸性的肌肤可以抵抗外来细菌的伤害,使新陈代谢正常。相反,如果皮肤呈现碱性(pH值7.5以上),就很容易感染细菌并发炎。"玫瑰花水"含有0.02%~

0.03%的玫瑰精油及蛋白质、环肽等多种水溶性有效成分,其状透明、澄清并有浓郁的玫瑰花香味道,略酸。针对皮肤晦暗、色斑、缺水,有补水、美白、平衡 pH 值的作用;能激活老化、干燥的皮肤,促进皮肤血液循环,增进新陈代谢;能调节皮肤的肤色不均,保湿效果显著,可改变皮肤缺水状况并具有收敛毛孔的作用,还具有紧实、舒缓、抚慰、静心和抗发炎的特性,对炎症现象极有帮助,是温和的杀菌剂。

一个执著的人

2007 年 8 月,陈伟怀孕了,仍然坚持看店,客服帮助发货。陈伟不断学习,寻找资料,准备在 2008 年开发新产品。肚子越来越大,陈伟半躺在床上上网。一次,一个新业务员来拿货,用复杂的眼光看她,以为她是残疾人,在淘宝靠走货赚钱,说了一句,"这样都可以赚钱,佩服"。每年 5 月,是玫瑰采摘期,陈伟在生孩子前要把事情安排好。

5 月 20 日左右,陈伟把玫瑰原材料发到广州,准备 2008 年"姊妹缘"系列产品的开发。2008 年的新产品准备工作较多,所以陈伟一直忙到住院前几天才休息。在住院的 9 天时间里,她还不断想新产品开发的事情。化妆品厂把样板发到单位,家人送饭时把样板拿到医院,陈伟在病床上一边尝试产品一边寻找合理的产品开发方案,出院后就上网和化妆品厂家调试产品设计方案。

简单销售,简单做人

陈伟人很简单,她的销售也简单,但简单的人并不意味着做事情做不好。相反,越简单单纯的人,越是没有杂念,越能坚持,越能把事情做好。最出名的应该就是《阿甘正传》里面的阿甘了。

一个初中生,开发产品要付出很多的精力去学习,寻找很多资料和开发产品的相关信息。"我 2006 年用天然产品改变配方,没有想到实验很成功,打破了传统制作,改变当年酱隔年吃的说法,我所用的配方原料绝对是纯天然产品,提前进入市场,我的原则就是,我的产品自己敢吃、敢用。"语言多么朴实。

很久以前,笔者听同学说,某著名品牌生产厂家的人告诉他的女朋友不要买该品牌,因为里面的成分实在是不能用。当时可能并不相信,今天陈伟讲的时候,笔者就想起了这件事。由此可见,国内很多化妆品的内幕还没有被揭开。陈伟的话,笔者相信,她说吃过,肯定是吃过的。一个简单的人,做任何事情都是简单的,不会复杂到任何事情都需要去考虑背后的目的。

陈伟说做人做销售都是简单的好,笔者突然想到有本书就介绍简单管理,书中认为,管理的实质其实很简单,是我们人为地把这些管理复杂化了,把管理弄得越来越庞杂。也许陈伟的话有深刻的含义,她可能没有意识到。关于管理简单化的好处,笔者也在探索中。

陈伟开始销售玫瑰产品的时候,靠的是勇气和不服输的拼劲,吃过很多苦头,遇到过很多麻烦,曾经遇到代理不规范的现象,甚至出现有的代理要求退出的现象,货物经常出现混乱……笔者问她,这中间有没有什么难忘的不愉快的事情? 想了半天,她说好像没有,两年来,经历了很多是是非非,经历了很多以前没有遇到的事情,现在只有学着淡忘,淡忘所有的不快乐。她说真的不愿意回忆了。过去的一切,对于一个只有初中文化的陈伟来说,教训多于经验,但是一切都是慢慢学习的过程。没有失败,没有教训,就没有经验和成功。没有体会过失败的痛苦,就永远不会明白幸福的喜悦与成功的欢乐。

笔者问她,现在的竞争异常激烈,化妆品行业更是如此,蜂拥而入的竞争者随时都会出现,怎么留住顾客呢? 陈伟说:"产品一定要安全见效,注重质量。好的产品,顾客使用后,皮肤会在安全、舒服中改变,顾客也是无形的宣传力量,我刚开店的时候,什么也不懂,有了 6 个中评。过了很长时间,其中一个给我中评的客户咨询我产品质量,当时顾客购买的是单方精油,后来购买的是复方精油,顾客感觉第一次和第二次质量有悬殊。这个顾客虽然给我中评了,但一直是我们的忠实顾客,我感到很开心快乐,我们的产品质量拉住了这个顾客。这位顾客最后代理销售玫瑰产品,从顾客转化为合作伙伴,而这样的代理不下 10 人,说明我的产品得到认可。"陈伟打出这样的字,开心地附加了可爱的笑容,笔者知道此时的她肯定也在享受那份快乐。

"我皮肤中毒过,我不希望再有人中毒,见效快的产品不要轻易使用,我害怕了。'一朝被蛇咬,十年怕井绳。'我知道皮肤不好的感受,所以,我要制作高质量的产品,安全改变皮肤。玫瑰精油是液体黄金,价格昂贵,能改变肤质、排毒,有美白、抗衰老等作用,适量的浓度才能起到调节作用。"在产品开发上,陈伟要求在洗化产品里添加浓缩 3 倍的玫瑰花水和香精,把足够的精油添加到护肤产品里面去,清洗类添加精油很浪费,清洗了不会被皮肤吸收,就是为了"要叫顾客分辨精油和香精产品的区别"。

笔者在访问中,注意到陈伟的"玫瑰基地"目前的销售状况并非特别良好。笔者问到这个情况,她说这个与产品的质量有关。陈伟坚持产品不打折,但是可以送产品给顾客体验,使顾客在购买产品的情况下,感受其他产品,在目前化妆品普遍性的送产品体验和全面打折的营销情况下,在激烈的竞争中,此举确实要经历更多的考验。

作为女性网商,陈伟觉得比男性网商更有优势。女性天生细腻、感性、耐心,又细心、贴心,能够更好地为顾客服务。陈伟所选择的范围是纯天然化妆品,客户基本都是女性同胞,在这一点上自然比男性网商更有优势。她可以切身体会到女性朋友们的很多问题,也可以对症下药,探讨起来完全没有障碍。

先说耐心,陈伟总是不厌其烦地解释、说明、建议,即使面对很挑剔的客户也会拿出100%的耐心。网购讲诚信,陈伟说,诚信就是必须诚实,没有诚实就不可能让顾客信任,因此必须牢牢记住客户的需求,如果发错货或是弄混淆,不只是损失的问题,还会大大影响自身信誉。

再说贴心,即使是见不到面的网上交易,也一定要让客户感到温暖和开心,把客户当作自己的姐妹来关心爱护。消费本身就是一个寻找快乐的过程。如果在这个过程中体会不到快乐,那客户肯定不会再光顾。

归纳一下,要做大、做强的要诀就是：

目标＋恒心＋努力＋创意＋人＝成功

玫瑰花,女人花,我与玫瑰一起飞

笔者问陈伟,你如此热爱玫瑰,为什么? 她说："玫瑰等于女人花,玫瑰最关心女人,我希望开发出更多的内调外养、安全见效的玫瑰产品。"为此,她真是吃尽了苦头。"我是初中生,文化水平低,以前没有接触过玫瑰,我要付出更多的时间去学习,查资料,用最笨的办法看、观察,因为我不会什么化学反应啊。做网商很难,很累。脑子、眼睛、手指都在电脑上,但是顾客的认同也很快乐,我就是多看、多想,很简单。所以,你采访我,我很累。说心里话,其实很简单,我不会把事情夸大什么,呵呵,有点笨。"

笔者问到她将来的打算。她回答更简单："现在的重心是开发全套玫瑰产品。做生意头三脚难踢。我们用网路踢出第一脚,用网络宣传和销售,有了稳定的顾客群。网络使我们的玫瑰产品遍地开花。后面第二脚,会把专卖店和网络相结合的销售方式推进下去。"

为了更好地发展,在管理方面要逐步强化。首先是保证产品质量过硬,其次是保证运输服务质量,然后设置代理与加盟制度。尽管现在越来越完善了,已经有专门的客服和专门的物流,分工越来越明确,工作也越来越细化。但经营还是那个宗旨:坚持"以人为本"的方针,质量第一、信誉第一、用户第一,以客户的需求为己任;管理方面要严格而不失人性化。无论如何,陈伟还是那个感性多于理性的女人,她用自己善良的心拥抱着变化。

陈伟说,她在河南洛阳开了第一家实体店铺。那时产品种类很少,而网络和实体销售存在差异:网络没有费用,宣传力度广,但是网上购物的年轻人,是生活中的部分人群,推广有限;实体店费用高,但可针对不同的人群,能看见产品,能从闻、问、试中感受产品,接受并购买产品,所以她更希望网络店铺和实体店铺同时经营。

玫瑰基地产品

网络与传统产业结合

网络是平的,世界在网络经济的面前没有时间、空间的距离。落后有时反倒成为优势。廉价的人力,优质的、未充分开发的资源和产品,成为经济发展的重要保障。

陈伟通过网络销售,成功走出销售落后地区产品的第一步;又通过不断开发新产品,通过网络和实体双向的结合,探索出新的经营销售模式,打动顾客和推广产品。这样做,宣传了玫瑰之乡的玫瑰,也让当地落后的人们感受到了新经济模式的魅力,同时在很大意义上挽救了传统产业,为传统产业的发展探索出一条新的道路。

陈伟相信,梦有多远,未来就有多远。网络可以延伸传统产业,网络能把新经济与传统经济紧密联系起来,通过网络能更好地实现农民的致富梦想。网络改变了世界的一切,"网络效应"是一种找寻商品的力量,卖方和买方前所未有地通过互联网达成亲密接触,取代了面对面地签署合同而达成交易的传统模式。现在已是网络经济时代,网络营销正在发展成为现代市场营销的主流。

网络经济的发展颠覆了很多东西。传统上,越发达的地方机会越多,越发达的地方越容易淘到黄金。但网络经济对于机械装备、厂房等要求不高,只要有优秀的人才、一定的资金、一个好的具有优势的产品,甚至一个好的概念(即使产品不具有优势,但是能够整合优势)同时有一定的技术,就完全可以"描绘美丽的图画",落后地区完全可以依靠网络而后来居上,不必走传统经济的发展模式。上届十大网商之一孙颖如是,本届竞选人"玫瑰基地"陈伟如是。网络经济将后发优势发挥得淋漓尽致。对于发展中的国家,对于落后的地区,想改变落后状况的,都可以参考学习他们的经验,变劣势为优势,变坎坷为通途,变不利为有利。

本案例使用说明

一、教学对象与目的

1. 本案例主要适用于 MBA 的创业管理课程、工商管理类别相关硕士课程的教学和管理培训,也适用于电子商务类、经济类、管理类本科课程。

2. 本案例的教学目的在于帮助企业各层级的管理者和想创业的人以及已经创业的创业者更好地理解创业的实质,特别是对于一些本身不具有优势的地区而言,可以激发创业者的热情,增强创业者的信心,把握创业中遇到的机遇。

二、思考题

1. "玫瑰基地"的陈伟本身创业并不具有优势,交通的局限性使她创业面临着比别人更多的困难。是什么使她走出了困境?

2. 老区、山区的人如何创业?

3. 落后的农业怎么借助网络去发展?

4. 资源型创业如何走?

三、教学思路

教师可以根据教学目标灵活使用本案例。以下思路,仅供参考。

1. "玫瑰基地"的陈伟本身学历不高,教育水平有限,而且地处山东偏远地区,本身创业不具有优势,但是她利用当地的资源优势顺利发展,成功创业,值得学习和借鉴。

2. 老区、山区的人在革命年代发挥了重要作用。由于地域的限制,目前发展的阻力比较大,需要加强思想教育,增强他们的自信心,同时,要帮助他们开拓信息资源,多进行交通和运输方面的支持。

3. 落后的农业需要深入开发和创新,树立新思想、新思路,推进产品更新换代,同时借助网络无限性的优势,使产品走向世界各地。

4. 资源型创业能够在创业初期获得长足发展,但是在形成长远优势中会受到一定程度的限制。

四、教学要点

1. 了解和把握"玫瑰基地"创业过程中的劣势是什么，又是如何变为优势的。

2. 把握了解创业中资源的重要性，理解创业很大程度上对很多人而言其实就是机遇。

五、建议课堂计划

本案例适用于专门的案例讨论课，在创业管理课程中进行。以下是建议的课堂计划，仅供参考。

整个案例课的课堂时间控制在80~90分钟。

课前计划：提出启发思考题，请学员在课前完成阅读并作初步思考。

课中计划：简要的课堂前言(2~5分钟)。

分组讨论(30分钟)。

引导全班进一步讨论，并进行归纳总结(15~20分钟)。

课后计划：如果有时间，请学员相互交流一下，写出自己的读书报告。

第十二章

打造魅力女人，打造精彩人生的"艾魅时尚" ①

摘　要： 本案例全面记述 ISA 从法国归来创业的全部过程，包括她如何斗争，如何改变理念，如何经营管理的各种细节。在这个过程中，ISA 面临着一系列问题，如形象设计如何深入人心，如何在新的社会环境下开创一个新的创业模式等。ISA 渴望为塑造诚信社会添砖加瓦，为建立更好的创业环境而努力。

关键词： 创业　诚信　服务

背景

形象设计师是运用各种设计方法，对人的整体形象进行再塑造的人员。他们从事的工作包括：

（1）为普通消费者或特定客户提供化妆设计、发型设计；

（2）提供着装指导、色彩咨询、美容指导、摄影形象指导、体态语言指导、表达指导；

（3）提供礼仪指导、陪同购物。

---

① 本案例是江苏大学工商管理学院教师胡桂兰收集整理编写而成。未经允许，本案例的所有部分都不能以任何方式与手段擅自复制或传播。本案例授权中国 MBA 培养院校案例中心共享使用。由于企业保密的要求，本案例中有关细节作了必要的掩饰性处理。

小诗一首

三年前
当我悠闲地坐在
香榭丽舍的咖啡馆里
看着来来往往的人
穿梭在 ZARA MORGAN 和 SEPHORA 之间
身旁的购物袋
让我深觉
巴黎是女人的天堂
都说巴黎女人时尚美丽

这种美
来源于自信
一件普通的黑色风衣
在胸前配一朵艳色的绒花
便是冬季里亮丽的风景
相信自己
你也一样可以引领潮流
时尚
就这么简单

　　形象即社会公众对个体的整体印象和评价。形象是人的内在素质和外形表现的综合反映。"形象"一词，起源于 1950 年的美国。当时美国社会各阶层对于本身的信誉十分看重，尤其是工商企业界及政界人士纷纷有计划地塑造良好的个人形象。"形象设计"

这一概念源自舞台美术,后来被时装表演界人士使用,用于时装表演前为模特设计发型、化妆、服饰的整体组合,随即发展成为特定消费者所作的相似性质的服务。形象设计不但有市场需求,而且化妆美容用品以及服饰厂商都可以借用它作为促销手段,因此,它在国际上发展极快。在美国,形象设计已经是与商业紧密结合的产业,其设计形态已达到生活设计阶段,即以人为本,以创造新的生活方式和适应人的个性为目的,并对人的思想和行为作深入的研究。

国内自20世纪80年代末以来,出现不少从事形象设计工作的人员。他们一般是从美容、美发、化妆、服装(饰品)设计等职业中分流出来的。这些人员从业余逐渐到专业,从擅长一门(或化妆或美发或服装或饰品)到注重整体,取得了长足的进步,赢得社会的认同。我国的形象设计业和国外相比,虽然起步较晚,但是随着人们对美的认识和要求不断增强,市场需求越来越大,形象设计职业也越来越热。

从职业性质角度分析,形象设计师、化妆师与美容师之间的关系为:三者既有联系又有区别。

其共同点是都以"人"作为其服务对象,以改变"人的外在形象"为最终目的。

其主要区别在于:美容师的主要工作是对人的面部及身体皮肤进行美化,主要工作方式是护理、保养;化妆师的主要工作是对影视、演员和普通顾客的头、面部等身体局部进行化妆,主要工作方式为局部造型、色彩设计;形象设计师的主要工作是按照一定的目的,对人物的化妆、发型、服饰、礼仪、体态语及环境等众多因素进行整体组合,主要工作方式为综合设计。

从社会历史发展过程分析,形象设计师、化妆师与美容师之间的关系为:人类对自身形象的美化,最早出现的是"化妆",人们通过在人体上描绘、涂抹各种颜色及图案达到一种特殊的视觉效果或其他目的;随后,"服饰"、"美发"、"美容(主要是指护理保养)"、"美甲"等逐渐加入进来,使与美化人体形象相关的社会职业分工越来越细化;形象设计师是这一组合中的最高层次,是整个人体形象美化工程的先导环节,也可以说是各相关职业的整合。

ISA是位特殊的形象设计师,是一个将形象设计搬到网络的设计者和推销者。

无法下笔

其实,半年前,笔者与她已经沟通交流过,但是访问完后,却无法写。不是材料太少,写不出来;也不是内容不精彩,不够吸引人;而是材料太丰富,内容太精彩,无法找出最该下笔的部分，不敢下笔破坏她的美丽。笔者学识太少，难以找到合适的语言表达对于这个案例的感受。尤其对于她个人，笔者更是无法用语言表达，无法动笔，因为笔者觉得无法把握她的精髓。她的思想很进步，她的理念太独特，甚至有点难以让国人体会。

一年来，笔者偶然翻起笔者与她的谈话记录，只能用两个词来形容：领悟与体会。笔者特别希望自己能很快进步，能用时光的磨炼来领悟和体会她的精华。之后，笔者第二次寻找机会和她进行了沟通与交流。再以后，借奥运的机会又和她攀谈了很久。虽然每一次笔者都有很大进步，更深地理解她的思想，但内容越丰富，理解越多，越不知道怎么样写才能完整而真实地表达她的思想。

让女人更有魅力

一个魅力女人？一个美丽女性？一个优雅女生？该怎么形容她才合适，怎么描述她才能真正贴近她呢？那么首先我们要知道怎样定义"魅力"。

如果你认为"魅力"是化妆的话，那么你将继续远离"魅力"；如果你仅仅理解为这是一本告诉你如何赢得美丽并征服男性的书，那么你仍然缺乏"魅力"。拥有丰富知识却不解风情的女人没有"魅力"，叱咤风云而不懂生活情调的女人没有"魅力"。"魅力"是女人的综合指数，是从女人的身体内心深处自然而然涌动、喷发、流露出来的一种气韵。"魅力"女人，将健康地老去、优雅地老去。她的心永远不老，甚至越来越有"魅力"。女人渴望充满"魅力"，其中非常重要的一个因素是，外表形象的搭配和兼修。您若想成为"魅力"女人，请到这里来。这个店的老板和她的员工将让您美梦成真。

ISA 如此说："我的工作和事业就是让女人拥有魅力，让她们更有魅力。"她向我淡然而富有伤感地讲述我们的国家在女性魅力教育、形象教育方面的缺失。虽然素质教育是中国教育界面向 21 世纪提出的教育观念，高等学校素质教育改革已取得了阶段性的成果，然而针对女性素质教育的研究，在理论探讨和教育实践两个方面仍比较薄弱。长期以来，通用女性特色课程，提高女大学生综合素质的研究，还远远不够。ISA 说，目前"职业女性形象设计"是女性特色课程之一，成为一门研究人们行为规范的应用性学科，同时成为一门女性修养课，其核心内容为形象管理。但迄今为止，没有发现一本全国统编的女性形象设计方面的教材，更没有适合女校教育特色的"职业女性形象设计"的教材。许多正在使用的教材，没有足够的针对性，无法满足女校教育和女大学生的实际需求，无法达到提高女大学生素质的教学目的。社会上有关"女性形象设计"方面的书，多是泛泛讲述女性的化妆、发型、服饰等内容，离女性修养课的教育理念相差甚远，甚至还可能会造成误导。所以，很多形象设计、形象塑造的店铺基本流于教顾客学会如何化妆、如何穿衣服而已，而忽视了对于女性气质方面的塑造和培养。

其实世界上有很多女性，她们表面朴实无华，素面朝天，隐身于人群中，如果她们不开口，我们无法想像她们的魅力到底在哪里。这些女性普遍集中在高等院校、科研机关以及一些需要体现女性能力的岗位上。有些女性外表亮丽光华，内心富有涵养，这些女性在企业尤其是外资企业比较密集，被称为白领丽人。其实所有的女性都渴望成为魅力女人，尤其是在职场竞争越来越激烈的今天，有一个很好的内在素质的同时，也要求求职者有一个良好的外在形象。ISA 说："所有的女性其实都可以成为魅力女人，我的事业是打造魅力女人，成就魅力人生。"

其实，爱美是人的天性，每个人都希望自己漂漂亮亮地展示在众人的面前。但如何打扮还是需要一定技巧的。随着科技的发展，形象设计主要是针对人或物的外表进行包装和塑造，它主要包括个人的发型、化妆、服饰及仪态的设计。个人形象设计的本质是对个人形象的提升与完善，帮助个人提高自信，追求品味，找到自我。因为个人形象是千差万别的，受个人的生理、社会环境的变化等条件制约，所以形象设计要求将生理性和社会性相结合，把握动态的多样性原则，是一门综合艺术。

ISA 的"艾魅时尚"店为各位爱美的女性提供了一个设计完美形象的平台。她的店主营欧美风格为主的女式服装、首饰及化妆品。曾经留学法国两年、有世界时尚之都巴黎的生活及购物经验的店主 ISA，善于思考，善于分析，精于发现，她相信她的经验和眼光能对广大爱美、追求美的女性有所帮助。在商品选择上，她本着生活时尚化的观点，既考虑了服饰的日常穿着性，又兼顾了时尚流行与独特个性。"艾魅时尚"（Aimer Fashion）为顾客展示的不仅仅是衣服，更是服装的多风格搭配，从衣、裤、裙的协调到项链、手镯的选择，店铺都为顾客一一呈现，帮顾客省却到大大小小购物城里奔波的劳累。

店里这样写着："您的肯定，就是我们前进的动力！店里所有图片均系真人实物拍摄，且提供不同角度的多搭配循环展示，部分服装还有局部特写，请大家放心购买。图片处理仅限于店标水印及多角度展示组合，为的是忠实呈现服饰的原貌。但因为拍摄时的光线及电脑显示器的不同，所以照片与实物可能存在细微差异。"

留学生为什么来淘宝

说起店主是法国 MBA 的留学生，很多人可能不相信，觉得太奇怪了，留学生会来淘

決勝網絡

宝混？而且她读的是目前极为热门的金融专业的 MBA。

ISA 说，刚开始回国后很多朋友劝她开形象专门店，她觉得那是一个玩笑，因为她的专业是金融，她的方向应该是投资银行或跨国集团的财务经理，她也希望自己做个高级经理。她找了几个猎头之后发现，原来中国的投行业务在国内银行内还是跟发放贷款连在一起，而国外入境的投行业务由于国内制度的限制和其他方面的原因，也限于销售这一块。她实在不想去做一个投行销售经理，拎着皮包行走于各企业之间。她的强项是投资分析。虽然国内也有一些职位由投资分析师或资深分析师挂名，但其实还是找客户来设立账号、给出一些投资建议。在这种情况下，她毅然决定做自己喜欢的事情。

为了能够测试和验证她的金融投资，笔者问她："测试下，给你 10 万，你投资什么？100 万投资什么？5 万又能投资什么？"她回答："国内 10 万投资到银行存起来比较好。在国外，也许 10 万可以投资房地产了；在国内，10 万的投资，意义不大，除非去买点基金啊股票啊什么的。10 万在国外已经可以买房了，国内不行，至少在广州、上海、北京这三大城市不行。国外人挣得多，消费水平却低；我们国家现在的消费水平是蛮高的，但工资水平还较低，而这个牵涉面就太大了，一下子讲不清楚的。打个比方，在国内买一个 LV 的包，可能要一万多，即使这么贵，还是有很多人去买。可是在国外 LV 的包平均也就 1 000 多欧元，法国的最低工资水平就是 1 000 欧元，再没钱的人攒个两三个月也可以买了。但 10 000 元人民币对普通中国人来讲，可能要攒大半年。"她的话让笔者想到一位澳洲朋友的话。他说自己在澳洲一个月挣 4 000 澳元，基本感觉是钱花不出去；在镇江喝一杯茶要 30 元，而在澳洲 1 元就可以了，其中的差距实在是太大了。对于很多人而言，选择银行金融机构的工作是上上策，而 ISA 渴望自由，渴望做自己喜欢的事情，于是，留学生开店就再正常不过了，而且应该说，她的起点也相当高，从一开始就是着手做贸易公司，做服务公司，做形象设计公司，为女性的魅力事业努力。

其实 ISA 决定回国创业是她想做点什么，对得起自己作为中国人的称呼。"我们不差的，至少曾经很优秀。因为网络购物在未来 5 年内的中国肯定会有一个大飞跃，淘宝只是一个网络购物的平台之一，不选择淘宝，我还会选择其他，选择淘宝只是因为淘宝的操作很简单，很容易上手，网络购物的发展速度用不了 10 年那么久，其实在法国时就有打算，只是那时候对供应链还没有把握。"

由此可见，ISA 的创业计划早已经有了，只是电子商务和淘宝这个平台给了她基地和舞台。

祖国最好

　　ISA说自己最初没想回国，由于身体不好才回国的，但是养好身体就不想回法国了。国内、国外的生活一对比，让她觉得还是国内生活最舒服。"只有出过国的人才能真正体会祖国的好。第一，家人和亲友都在国内，联系紧密，没有孤独感和文化的差异带来的痛苦；第二，国内的生活水平低，一点点钱可以吃得非常好了，去旅游也花不了多少钱，你到国外才知道，想吃一顿好的中餐不是件容易的事，在香街最好的中餐馆，随便点两个菜就要60多欧元，西餐我也会做，但我喜欢有人共同分享的生活。法国的景色很美，可是毕业后同学们四散了，就找不到真正的朋友了，一个人呆在巴黎也是闷的。国外是好，但那毕竟是别人的，而且当所有人都觉得中国人一出国就不愿意回去的时候，你也就不愿意待着了。我和同学走在巴黎街头，法国人都冲我们说日文。我想证明给他们看，中国人一样可以很有教养，很体面，而且不会留恋不属于自己的地方。不只是法国人，所有西方国家的人都是这么认为的，他们认为中国人，特别是女孩子，到外国就一心想着留下嫁人。这样的事情实在是难受。"

基础管理工作

　　"自己开公司好玩，还可以运用一切学到的知识，是全面地运用，工作的时候像是玩，玩的时候像是在工作，这就是我啦。"

　　虽然ISA说自己是在玩的状态中经营，但笔者知道她的管理还是相当严格的。用她自己的话说，一个拥有6个人的小公司，基本是小萝卜头公司，但是人少不等于好管理，人少不等于事情就少。

　　尽管改革开放以来我们一直都在强调管理的重要性，但在不需要现代管理也能赚钱的情况下，提高管理水平仅仅成为一句口号。

　　管理水平低的情况下仍然能赚到钱，甚至是赚大钱，这是特定的历史条件决定的。从改革开放初期的靠胆子赚钱，到20世纪80年代中后期的靠关系赚钱，再到目前的靠能力赚钱，人们越来越感到竞争的激烈、赚钱的艰难。换句话说，靠胆子可能会赚一笔钱，靠关系可能会赚一大笔钱，但要持续不断地赚大钱（培养长寿企业），就必须依赖有效的管理。

现在不承认管理重要性的人越来越少了,但真正能从本质上认识到如何加强管理的却少之又少。在一些民营企业、上市公司的中高级管理干部培训中,笔者发现相当部分管理者对美国的韦尔奇、核心竞争力、供应链管理、学习型组织等新理论并不陌生;但课堂中突然响起的手机铃声,讨论中对自己所在公司相关情况的陌生,使我们不得不承认很多管理者甚至是公司最高领导,对管理的认识仍然仅仅停留在"雾里看花"阶段。

中国有个成语:根深叶茂。企业的发展也是如此。对任何一个企业而言,基础管理是根,只有基础管理工作搞好了,企业的发展才能有稳定的基石。现代西方科学管理理论的诞生,有赖于长达几十年的"管理运动",然后才有古典管理、新古典管理与现代管理的出现。

与西方相比,我国企业长期以来奉行的是经验管理,社会对管理重要性缺乏科学的认识。有资料记载,1995年,当巨人集团面临绝境时,史玉柱曾经率领集团高层领导拜访山东三株集团总裁吴炳新。当时,已经60岁的吴炳新对年仅30岁的史玉柱语重心长地说:"你的阅历还浅,驾驭一个庞大舰队乘风破浪,仅有知识和技术尚显不足,关键的是经验。另外,不该你挣的钱别去挣,天底下黄金铺地,不可能通吃,这个世界诱惑太多,但能克制欲望的人却不多。"

令人遗憾的是,60岁的吴炳新所强调的"经验",不仅没有拯救巨人集团,也没能够拯救三株。实践证明,企业家无论经验多么丰富,如果不从管理上入手,不从企业的基础管理上下工夫,企业注定是短命的。

总体上讲,我国目前的企业管理水平还停留在由经验管理向科学管理的过渡阶段,现代管理理念、管理思想和管理手段尚未普及。

纵观西方发达国家的现代化发展历程,一个国家由传统社会走向现代社会的进程,正是管理由经验走向科学的历程。从传统的经验管理走向科学管理,首先需要全社会加强对管理科学性的认识,提升管理水平首先需要做好企业的基础管理工作。

一般而言,基础管理是指企业生产经营管理过程中各项专业管理的基础工作,包括标准化工作、计量工作、信息工作、班组管理、制度管理、定额工作、财务工作、教育培训等。

有资料表明,美国、德国等发达国家的企业流动资产周转率为8次/年,日本企业的流动资产周转率为7次/年,而我国的企业流动资产周转率为1.62次/年。因此,强化企业管理工作,必须从企业的基础管理工作做起,从战略上认识企业基础管理在整个企业发展中的作用。只有企业的基础管理工作做好了,企业的发展才可能落到实处。

ISA 经历了中西方的文化对比，她在汇丰银行工作过，也在中国的证券公司工作过，在巴黎留学两年，所有这些经历，让她在企业管理的一开始就意识到要注意文化，从最基础开始，必须奠好基、打好桩。她决定独立创业后，就花很长时间，确定了自己未来企业的基调：人性管理，严格纪律；基础管理为主，文化建设步步为营。

管理第一步

俗话说："万丈高楼平地起。"没有一个好的基础，楼是建不起来的，也是盖不高的。企业也是一样。无论公司大小，无论事情多少，必须先从最基本的开始。只有从最基本的开始，才能真正管理好。

ISA 对于员工的培训是最特别的：不是如何在网络做客服操作，也不是在实体中如何接待顾客，而是培训员工如何学会吃饭、怎么说话、怎么走路。对于这个，笔者非常惊讶。ISA 告诉我，她的创业从网络开始，但是这些仅仅是第一步，未来的贸易公司将成为集团化公司，这个是她的目标和理想。作为贸易公司，作为主要服务女性的公司而言，接待顾客、服务顾客是第一步。服务员的形象至关重要。所以她培训员工从这些最基本的体现人的素质的地方开始。目前 ISA 公司处于创业初始阶段，员工文化程度基本都是高中学历，一部分来自湖南老家，一部分是从广州人才市场招聘来的，大家在社会阅历方面都比较欠缺，在接待顾客时畏缩心理较强，而且不自信。所以，让员工自信，培养他们的自信其实是最关键的。

ISA 从吃饭穿衣，从走路说话开始，培养员工在顾客面前不胆怯、不心虚、不畏惧、不退缩。ISA 要求员工吃饭的时候不挑不拣，不出声，甚至包括手臂的动作都要规范；说话要清晰，尽量标准，放低声音，委婉动人，富有魅力和磁性；在走路方面，要求走路挺胸，挺拔，尽量前脚尖用力，落地轻而稳；在衣着方面，ISA 只要她们衣着大方得体、干净整洁就可以，因为大部分员工工作时间有限，资金有限，在这个方面要求稍微弱一点。笔者问这些和个人自信有什么关系，ISA 告诉笔者，接待顾客时，其实顾客也正在衡量和考核公司，而代表公司的就是公司的员工。作为贸易公司，作为形象设计公司，员工自己的形象是第一位的，必须自身拥有良好的形象，否则是没有办法说服顾客的。比如，卖化妆品的美容顾问，如果自己的美容化妆相当糟糕的话，相信不会吸引和说服自己的顾客；员工自己的语言、形象、走路各个方面都很符合礼仪规范的话，她们自己就会相当自信，而且越是得体的举止越能引起大家的关注，越能提高她们的自信。ISA 的员工在线上是自信的形象顾问,在线下同样会用良好的仪表来说服顾客。

本来很简单的吃饭、走路、说话,在 ISA 这里,原来如此具有深意。笔者总在想她的话:培养自信的客服,让所有客服不胆怯、不自卑。无论对面是什么人物,你总要让对方相信你是专家,你是权威,你对于形象和服装有着比别人更深刻的了解。你的自信能感染她们,打动她们最后下单。

销售之惑

ISA 的顾客群是 19~35 岁的人群,主体客户是工薪阶层。但是经营后她发现,买家不理性。她做卖家之后尤其有体会,只要是名牌,顾客再贵也要买,只是不是名牌,再好也不要,她去年也进过一批国产的品牌,无论是设计、面料、做工,都非常棒,ISA 在法国和美国的朋友都汇钱来买,可是国内的买家认为那不是国际名牌,最多也就值 100 元。所以现在那几个牌子她也不做了,有人来问 ISA,也是这么回答的。进价比买家的心理价位还要高,没法做。现在主要卖外贸服装,做工和质地是一定要保证的,价位比专柜低很多,国内的买家喜欢。

出现这样的情况,一方面可能是在外国能供老百姓选择的品牌太多了,而且经历了这么多年的发展,国外人的消费理念基本都比较成熟了,他们会量力而行,决不会盲目跟风消费,而且消费的时候都会选择适合自己的产品和风格。但与此同时,一些在国外一般的品牌,一旦进入国内,由于市场做得好,反而相当有名。比如 H&M、ETAM 这两个牌子,在欧洲是消费能力比较弱的年轻人追捧的牌子,市场做得好,开了无数连锁店,可它们的品质并不是很好,ISA 说自己买的这两个牌子的衣服穿几下就扔了,可国内对这两个牌子追得不得了,这是她上淘宝后才知道的。ETAM 的品质比 H&M 的品质要好,但这两个牌子都一般,在法国花几欧元就可以买到了。像 MORGAN、KOOKAI,均价是 60 欧元,冬装的均价差不多是 100 欧元。在高级商场里的很多名牌,均价都是 1 000 欧元以上。所以一比较你就知道,ETAM 到底是不是名牌。只是市场做得好,传播得比较广。有一定消费能力的人很少会去买这两个牌子。ISA 以前常常买 KOOKAI,回国后发现专柜里的标价几乎是国外的 1.5 倍左右,而且款式还不是那么新。这是他们在中国的营销策略,在国外是中档品牌,到中国包装成高级名牌的价格,而国外一线品牌到国内就是天价了,让人望而却步,也许是我们海关对纺织品征的关税高,也许是代理商的层层盘剥,总之东西一到国内就贵得出奇。ISA 说自己去泰国玩的时候,人家商场里卖的东西都没有我们国家的东西贵。有些现象无法理解，只能接受，也许跟中国消费者心理有关。中国消费观念不成熟，很多人喜欢买贵的，然后给个折扣优惠什么的就觉得特别舒服了。法国除了部分品牌发会员卡，平常可没有什么促销、什么优惠，要等到一年两度的大降价时才有优惠，一次是在6月底到8月中旬左右，一次是在圣诞节后。ISA有时在想，也许正是因为大家都喜欢砍价，所以商场里的东西才标得那么高。

砍价源于不信任

谈到砍价，顺理成章，我们就进入到这个环节。ISA说："中国人不砍价似乎心里不舒服。这其实源于相互不信任，尤其是来淘宝后有深刻体会。顾客好像过惯了复杂的日子，简单点就不舒服。我会把我的立场和风格讲给客户听，如果她坚持要在我不能接受的范围内砍价，我会礼貌地告诉她：我做不了。我自己作为买家就不喜欢砍来砍去，最多问问有没有折扣。没有，自己又喜欢，也承受得起，就买呗。做人本来就是这样啊，如果自己喜欢，可是买不起或觉得超出承受范围，就暂时不买，少买一样东西也不会有问题。人的一生本来就很短暂，为什么要为了几块钱浪费那么多时间呢？我想有些人觉得不砍下一毛八分的就不舒服，而我觉得，有那功夫，不如去看书、看电影、听音乐会了。我想国内的消费者常常觉得不砍价不舒服，是因为觉得货比三家不吃亏，还有就是怕买贵了后悔。货比三家诚然有必要，一般我买东西也会先到处看看比较比较，但一旦决定了，即使买贵了也不后悔。人这一生，不应该把大量的时间放在后悔上。"

其实人生能有几件不后悔的事呢？要是事事都那么计较，老怕这个后悔那个吃亏，活着就太累了。小事情不能计较，大事情才要斟酌。其实道理大家都懂，只是很多人事到临头就被"困"住了，被自己"困"住了。ISA说："遇到特别难缠的买家，我会很婉转地告诉他们，交易贵乎诚信，如果不信任我们，交易是做不成的。"

自信的女人最美丽

欧洲的设计师愿意并乐意从一切有特色的风格中吸收营养然后创新，尽管中西差异很大。比如性感在西方不等于风骚，可是中国人会理解为风骚。其实当一个人穿着性感而表现出优雅的体态和自信的风格时，不会有人觉得风骚；相反，如果穿得性感，同时又扭扭捏捏、左顾右盼，就很容易被人误会。因此，笔者很认同别人对巴黎女人的评价：自信，就是美丽。

巴黎的女人被称为世界上最美的女人，开始 ISA 也不理解，因为所见的路人中，并不见多少具有明星气质的美女，后来就明白了，巴黎的女人走在路上你就会感觉她在走 T 台。其实欧洲很多女性穿得并不性感，很多时候她们即使穿着很平常的 T 恤衫，性感的美也会透出来，关键在于肢体语言，甚至是一个眼神。其次就是整个社会对美的定义，百姓觉得身体的美本身就很正常，没必要遮遮掩掩。

漂亮简单的女人仿佛一个爽口的冰淇淋，痛快但缺少余韵；有味道的女人则宛若一杯浓郁的香茶，越品越有滋味。职场中有这样一种女性，她们自立自信，优雅中带有坚韧；她们精明，干练又不失风情；她们宽容，但不失原则；她们利落，但决不咄咄逼人；她们富于母性，但绝对张弛有度。宽容与感恩、自信与淡泊，让她们如此美丽。

在任何困难和挑战面前，首先要相信自己，只有这样，你才能在职场闯出一片自己的天空。今英说长今摧毁了她的自信，让她无法再像以前那样专心，长今一字一顿地说："自信不是被别人摧毁的，只能是自己。"

职场竞争，残酷无比，优胜劣汰在这里体现得淋漓尽致。在这种情况下，一个人要想让自己永远处在巅峰状态，几乎是不可能的。但一个人若拥有并保持十分的自信，他就获得了制胜的法宝。即使遭遇挫折，跌入事业的低谷，借助信心的力量，他也会东山再起。

无论何时，无论从事何种工作，都要确保自己有一颗自信的心。它是最可靠、最有价值的成功资本。

自信是一种精神状态，它使人的内心饱满，外表光彩逼人。水因怀珠而媚，山因蕴玉而辉，女人因自信而美。自信的女人从容大度，舒卷自如，双目中投射出安详而坚定的光芒。对于那些事业有成的女科学家、女企业家、女作家以及在舞台银幕上耀眼的女明星们来说，自信使她们更美丽、更健康，也更加出色。街市上那些青春勃发、魅力四射的少女们，则用她们骄人的自信为城市增添了一道道亮丽的风景。

自卑是女人健康和美丽的大敌。长期生活在嫉妒他人的情绪中，会破坏自己的心理平衡。不自信的女人心情黯淡、情绪低落、脸色无华，甚至疑神疑鬼，挣扎在痛苦之中。自卑是生命低潮、处世消极的表现，也为各种疾病敞开了大门。相反，自信的女人仿佛一座戒备森严的城池，内心坚定，不易受外界左右，身心健康，百病不侵。

事实上，年轻美貌、事业有成并非女性自信心的唯一来源。人的自信也未必都建立在外在的物质基础上。家庭和美、身体健康、心情舒畅、朋友众多等，也是使自信心不断增强的因素。一如养花种草，自信也需要培植，并且是一个长期的过程。为什么不随时调整人生目标，用一些容易取得的小小成功来扶持自信心？比如，作为家长，帮助孩子提高学习成绩；作为业余爱好者，在报纸上发表了一篇小文章；作为医生或护士，得到病人家属的夸奖；作为教师，得到学生的敬重……甚至买了一件物美价廉的衣服，在股市上小赢了一把，做出一顿可口的饭菜，都可以成为我们自信的理由。这些小小的亮光，宛如夜幕上钻石般闪亮的星星，给我们带来希望和憧憬，使我们从自卑的黑暗中走出来，慢慢走向人生的光明。

自信是绵密的春雨，滋润着我们生命的草原，让我们在中年时光再次醒来，使原野充满绿色生机，绽放出灿烂的花朵。

7 天无条件退换

ISA 在培养员工自信、有纪律、懂服务的同时，从自己的贸易公司和形象公司开业的第一天起，就率先在淘宝推行 7 天无条件退换服务。笔者问她为什么要这样做。ISA 说，7 天无条件退换服务是借鉴她在国外的服务提出的，网络销售对于培养社会诚信有很大的示范作用，而且她相信终有一天，国人会看服务比看价格更重要，到那个时候中国人在经济、精神各个方面都将会上很大一个台阶。

由中国发展战略学研究会主办的首届中国现代服务业发展论坛，介绍了我国现代服务业发展现状以及未来发展目标。胡启恒院士在主题报告中指出，我国目前出口 59% 是制造业，只有不到 2% 是服务业，在占领世界新的经济增长点中处于十分不利的位置。我国服务业占 GDP 比重和就业比重近几年一直在 30% 左右徘徊，但发达国家已获得大幅增长，如美国服务业就业比重在 2000 年就达到了 78%，2002 年服务业就业比重英国最高，达到 79.9%。

不过，由于目前正出现服务业向发展中国家二次产业转移，使我国服务业在未来 15 年将面临较好的发展机遇。一项战略研究结果显示，我国服务业占 GDP 比重在 2010 年能达 39.3%，就业比重达 40%，2020 年能分别达到 48.2% 和 51%。考虑统计口径，这一比重相当于目前发达国家水平。其中，物流与营销、人力资源开发、软件和信息服务、金融服务、会计、审计律师等服务所占比例会越来越高。所以，ISA 一直坚信，服务业的发展大有前途，她一直会坚持，当然，更重要的是，淘宝仅仅是她业务的一部分，她同时在展开国际贸易，实体经营，预计下一步她会引入一些法国基础护肤品。为了更好地沟通和交融,为了能引入最新的国际理念,ISA 希望今年再开一个国际传媒公司。

ISA 说,推行 7 天无条件退换服务后,有大概 5% 的退换率,也曾经遇到夏天买冬装的拿回去很久而要求退的事情,但更多的顾客是比较好的,能相互理解。而且,每当自己特别烦恼,不想继续这个服务的时候,身在美国的男友都会鼓励她继续下去,因为服务将来会取代价格而成为第一位。

ISA 强调自己一直把服务当作经营的重要一环。服务是令消费者满意的重要因素。它和成本一样重要,甚至比成本更重要。如果顾客得不到他所期望的或更好的服务,他就不会是你公司的回头客了。此外,这个顾客在你的公司的体验会影响市场上大批顾客对你公司的看法。人们肯定会相互交流信息。这不仅影响效益,也影响将来的销售。在很多时候,服务能成为一个公司优于其竞争者的原因之一。信誉差的服务会使一个公司在市场上的地位大打折扣。出色的顾客服务能极大地帮助建立长期客户关系及促进业务的运转,这是盈利公司的生命线。公司的客户关系越长久,公司盈利的可能性就越大。

快乐创业

ISA 认为,创业其实应该是快乐的,因为创业本身也是一种生活,人生短短几十年,何不享受生活呢? 当然,ISA 的享受生活和我们很多人认为的奢侈生活是两个完全不同的概念。她的享受生活,是要真正放松自己,放低对自己的压力和过分不切实际的要求,累了的时候要休息,不以牺牲身体健康和家人在一起的时间为代价。

ISA 说,创业以来,自己的消费费用比以前少了,一方面经营的产品很多可以自己用,另一方面是时间少了。她现在最大的渴望是去趟西藏,感受真正的与最原始的大自然接触的魅力,她不喜欢奢华,喜欢自然、淳朴的生活;不太喜欢城市的压抑与拥挤,渴望田园乡村的宁静和舒适。其实她已经真正领悟了生活的真谛和创业的真谛。

本案例使用说明

一、教学对象与目的

1. 本案例主要适用于 MBA 的创业管理课程、工商管理类别相关硕士课程的教学和管理培训,也适用于电子商务类、经济类、管理类本科课程。

2. 本案例的教学目的在于帮助企业各层级的管理者和想创业的人以及已经创业的创业者更好地理解创业的实质,把握创业中遇到的机会和管理的重要细节,重视基础管理。

二、思考题

1. 试列出 ISA 创业的动机、环境和机遇。ISA 的创业是主动还是被动?形象设计目前在国内的状况如何?

2. 请指出国内和法国创业环境有哪些不同。

3. ISA 的创业选择了以网络为起点并加以推广,您认为原因是什么?

4. ISA 在管理中强调从基础开始,而且非常重视培养员工的自信心,您认为在管理中有必要吗?

5. 如果您是 ISA,将来打算如何发展?

6. ISA 坚持认为,自信的女人最美丽。您如何看待这个问题?

三、教学思路

教师可以根据教学目标灵活使用本案例。以下思路,仅供参考。

1. 从 ISA 的经历来看,ISA 创业不仅仅是因为社会环境,更重要的是因为个人的经历。从国有企业到著名银行,从国内到国外,从普通员工到高级主管,从个人梦想到成功,与其说是被动创业,倒不如说是在偶然的事件中 ISA 主动抓住了机遇。

目前国内形象设计方兴未艾,前途很可观。ISA 以形象设计为基点,发展国际和国内贸易。形象设计,应该说是社会新生事物,反映出我国国民经济的腾飞和社会精神风貌的变化。

2. 从创业渴望度而言,中国应该高于世界任何其他国家。中国是目前世界上最喜欢创业的国家。从创业动机而言，国外人创业更多是为了自己做主；而在中国，创业的人更多可能是为了体现个人的风光和荣耀。法国的创业概率比中国要小的多。从创业心态而言，外国人创业比中国人创业要成熟。

3. ISA 创业的起点是从网络开始，是想及时抓电子商务的快车道，而且网络平台成本小，容易树立品牌，方便推广。

4. 管理应该从基础开始，这是非常重要的。所有的管理都应该从最基本的、最基础的管理开始，才能在将来更有成效。

5. 如果我是 ISA，下一步将继续强化团队建设，提高团队的整体水平。因为目标是做成集团化公司，成为国际和国内贸易的重要一分子，所以必须向国际学习，提高团队能力，继续强化管理，提高效益。

6. 自信的女人最美丽，完全正确。"这个世界上，没有不漂亮的女人，只有懒女人。"这句话可以改为："没有不漂亮的女人，只有不自信的女人。"

四、教学要点

1. 把握 ISA 创业的全部过程，从动机到抓住机会，要深入研究她的成长经历。因为创业者的社会经历和文化很大程度上决定着企业的发展方向。

2. 把握了解创业中管理的重要性，尤其是如何培训和管理员工，在创业型企业中，怎么留住员工，让员工更好地为企业服务。

五、建议课堂计划

本案例适用于专门的案例讨论课，在创业管理课程中进行。以下是建议的课堂计划，仅供参考。

整个案例课的课堂时间控制在 80~90 分钟。

课前计划：提出启发思考题，请学员在课前完成阅读并作初步思考。

课中计划：简要的课堂前言(2~5 分钟)。

分组讨论(30 分钟)。

引导全班进一步讨论，并进行归纳总结(15~20 分钟)。

课后计划：如果有时间，请学员相互交流一下，写出自己的读书报告。

第十三章

袖珍姐妹花的不袖珍人生①

摘　要： 本案例详细叙述了一对袖珍姐妹从家乡走出来，在北京经历酸甜苦辣后，突破自我，选择通过网络创业的模式，走出人生困境的经历。对这对姐妹而言，人生的每一件事都可以属于创业的范畴。

关键词： 袖珍姐妹　创业

袖珍姐妹花与田款

---

① 本案例是江苏大学工商管理学院教师胡桂兰、毛翠云收集整理编写而成。未经允许，本案例的所有部分都不能以任何方式与手段擅自复制或传播。本案例授权中国 MBA 培养院校案例中心共享使用。由于企业保密的要求，本案例中有关细节作了必要的掩饰性处理。

硝烟弥漫的家

她们有着成年人的脸,身高却永远是孩子的身高。人生的不幸有很多,对于她们姐妹而言,不能长高不是最大的不幸,最大的不幸是人间的冷漠。

她们是对袖珍姐妹,姐姐叫阮彦君,妹妹叫阮鲜花,都已经20多岁。但她们的身高永远定格在109~110厘米之间,身高是小孩的身高,面孔却是大人的面孔,她们体味了人间的冷暖辛酸。如今在遥远的北京,奋斗生存了9年,她们更是品尝了世间百态,人间五味;体会了人如动物般的凄凉与无奈,体会了"人不如狗"的日子。网络给了她们新的生活,在淘宝网开的小店让姐妹俩维持了日常生计,可是,她们依然在挣扎,在艰难中寻找着未来。正如她们的网名,"盛夏的荞麦",这个意思是,荞麦本来应该生在冬天,但是现在长在盛夏,生不逢时,命运不济,以此隐喻她们的人生。正如同她们所说的一样,她们命很苦。

她们出生在一个落后的农村,一个很偏远的乡下。家庭虽然贫困,但原本是其乐融融的,可是,很快父母发现了姐妹俩的缺陷,一个不可饶恕的缺陷,这缺陷从此成为家庭矛盾的导火索。原本幸福的家庭,却因为她们俩永远长不高的身体而充满了火药味。父母吵架最凶的时候就像是爆发战争似的,彼此成了仇人。其实贫困并不是幸福的最大杀手,但是缺陷是幸福的天敌。他们为了姐妹俩永远长不高的身高而争吵、烦恼,连带着感情、经济问题,一发不可收拾,战争越来越升级,最后整天硝烟弥漫。

姐妹俩年龄越来越大,她们渴望减轻父母的负担,渴望独立自由,不再成为父母的包袱和家庭的负担。北京的远行改变了她们的一生。

梦断北京求学路

1999年3月,姐妹俩来到北京,当初她们是怀揣着一个成为明日之星的美丽梦想而来的。妹妹阮鲜花因为从小就喜欢文艺,很羡慕那些唱歌跳舞特别棒的文艺工作者。她读初中时曾有艺术类院校到她们学校收直招生,通常这些直招生都由班主任选报。妹妹阮鲜花为此厚着脸皮跟班主任提出过,结果被班主任毫不犹豫地拒绝了,班主任告诉她,招生要求上面有明确的身高限制。

即使这样,妹妹阮鲜花仍然不死心,她想唱歌跳舞有身高要求,学习乐器应该没有身高要求,于是尝试着给北京的一家艺术学校写了信,没想到居然收到了回复,真是欣喜若狂,父母也非常开心,非常乐意看到女儿见到大世面,有出息,于是一家人决定攒钱来北京。

然而,姐妹俩怀揣着美好的艺术梦想来到北京,辗转好多次,终于找到这家艺术学校后,却非常非常失望。原来,这所艺术学校的回信仅仅只是一个形式,只是为了让更多的人来参加他们的短期培训,为了赚取更多的钱,而不是真正对某个艺术爱好者感兴趣。可是,妹妹阮鲜花仍然不死心,后来忍不住还是去咨询了几次,每次都被昂贵的学费吓得望而却步了。更让她们难以忍受的是,在咨询的同时,总会有正在学习的同学偶尔投来鄙夷的目光,让姐妹俩觉得其实她们真的不太适合走这条路,最后只好放弃了从艺的想法。

在北京不能上学,也不能再回去了,回去后肯定是没脸见家乡的父老乡亲,于是只好先暂住在姨夫单位的办公室里。由于身高的特殊性,姐妹俩非常引人注目,常有人找借口到姨夫的宿舍来看姐妹俩,这样不到一周的时间,姨夫所在的城建四公司里所有的工作人员都了解了她们的状况。

她们真的很感谢那里的人,虽然绝大多数人都来自社会的底层,但是他们却有着人间最难得的温情和真情。他们纷纷给姐妹俩出主意,最后觉得姐妹俩到大的饭店应聘做门童比较合适。姐妹俩刚来北京,涉世未深,偏僻而封闭的乡下也没有教会姐妹俩更多的人情世故。她们根本不懂门童究竟是怎样一份工作,只觉得能留在北京就好。所以当有人乐意为她们提供这样一份工作时,姐妹俩欣然接受。这个给姐妹俩找工作的北京人后来成了姐妹俩的养父。

哪里有我们的家

做门童是姐妹俩的第一份工作。上班很清闲,每天只需要站6个小时,只需站在门口对来吃饭的客人说"欢迎光临"和"欢迎下次光临"。这个工作其实没有实际意义,如同摆设。每个月工资300元。但是姐妹俩非常高兴,因为在老家打工,从早做到晚,不停歇地劳动,每个月才能挣300元。这份工作比在老家的工作,实在是轻松很多,因此她们非常满足。在做门童的时间里,她们感觉很无奈,就像动物园里的动物。讲到这里,她们给了笔者一个笑脸,其实笔者能明白在她们心中的苦楚与无奈,容颜是没有办法改变的,身高也是先天、后天很多因素决定的,她们的身高与容颜是基因突变造成的,这个是谁都没有办法预料到的,只能说谁遇到谁倒霉。她们自我解嘲道:"估计动物园的动物也跟我们一样,很不愿意,可是动物和人不同,动物比较单纯,思维简单,想法简单,行为动作也基于最简单的考虑,没有深刻含义,可是我们想法多一点,所以我们不喜欢那种工作,而动物多少可以享受一下,享受一下表演的乐趣。"其实笔者有时在想,也许动物明白我们的想法,它们在想,傻冒,谁逗谁呢? 就是这样的工作,干的时间也非常短,最后由于客人说,来吃饭不想看到姐妹俩,老板把姐妹俩辞退了。

有时,笔者在想,如果那个客人具有人性,也许应该伸手帮帮姐妹俩;如果客人不是真的特别不乐意,不是觉得看着她们就发堵,吃不下,也许姐妹俩不会丢掉那份难得的工作。可是,如果没有丢掉那份工作,也许她们就不会有今天。人生真的很难讲清楚,幸福与不幸到底是什么。

第二份工作还是做门童,工资同样是 300 元,同样也只需站着说"先生,欢迎光临"。但这时候姐妹俩对这种工作的新鲜感已经不像第一份工作时那么浓厚了,慢慢感受到的便是压力了。因为不喜欢别人总盯着自己看,不喜欢总是重复回答有关身高和年龄以及遗传、基因等问题。于是她们开始有了自己的想法,想要摆脱这种生活。可工作是养父托别人帮姐妹俩找的,姐妹俩不希望让别人失望,所以一直没敢辞职。幸运的是这个饭店经营不善,不到 3 个月就关门了,姐妹俩如愿以偿,脱离了这种环境。

虽然工作是养父帮忙的,应该说也是值得铭记一辈子的。但记住的东西中也有难过的成分。养父和养母是在姐妹俩刚到北京不足一个月的时候收留了她们。其实到现在她们仍然不太明白他们当初是为什么收留姐妹俩。姐妹俩的前两份工作都是他们给找的。作为回报,姐妹俩把所有的工资如数上交给他们。半年后母亲来了北京,姐妹俩便和母亲独立租房。每月工资除去房租,剩下的不是交给母亲,就是交给养父母。姐妹俩没有仔细算过一共给了多少,算也算不清楚,只听养父说除了他父亲去世时动了姐妹俩 7 000 元,其他的都给姐妹俩做生活费了。那时姐妹俩放弃工作,专心学习,每月跟他要 500 元生活费,他却说姐妹俩是废物。这种伸手跟人要钱的滋味经历了几回后,自尊心被伤得支离破碎,于是暗暗发誓,找机会挣钱,一定不要再受制于人。

养父家有条狗,养母非常喜欢,每天喂它狗粮,给它煮鸡蛋,给它买冰淇淋,买骨头,给它洗澡,给它修剪指甲,真的是把它当儿子般宠爱。他们对它无私奉献,却总跟姐妹俩唠叨一个冬天要烧多少煤,要买多少斤米,一个月的生活费要多少。姐姐阮彦君有时会很无奈地计算自己和妹妹一天的生活费跟那条狗一天的生活费究竟哪个更多一点,结果是姐妹俩的生活费低于那条狗的生活费。虽然常常觉得很悲哀,但还是什么都没跟他们说。直到后来有一天大家都出门，只留下妹妹和那条狗在家，妹妹阮鲜花一不小心没看住狗，狗跑出去撒野，妹妹抓它回来，被它咬了几口。养父母回家后，首先关心的不是人有没有受伤，而是狗有没有受伤，然后责怪妹妹粗心大意。姐妹俩无言以对，一星期后毅然搬离那个住了不到4年的地方。从此，生活里不再有养父母。这段人不如狗的日子也就结束了。

此时也是她们对人生感到极度失望的阶段。后来还好，又有了新的工作，一切步入正轨。

失去第二份工作的第三天，姐姐阮彦君从报纸上看到一则招聘歌手的启事，内心深处那份喜欢唱歌的情结又开始蠢蠢欲动。有句话叫"无知者无畏"，真的是很有道理。姐姐阮彦君根本不懂作为一个歌手应该具备哪些条件，不懂真正唱得好究竟是怎样的，以为自己可以胜任歌手一职，于是就初生牛犊不怕虎地去了。幸运的是，姐妹俩居然还被聘用了。当时没有多想什么，只觉得自己可能真有潜力，后来听歌厅的艺术总监讲，经理本来是不想要她们的，是艺术总监觉得可以用姐妹俩来招揽一部分客人，才把她们留下的。当时这份工作的工资是1 000元，每晚只需姐妹俩唱两首歌，其他时间呆着看表演就行。可是姐妹俩觉得轻松得有点太不可思议了，钱也给得太多了，于是每天生活得战战兢兢，经理一说到她们的名字，她们就紧张，生怕被开除，心理压力很大。尤其是接触别的跑场的歌手后，深深认识到自己的能力实在有限得很，别的歌手都是学过专业课的，而她们连基础的五线谱都不懂。每个歌手都有一套调解歌厅气氛的本事，都懂得怎样去逗客人开心，而姐妹俩不会，并从内心有点排斥取悦客人，所以每次上台都只会木讷地介绍自己一下，然后开始干巴巴地唱歌。在经理一再调教下，她们开始学习多讲话，多和客人交流，可惜那时不开窍，死活学不来搞笑的本领。终于有一天，经理觉得姐妹俩实在达不到他预想的标准，把她们的工资扣掉一半，姐妹俩一气之下离开了那个歌厅。

来北京将近9年了，其中有两年多的时间她们一直在从事门童和领位的工作。每份工作持续的时间都不长，每次都是攒够半年的生活费就辞职。因为她们实在不喜欢这种依靠自己身材的特殊性来博取工作，尤其不能忍受一些客人看到自己后迅速转身、绕道而行的行为，仿佛姐妹俩就是一堆臭不可闻的狗屎，走近她们就会玷污自己高贵的身份。偶尔有一次碰到一个非常喜欢姐妹俩的客人，把她们叫进房，希望她们能帮他取悦那个他有事相求的人，偏偏那个人对姐妹俩这样的人非常排斥，看到她们进房就说，赶紧把她们弄走，我不愿意看到这个。盛气凌人的态度让喜欢姐妹俩的客人和姐妹俩都觉得非常尴尬。这种自尊心的伤害是她们当时脆弱的心理素质所不能承受的。因此很长时间，她们都在想着逃离，可每次又都迫于生活的无奈而重回到那种环境。在这样的辗转中，姐妹俩开始领会生活的艰辛和人间的无奈。

永远的感谢

姐妹俩在那个歌厅认识了一个小男孩,这个小男孩成为她们人生路上不能不提的恩人加贵人。他和姐妹俩一样高,比她们大几岁,也比她们早来北京很多年,一直也是做门童和做歌手,但他显然比姐妹俩老道很多,东北人的豪爽在他身上体现得淋漓尽致。他很吃得开。从认识姐妹俩那一天开始,他就一直很照顾她们。每当她们没有工作,每当她们需要工作时,他都能顺利且及时地帮她们找到工作。只是她们总是对工作的热情不够,总是不喜欢从事门童这份职业,总想着攒点生活费就辞职。对此,他爱莫能助,经常对姐妹俩流露出恨铁不成钢的表情。但是真的非常感谢他!在他的帮助下,姐妹俩换了3份工作,由饭店的门童到后来夜总会的领位,慢慢有了实际性的工作。通过这些工作,姐妹俩慢慢学会同客人调侃、逗客人开心了。这些都是姐妹俩成长路上不可或缺的宝贵经历。所以由衷地感谢他,感谢他给予姐妹俩的帮助。

同时还要感谢一所学校的所有员工。当时姐妹俩在北京新桥外国语学院附近打工,总想学点什么让自己充实一些,于是通过朋友得知了该校,她们是抱着试试看的态度去咨询的。这个学校也属于短期培训的那种,规模不大,但前台接待的职员都说韩语,她们了解了姐妹俩的想法后,用韩语给校长打了个电话,姐妹俩没听懂她们到底在讲什么。但她放下电话后告诉姐妹俩校长知道了有关她们的事情,校长愿意免费接纳她们为他们的长期学员,只要她们愿意,就可以一直在他们那里学下去。这是她们人生中值得永久感恩的一件事。姐姐调侃说,顺便说一句,咱中国好像就没有几个学校有此等觉悟。姐妹俩特别珍惜这个机会,她们放弃了不喜欢的工作,一心一意地开始学习英语。学校离姐妹俩住的地方很远,她们每天来回需要花4个小时的时间坐公共汽车往返于家里和学校之间。碰上下雪,挤公共汽车的人非常多,人们都赶着上班,谁都不让谁,姐妹俩永远都挤不进公共汽车,所以经常在公车站一等就是一个多小时,或是侥幸碰到某个心存善念的乘客在后面说:就不能让小孩先上吗?或者是被人推搡着不由自主地上了车,这样才能准时到达学校。学了整整14个月的英语,挤了整整14个月的公车,人情冷暖在公车上也体现得淋漓尽致。她们从一开始羞于挤公车到最后被迫无奈地也上前凑,经常被夹在人群当中动弹不得。这样漫长的过程中,姐妹俩学会了漠视,漠视别人看自己的眼神,漠视自己的颜面。她们只期望能一直坚持着,不迟到,不旷课。

但还是没有坚持到最后,学到口语四级时,家里已经穷得揭不开锅了。姐妹俩和母亲租了一间 8 平方米的平房,母亲在家给她们做饭,然后到附近领一些编织活回家干,为她们赚取每月包括房租在内的 500 多元生活费。编织活有季节性,到了春夏,就没有活干,所以她们就断了生活来源。不得已,她们只好放弃学习,重操旧业——回到酒店做领位。工作稳定之后她们又去了新桥外国语学院,学校一如既往地热情接待了姐妹俩,姐妹俩心存感激,又一次坚定信念要好好学习,一直到毕业。很可惜天不随人愿,在姐妹俩上了不到两个月的学后,开始闹非典,不得已,又只好中断学业,后来觉得无颜再去,对此,她们深感愧疚。

新生活在艰难中起步

离开酒店后,姐妹俩干过很多其他工作,也重新做过门童,但是一直都是非常地凄凉,维持着最简单的生活。搬家成了她们的家常便饭,永远不知道明天会在哪里出现。

2005 年,姐妹俩在极端的郁闷与无奈中,在寻找新生活的情况下,突然接触了淘宝。来淘宝算是机缘巧合。姐妹俩那段时间辞去工作,想要做个实体店,找了半年,一直没找到合适的门面。稍微靠近主干道的小小的店面,租金都贵得吓人。奔波了将近半年,都没有头绪。恰好那个时候,姐姐经常看的那几份报纸在介绍网上商店,她们觉得这种工作方式比较适合自己。虽然她们在一般人眼中是残疾人,但女人天生的爱美情节是永远不会改变的,她们对服装也有着狂热的兴趣。她们认为,只有做自己感兴趣的事情,才会有热情,有动力。于是她们决定卖衣服。因为需要的东西不多,资金也能承受得起,于是就毫不犹豫地做了。起初选择做童装,因为自己总是找不到合适的衣服穿。但随着心理的日渐成熟,她们已经很不愿意将自己打扮得像小孩。而市场上的衣服大多偏向于可爱,款式也基本雷同。偶尔能碰上一件稍有个性的衣服,价格也是贵得要死。所以想着如果能卖一些与众不同的衣服,价格也不是很贵,既能解决自己穿衣的问题,又能赚点生活费,一举两得,实在是很愉快的事情。

于是她们开始了淘宝的艰辛之旅。第一批资金从哪里来的呢?是他们上班两年多微薄的积蓄,两年多的时间积攒了首期购买货物的费用,那笔很少的钱,刚好够开网店。电脑是妹妹的男朋友资助的,于是她们开始了淘宝生活。笔者并不知道到底是多少钱,但笔者能想像数目并不多。从此她们开始了新的生活。2005 年淘宝快速发展,也是姐妹俩生意最好的一年,人们对于网络购物比较新鲜,而且介入者少,竞争并不激烈。所以那个时候生意还不错,可以维持正常生活。但 2006 年春节后生意清淡,她们开始借钱度日。随着经验的积累、顾客的积累、信用的积累,生意终于好了一点,可以勉强维持基本生活。

但淘宝是竞争的淘宝。由于进入淘宝经营的人越来越多,淘宝的生意总体是越来越红火,可是对于一些不是特别具有实力的卖家而言,生意就慢慢淡了,不幸的是姐妹俩属于后者。她们没有雄厚的经济实力,没有第一手的货源,生意真的很难。2007 年对于她们,又是一个难关。

她们不是行家,许多行业术语不懂,只懂得从批发商那里拿完货后加些钱卖出去就行。再加上资金不够,进的货不多,买家选择的余地小,所以生意一直不咸不淡。

她们感慨但是非常真诚地说,其实做过网店的人都清楚,如果没有足够的精力,没有足够的时间,没有足够的耐心,做网店是不可能坚持到最后的。她们的每一笔生意都是慢慢等来的。现在生意稍微好转,是熬了一年多的结果。搭在里面的时间和本钱相信不用算,大致上也都有所了解。过去的一年,她们几乎是在借钱度日。她们现在这样说,肯定有人不相信,但无所谓,她们建议有这个想法的人都来做做。到最后,总会有人理解她们说的这些话。老实说,笔者是有体会的,能理解她们,但是她们说的有的也并不完全正确,只是对于她们能够坚持到现在,真的很敬佩。

一夜成名得与失

2006 年的冬天,是姐妹俩收获的季节。

2006 年 9 月,因为"荧屏连着我和你"电视栏目要做一期有关袖珍人的节目,导演到网上搜索袖珍人的消息,然后搜索到一个袖珍群,刚好姐妹俩加入了那个群,所以就和导演接触上了。后来她们走进电视节目"荧屏连着我和你",一夜成名。他们成为一些媒体报道的焦点。曾经闹出笑话,有一次在做节目时,台上沙发面积太窄,人员又多,不得已,妹妹只好坐到另一位男嘉宾的腿上。刚好那个时候,那位男嘉宾在介绍他 9 年的婚龄,所以很多人误认为妹妹和该嘉宾是一对,其实他们是第一次见面,根本不相干。

上电视对生意确实有一些帮助,有了一些不错的客户,但更多是一些无奈。有个人借口买衣服到家来看,结果进门就疯狂拍摄照片,最后才说自己是某某时报的记者,一个劲地问很多问题。虽然最后,他确实给他的女儿买了一套裙子,但仍然让姐妹俩觉得很不高兴。如果他真是某某时报的记者，他大可以大大方方地进行采访，为什么用买衣服的名义来做这种采访呢？

最近，总有人在网络上要求跟姐妹俩做朋友，没完没了地与她俩聊天，她们稍微忙一点，没顾得上回话，他们便恼火。她们不需要这种朋友，于是干脆不回，也不登录 QQ，不想这样做得罪了很多人。这些人反过来说电视上的姐妹俩热情，生活里的姐妹俩冷漠，其实一点都不是那么回事，实在是很多人好奇心太重了。真正的朋友是不会如此的，所以希望大家给姐妹俩安宁，给她们真正的关心、爱护和帮助。

2006 年的冬天，她们一直在收获着，突然之间拥有了别人给予的许多东西。自从上电视节目后，开始接受了更多媒体的采访。她们忽然有些战战兢兢，非常害怕得到这些不劳而获的东西后，会失去同样多她们不愿意失去的东西，例如她们的爱情，但她们最终还是失去了爱情。

妹妹男朋友的妈妈以死相逼，要她离开。我访问她的那天之前的一天，她的男朋友给她发短信说很累，她觉得已经没有回旋的余地了。但是她也很理解他的妈妈，谁都不希望自己的儿子娶一个残疾人，这是人之常情。她的心也随之死了，3 年的爱情就这样散了。

现在她们只担心，网店发展不好，必须得想办法找个出路。

印象最深的话

在淘宝做了网店之后，才发现事情远远不如自己想像得那么简单，服装市场之所以没有人愿意卖有个性的衣服，是因为有个性的衣服价格也会很有个性，它会不一般地高。去网上消费的人群很少能承受得起，能承受得起高价格的人群都愿意去商场或者专卖店。这样一来，服装就只有两个极端，质量好但贵与廉价次品。想要找质量好价格又不贵的，比较难。没有了好的货源，就不会有价格上的优势；如果没有特色的话，就注定网店已经失败一半了。她们做了两年多，身处北京，虽然有无数的批发市场可供选择，但因为拿货量不够，价格比直接从厂家拿货要高。后来加入淘宝的很多卖家，为了更快地升钻，他们通常都是加几块钱就卖，有些甚至赔本赚吆喝。这样一来，她们的生意就一直处于不咸不淡的状态中。第一年经营结果是入不敷出。第二年，她们做了几期节目，有了一定的知名度，让很多的陌生人认识了她们，并出于怜悯经常来光顾她们，这样她们的生意稍微有了些起色。今年，她们跟朋友借了 20 000 元，增加了衣服的款式，然后花钱好好打理了一下店铺,终于,生意有所好转。

"在过去的一年多里,我一直都没跟任何顾客说过我们的情况,我们希望来我们店里的每个顾客都不是因为同情我们而来的,我们希望我们是靠自己的努力,是靠自己的热诚服务,是靠自己独到的眼光把他们吸引过来的。虽然现在,生意还未达到我想像中的样子,但相对于前两年来说,已经有了很大的改观。明年,我们准备好好研究一下销售之道,然后积极去找一下适合自己的货源。我们的未来,应该值得期待哦!"

天助自助者! 相信她们的明天会更美好!

"我们对自己的评价是正在积极摆脱贫穷的高帽,总结是革命尚未成功,同志仍需努力。"这个话是妹妹阮鲜花在 2008 年 6 月对笔者说的。附带的笑脸告诉笔者,她们对于生活持乐观、积极、向上的态度。

忽略差异是对她们最大的安慰

姐妹俩出席"七加一"袖珍人俱乐部活动。在节目中,姐妹俩和其他袖珍人的心声通过媒体传播了出来。

大阮:我觉得使我改变最大的是田老师,从刚开始忐忑的心情到现在能接受的心情,最该感谢的还是她。做这样一期节目,很多人说真的感谢田老师,不是夸你,整个袖珍节目做完了,很多人到那儿为止了,做完就完了,但是你把这个事继续下去,不仅仅让更多的人见到我们,了解我们,而且现在等于说利用你的工作之便帮我们拍照,帮我们联系媒体,还要帮我们出版更多的东西。你有善良的本性,我觉得你可以把事情做得这么好,而且你现在跟我们很平和地交往,让我们没有距离感。

主持人:访谈开始之前很多网友没有看到,大家和他们的对话,都非常自然。田歌老师应该是一个榜样。通过我们这些节目,有更多的人认识了他们,我和大家坐在这里慢慢有一个融合,大家在一个平等的距离上。这个节目播出之后,大家见到他们以后会用同样平和的心态对待他们,也会被他们的自信感染。正像大阮说的,改变最多的是我们这些人。

田歌：我今年最大的收获就是做了一个大使访谈还有袖珍人群访谈，这两个人群是落差极大的，和驻华大使接触是有很多的困难，和袖珍人群接触也是内心有很多压力，但是我在人性上有一种收获或者进步，或者做人的历练。未来我们要做的事很多，比如现在拍了很多照片，希望有人能够赞助我们，给我们做成日历，我们可以拿出去卖。这些人会表演，特别会摆 POSE，完全是现代人，人家在网上活得比我好多了。希望大家支持我们这个集体，我也会在我力所能及的情况下争取一些帮助，能够让这个集体有更多的人获得更多的权益。

主持人：田歌老师年底想做一台这样的晚会。（可惜最终没有成功。）

田歌：现在全国各地的袖珍人都在我们这儿报名了，我们身边有强大的袖珍人群的艺术力量，但是做一台晚会是需要钱的。

主持人：希望通过搜狐这个平台能把这个信息传递出去，有更多的人尽自己绵薄之力，希望大家起到帮助作用。人长得漂亮不如活得漂亮。最后请每个人讲一句话，可以讲给我们自己，讲给袖珍人群，也可以讲给像我们一样第一次接触袖珍人群的人。

马庆瑞：希望矮人群体所有的矮人像我们一样生活得快乐。我们希望大家，对我们的关心帮助首先是大家忽略我们，从我们身边走过，或者在家庭里面，在单位里面，在社会上，拿我们当很普通的人，把差异忽略掉。这是对我们内心最大的安慰。

田歌：他们让我当"七加一"俱乐部的代表，很多人都笑我，你当什么代表。他们这样说是因为没有和他们接触。

蒋聪伶：我想对天下所有袖珍人说一句话，只有残疾的人，没有残疾的心。大家都要上进，好好生活，不要因为自己身体上一点缺陷就觉得自卑，要快乐地生活，快乐地坚持。

孙作秀：其实我跟马主任的意思一样，我们走在公众场合，请大家不要用怪异的眼光看我们，拿我们跟你们一样，当作普通人。我们这个俱乐部办得很辛苦，真的投入了我们全部的心血，孩子都顾不了，家都顾不了，我的店都已经关了。希望社会和所有的民众团体能够真正理解我们，帮助我们，让我们把为袖珍一族这个群体服务，把为残疾人服务这个很艰难的事业做下去，能支持我们。这是我们最大的心愿。

马雪莲：我通过田歌老师播出的"荧屏连着我和你"才知道原来有这么多人和我一样，我觉得并不孤单，心里感到宽敞了许多，跟大家在一起特别开心，希望我们以后这个群体会越来越好。谢谢田歌老师。

大阮："七加一"俱乐部成立了。我们需要资金，希望更多的企业、有钱人能赞助我们这样的俱乐部。我们田歌老师可以免费做代言。我想跟所有的残疾人说，因为残疾人很多，到我这里寻求心理安慰的人也很多，他们不知道我为什么这么自信，我想跟大家说，其实我也不自信，所有的残疾人不可能在真正意义上自信，这不太可能。我跟大家一样，也有自卑的时候。我想跟大家说的是，天下没有人能帮得了你，只有你自己能帮自己。把你自己的心放到一个平等的台面上，就可能会跟别人平等了，如果你自己都看不起自己的话，没有人看得起你。我希望跟大家说，路是自己走出来的，只要自己努力去做，就有50%的成功率，但是如果不做的话，就不会有成功率。大家应该认认真真生活，哪怕自己的生活并不是那么完美，其实生活中所有的人包括正常人，他们的生活也不是完美的，每个人都应该认真去对待生活。

小阮：像我们这样的残疾人，包括肢体残疾的人，都应该活得开心一点，活得潇洒一点，把心放开一些，尽量保持平等的心态。

主持人：今天非常高兴袖珍俱乐部和田歌老师作客本节目，讲述了一些荧屏外的故事，告诉我们他们心底的希望和想寻求的帮助。希望这期节目之后，我们在对待袖珍人群时，能够用平等的语气和态度，希望他们的精神能够鼓励我们每一个人，希望所有人平等。

本案例使用说明

一、教学对象与目的

1. 本案例主要适用于 MBA 的创业管理课程、工商管理类别相关硕士课程的教学和管理培训,也适用于电子商务类、经济类、管理类本科课程。

2. 本案例的教学目的在于帮助企业各层级的管理者和想创业的人以及已经创业的创业者更好地理解创业的实质,特别对于一些残疾人而言,可以激发他们创业的热情,认识到自信心对于人生的重要性。

二、思考题

1. 对于袖珍姐妹而言,该如何激发和培养她们的自信心?

2. 残疾人创业最大的难点是什么?

3. 如何看待韩国学校免费给袖珍姐妹学习的事情?为什么中国的学校不会这么做?这背后反映出什么样的问题?

4. 袖珍姐妹最终依靠网络创业实现自给自足。她们遇到了一些问题和麻烦。如果你想帮助她们走出困境,该如何帮助她们?

5. 袖珍姐妹的养父母在他们的人生中扮演了什么样的角色呢?

三、教学思路

教师可以根据教学目标灵活使用本案例。以下思路,仅供参考。

1. 培养袖珍姐妹的自信心,必须让她们勇敢地面对自己的缺陷。

2. 残疾人创业最大的难点是突破自我心理缺陷。身体的缺陷,常常导致心理上的不均衡,最终使心理产生缺陷,导致很难在人生路上顺利前行。

3. 袖珍姐妹的人生中,韩国人的帮助完全出于真心,而我们中国的学校却没有,更多考虑的是经济利益,背后深层次的原因值得我们反省。

4. 袖珍姐妹面对的第一个问题是心理上的,不能突破自我,必须让她们突破自我心理上面的障碍;之后才是经济上面的原因。

5. 在很大程度上应该感谢她们的养父,毕竟是他给了她们姐妹第一份工作并满足她们有一个家的需要,虽然种种原因使他们最后各自分开,但是应该感谢他。

四、教学要点

1. 了解和把握袖珍姐妹来北京经历的全部过程。

2. 把握创业中创业机遇的重要性，任何微小的部分都有可能成为创业的关键。

五、建议课堂计划

本案例适用于专门的案例讨论课，在创业管理课程中进行。以下是建议的课堂计划，仅供参考。

整个案例课的课堂时间控制在80~90分钟。

课前计划：提出启发思考题，请学员在课前完成阅读并作初步思考。

课中计划：简要的课堂前言(2~5分钟)。

分组讨论(30分钟)。

引导全班进一步讨论，并进行归纳总结(15~20分钟)。

课后计划：如果有时间，请学员相互交流一下，写出自己的读书报告。

第十四章

白手起家的"拖鞋王子"黄木华①

　　摘　要：本案例全面记述"拖鞋王子"黄木华从辍学打工到 200 元起家，从摆地摊开始创业到努力打造自有拖鞋品牌的全部过程，集中展现了创业者的坚韧、创新精神与坚持不懈的品质。

　　关键词："拖鞋王子"　创业　诚信　品牌

"拖鞋王子"和参加华南网商会的网友

　　①　本案例是江苏大学工商管理学院教师胡桂兰、毛翠云收集整理编写而成。未经允许，本案例的所有部分都不能以任何方式与手段擅自复制或传播。本案例授权中国 MBA 培养院校案例中心共享使用。由于企业保密的要求，本案例中有关细节作了必要的掩饰性处理。

背景

"拖鞋"，在清朝时，有一个叫徐珂的人是这样定义的：拖，曳也。拖鞋，鞋之无后跟者也。任意曳之，取其轻便也。这种"任意曳之"的定义，反映出拖鞋无拘无束及休闲的特征。拖鞋本身就是无遮无拦的，而且穿起来很方便。在现实生活中，拖鞋不但能穿出时尚，而且具有实用价值，因为人类需要拖鞋，喜欢拖拖鞋。

古时候的拖鞋都是木板制造的，非常重，但随着技术不断改进，越来越轻便。木制拖鞋称为"木屐"，鞋面光滑而透气，采用皮革或塑料做鞋面，走起路来会发出"咯哒、咯哒"的声音。东方朔《琐语》说："春秋时介之推逃禄自隐，抱树而死，文公抚木哀叹，遂以为屐。"从这首诗中可以看到他们非常注重拖鞋。其实很早以前拖鞋就在中国的历史上有一定的影响力，并且被载入史书。"木屐"最早盛行于我国南北朝时期，谢灵运曾经对其进行过改造，故也称"谢公屐"。有句唐诗"脚著谢公屐，身登青云梯"，说的就是这种木屐。在《红楼梦》里，"多情公子"贾宝玉也穿这种"木屐"拖鞋。到了现代，木制拖鞋仍然流行，而且远销海外，在日本得了一个雅名"日本脚屐"。

20世纪50年代，第一双塑料"拖鞋"在法国问世，这是拖鞋史上的一次进步；之后又推出了"PVC拖鞋"；到发展高峰期时又有EVA拖鞋、橡胶拖鞋、草拖鞋、布拖鞋等不断涌现；近几年推出毛绒拖鞋、室内拖鞋、酒店拖鞋、一次性拖鞋、按摩拖鞋、时装拖鞋等；现在人们又开发了擦地拖鞋、吹气拖鞋等。拖鞋真是应有尽有，并且各有各的风采。现在的拖鞋市场可以说是如火如荼，尤其是"塑料拖鞋"，物美价廉并且耐用，很受消费者欢迎；每年的出口量也在不断增加，EVA拖鞋的商机正变得越来越好！

"拖鞋王子"黄木华

黄木华是汕头鞋业界名人，在他的博客里，很多人称他为"拖鞋王子"。他自己说："我喜欢拖鞋，所以经营拖鞋；我热爱拖鞋，所以我要专做拖鞋；我了解拖鞋，所以我要做品牌拖鞋。" 2003年秋天黄木华的第一家鞋店开业，2005年清明节第二家鞋店开业，2006年第三家鞋店开业。2006年底他注册阿里巴巴诚信通会员，现主要从事鞋类批发、零售及相关贸易。2008年4月至7月参加了由天下商机网主办的大型励志创业活动——草根创业大赛,他的项目是创造第一个国际拖鞋品牌,做全球最大的拖鞋供应商和批发商。第一步计划,到 2015 年底之前,在中国境内实现全面的拖鞋品牌连锁,在中国各大城市都发展加盟商和批发商;第二步计划,到 2020 年底之前,在国外所有国家和发达的各大城市建立拖鞋品牌连锁店。这个项目,从挤入 1 000 强,到 100 强,再到 30 强,再到 10 强,最后进入总决赛拿到白银奖。他说在本次大赛中收获很多,认识了很多朋友,获得了很多评委精到的点评,人生新的一页打开了。

他介绍自己诚信发公司的语言也非常独特:广东省汕头市诚信发鞋业成立于 2000 年底,公司以三赢的经营方式得到了广大客户的好评。什么是三赢呢? 一是厂商赢,二是客户赢,三才是自己赢,即要让厂商有利也要让加盟商有利,这种经营方式驰名拖鞋行业。目前他的公司共有两家批发公司和一家外贸档口,分别在汕头和广州,主要供应塑料拖鞋、EVA 拖鞋、人字拖鞋、室内毛绒拖鞋、EVA 花园鞋、手工拖鞋、羊毛拖鞋、毛线拖鞋、工艺拖鞋、PVC 发泡拖鞋、吹气拖鞋、按摩拖鞋等产品。可来样定做,也可成品加工,并且他们在全国各省市诚招代理商和加盟商。

2007 年,在黄木华报名《赢在中国》海选的最后一天晚上,黄木华还在与一位印度客户谈生意、签合同。"我相信我有能力进 108 强。"这是黄木华的备战宣言。他如同周围许许多多参加《赢在中国》的选手一样自信。

白手起家

黄木华的童年颇为艰辛。黄木华的家乡在鄱阳湖边的农村,在他的印象中,"父母经常会为小事和一日三餐而动手拿刀"。家庭的不幸,让他立志做一个有作为的人,不再为小事和一日三餐而烦恼。他拼命读书,渴望读书能改变命运。但命运跟他开了一个玩笑,他初二时,妹妹突然患病(精神障碍病),他不得不辍学,和同乡背着简单的包袱来到广东省汕头市潮阳区打工。那一年是 1997 年,他才 17 岁。

到广东第一件事就是找工作,但因为他个小人瘦,很多厂家都不收他,也不敢要他,大家都认为他是童工。但黄木华并没有放弃,尽管曾经一天只能吃一包方便面,尽管每天睡在庙里,但他还是坚持,相信天无绝人之路,终于在半个月后找到了第一份工作。虽然那个工厂只是一家私人小厂,只有十来个人,仅仅是用篷搭建的工作车间,但他还是很高兴、很兴奋,因为从此他有了自己的工作,可以为家庭减轻负担了。

黄木华工作的工厂是加工耳机的,他刚开始做学徒,没工钱而且工作辛苦。黄木华看到一张张不熟悉的面孔时,心里害怕,不敢吱声,也不知道如何沟通,尤其是他的普通话很蹩脚,一张口其他人都笑得合不拢嘴。在孤独与痛苦中,他只有拼命工作,时间长了,他的勤劳和能力为大家所认可。半年后,他成为师傅,可以带学徒了。

做师傅的一年多里,黄木华看到很多人搞承包赚取加工费。这让他看到了商机,他毫不犹豫地火速回家,想带几个人去淘金。可没人相信他,无奈之中,只好拉了几个同学一起南下,最后承包了一个工厂的活赚了一笔钱。可惜好景不长,做了两年时间后,劳动局下通知检查童工,工厂里一个童工被查到,工厂倒闭了。

工厂一倒,欠黄木华的一部分工资也补不上了。无奈,黄木华只好解散小团队,从头开始。

卖袜子

黄木华重新打工时,他遇到了一个朋友,赚到了第二次创业的本金。这个朋友从批发市场进袜子到黄木华打工的工厂附近卖。大家经常一起吃饭,渐渐熟悉了。黄木华有时帮他的忙。日子久了,黄木华明白了做生意的来龙去脉。他决心做生意去赚钱,不再过穷苦的日子。

事情很凑巧,快过年了,朋友的货物也卖得差不多了。朋友想回家去过年,又看到黄木华想做生意,于是把货盘给了黄木华,算下来总共260多元,可黄木华口袋里只有200元,又没住的地方,看在黄木华多次帮助的份上,朋友把他租来的房子借给黄木华住,等过年后再说。黄木华给了他200元,写了张欠条。送走朋友后,黄木华发愁了,这货物总要卖出去呀,怎么办?怎样才能赚点钱过年?那时他身无分文,唯一留下的就是一辆单车、一床被子、一张草席、一套餐具。

没办法,黄木华用最原始、最笨的办法,一手提包,一手骑单车,穿街进村,一个巷子一个巷子地叫卖,有时还到早市和晚市蹲点。结果袜子很快卖光了,卖了400多元,自己不仅没赔,还赚了200多元。这件事对他的刺激特别大,以前帮忙还不能完全体会做生意的奇妙,现在自己一干,他的经商念头更强了。

2000年底,黄木华回家和家人说了经商的想法。这个想法对于坚信孩子应该"先成家,后立业"的农村父母而言,如同一次大地震。经过黄木华反复劝说,父母最终同意了,但是决定:"不论以后成也罢败也罢,找老婆的事情你自己解决。"从此,黄木华铁了心经商。他经常去市场看看,去繁华街道转悠,四处寻找机会。这招还真管用,黄木华有一次走到一家鞋店,看到他们生意非常红火,客流不断,于是他决定卖鞋。

卖拖鞋

　　黄木华分析,自己打工的地方是工业区,也是内衣名镇,外来人口多,几乎长年都是高温天气,百分之八十的人都穿拖鞋。卖拖鞋肯定大有前途,有钱可赚。

　　就这样,他就和拖鞋结下了不解之缘。他用卖袜子的 400 元去批发市场进了第一批拖鞋,只有一蛇皮袋,每天早出晚归用单车拉到附近菜市场去卖。"卖啊卖,大概卖了 3 年吧,我的生意渠道广了,人熟了,市场有了。但我觉得太累,每天早出晚归不说,整个人晒得和黑人差不多。于是我又有了一个大胆的想法,何不去租店铺做批发呢?"但当时租个店铺租金是 4 万元,这对一个农村出来的打工者来说是天文数字。2003 年底,他还是咬牙租下门市开始做批发生意。他勤劳、热情、经营有道,批发生意一路红火,2004 年突破 600 万元大关,而且他发觉生意越做越顺利,越做心情越畅快。后来,他发现随着消费者消费水平的提高,对品牌的要求越来越高。2005 年他加盟成为法国红蜻蜓、意大利苹果、日本皇冠健康皮鞋的代理。代理名牌后,销路一路畅通,2006 年光皮鞋销量就突破 3 000 万元大关。

　　但新的问题又来了。鞋的销量大,可利润很少,只有 5%。去掉各种开销后,一年利润只有几十万元。更重要的是,做批发显示不出产品的价值。有一件事,让他决定开发自己的产品,做自己的品牌。

　　2007 年上半年,有一个超市要 4 万双拖鞋。黄木华非常开心。但客户说价格太高,黄木华无奈地告诉他:"如果这个产品是名牌的话,你拿 3 倍价格也不见得买得到这样质量的产品。"他越想越难过,本来这单实在不想做,因为不但没钱赚,而且天天跑厂家,还要做客户要求的 LOGO,但他看在量大份上决定试一下。在跑工厂的过程中,他突然想为什么不做自己的牌子呢?如果产品在市场上影响力好,就不用借别人的牌子,还能提高产品附加值,可以彻底摆脱低利润的单纯批发之路。

　　做批发,黄木华做得相当好,其他人销售不出去的,他能销售出去,他的销量越来越大,甚至有很多人请他帮忙代销。秘诀在于他比别人更用心,更有诚信。由于他的客户基本集中在超市、商场以及各个零售点,他会定期、分期拜访客户,加强与他们的沟通与联系,询问他们销售的情况,为他们提供鞋类信息、服装摆设、产品定价等,以及教他们如何锁定顾客,还有一些不好销的产品可以包退包换。这样一来,客户完全放心了,也都基本与他建立了稳定的合作关系。那些包退包换的产品,其实基本没给黄木华造成损失。他认为,每个客户,每个地域,销售的产品都不一样。一个产品,放在你这里销不出去,也许放在其他客户那里就很好销了。他对每个客户销售的产品都作分析,并且记录下来。这样一来,黄木华对任何产品都把握了其销售的特点,能把所有产品都销售出去。

接触电子商务

如果没有网络,也许他的人生一直平淡。偶然的机会,他接触网络,他的人生有了新的变化。

黄木华接触电子商务非常早,从他打工时就开始了。黄木华当年的一个老板是通过网络拿订单的,生意非常红火,他非常好奇,很想自己将来也能通过电脑做生意拿订单。于是他渴望拥有电脑,用电脑连接网络,用电子商务来谈生意。从那以后他想利用空余时间学电脑操作和运用。虽然学费蛮高,但他还是一直省吃俭用攒钱准备学。可惜后来他向老板借来学电脑的 1 000 块钱丢了,他只好暂时放下这个心愿。直到 2005 年,他在公司批发拖鞋时,才能利用空余时间去培训班学习办公软件和财务软件。2006 年他正式进入网络,开始在阿里巴巴销售拖鞋。他一边学习,一边坚持写博客,用博客传递着自己对拖鞋的理解与热爱,对客户的关心和诚信。

阿里生意路

2006 年黄木华进入阿里,4 月接到了第一单,后面紧接拿到来自深圳的订单,他们都是在阿里求购的信息中找到黄木华,了解到他这里有种类繁多的拖鞋。9 月,公司成功地在广州某鞋业城设拖鞋档口。10 多天后,又有两单来自阿里。其中一个是来自山西晋城的客户,他通过阿里商铺下单。当时黄木华告诉对方说没现货,要几天后才能发货。但对方说没关系,而且很坦诚地说想和他长期合作,做公司的西安经销商。黄木华吃惊地问:"为什么? 为什么相信我?"对方回答说,自己从黄木华的阿里博客中看到了他的创业故事,知道了他创业的经历,非常佩服他,之所以和黄木华合作,就是看重他这个人,真诚,注重信誉,肯实干。就这样黄木华得到了一个忠心的客户。

来到广州开档后好事连连。在山西晋城单完成后的第二天,黄木华收到客户的询盘。该客户通过贸易通找到黄木华,说在阿里商铺看到公司的产品,跟他想求购的产品很相似,所以想了解更多信息。对方要的是一种泰国生产的全橡胶人字拖鞋,直接问价格和交货期。黄木华认为只要来公司问价的都是客,都要以诚相待,都要热情招呼和用心答复,直到客户满意为止,即使做不成生意也可以做朋友。公司一致认为有人来问价就表示对公司的产品感兴趣,不管是新客户还是老客户都要一视同仁。只要来公司问价,公司都会报同样价格。

黄木华报价后,客户没有回复,对方不相信报价,以为故意报高价,再没有联系了。可过了几天,对方又找到黄木华,说:"黄先生,价格能不能再商量,如果可以让点利的话,我可以考虑和你合作。"黄木华问他的量有多大,对方回答说要两条高柜,黄木华有点不相信,再发信息确认了下,结果还是一样。这可把黄木华乐坏了,因为这是他接的第一次大单,于是黄木华很痛快地让价 0.5 元每双。对方也很高兴,他以为黄木华不会让价,结果让了 0.5 元。对方提出看样品,于是约定在广州档口见面。

没想到对方就在广州,是做国际生意的印度客商。很快对方带着翻译找到了黄木华的档口,并且带上样品来和黄木华的样品做比较,结果完全一致。当场他打电话去印度,告诉那边的客户找到了供应商,但印度那边说要先寄几双样品确认一下。黄木华看到后,马上想到印度人做事非常认真严谨,不容出一点差错。于是他也打电话给厂家,希望厂家把产品做好,抓好质量关,一定做到让客户满意。客户走时还带了几种其他款式的样品,说以后继续合作,之后生意很快谈成。这一单黄木华不但赚了不少钱,而且着实让他开心了一段时间。

印度单谈成后,有一天阿里旺旺有两条留言,留言者表示想和他合作。一个是山东济南的,说过几天想亲自来公司看一下,因为他们主要是做超市和商场的,刚好黄木华公司的产品也是提供给超市和商场,所以在阿里商铺看到黄木华公司产品后,非常兴奋地给他留了言,想做黄木华公司在山东的总代理。另一个留言的是台湾人,他要黄木华报运到台湾的价,数量是要 100 箱。这可难倒了黄木华。因为他要找货代公司,还要找出口公司。这个和印度单不同,对方要的是出厂价,货直接送到对方仓库就行。可是这次非常复杂。黄木华忙坏了,又在货代之家论坛发求助帖,又向朋友打听货运公司和出口公司,好在最后终于顺利接单。

阿里的几个月生意,让黄木华意识到网络的价值和魔力,"没有做不到的事,只有想不到的事"。于是 2006 年底公司正式注册成为阿里诚信通会员,2007 年又注册了阿里旗下公司淘宝会员,也参加了中国十大网商评选。虽然评选的结果没他想像的完美,但他还是坚信自己,坚信电子商务。因为他相信只要自己努力去做,只要自己用心去做,只要坚持不懈,成功在付出后总会来到,成功把握在自己的手中。他渴望通过电子商务这个平台把生意做到海外,做到全世界,做到全球每一个角落。

网络拓展品牌路,博客插翅飞翔

网络对于黄木华来说,神奇而独特。"我会利用网络来缩短实现目标的距离,这里是我每天吸收新鲜事物和了解社会动态和市场行情、产业信息的窗口。"

想到做自己的品牌后,黄木华便着手开发市场。他找人设计开发了第一款产品,然后延续他一直以来的客户验证市场的风格,开始在自己的老客户中试销。由于产品设计很有人性化,试销后反响很好,市场很好。

说到自己的强项,黄木华认为他最擅长的就是创业,在汕头推广拖鞋的时候这个能力又一次发挥了出来。对于自己在创业上所具有的优势,他认为是"敢作敢为,善于挖掘新创意,肯实干"。在近十年来的创业征途中,黄木华逐渐确定了做拖鞋名牌的思路,而且通过自己不懈地努力,他在汕头逐渐站稳了脚跟。"那段时间用过的推广方法很多,请过业务员,自己也上门推销过,不过现在已经不需要那样辛苦了,汕头一带业内人都认识我。"在黄木华的博客里,很多人称他为"拖鞋王子",他对于拖鞋贸易的专注让其成为汕头鞋业里的名人。

打响了在汕头的名气之后,黄木华下一个目标是走出汕头,走向国内市场,甚至国际市场。黄木华选择网络,借助网络的无限疆域实现了新的发展。他还不断地开发新产品,研究新趋势。他发现用尼龙绳勾出来的手工拖鞋在国内有一定市场,很多人都会做,但还没有人将手工拖鞋品牌开发出来。"偶尔在淘宝网上看到有几家散户在卖,但不是很专业,销量也不大,出售方式就和普通拖鞋是一样的。我当时觉得,可以用这种手工拖鞋建立一个品牌。"为此,黄木华走访了全国30多个城市和50多个大型拖鞋批发市场进行调查,并且带着样品挨家挨户去走访。"这次走访很成功,有百分之八十的客户愿意做我们的代理商和经销商。"之后,黄木华又独自一人到广州新华南市场进行试销。"结果试销期间来了很多意向客户,而且还有几个外国客商。"

确立想法之后,黄木华立即回到家乡召集人手,联络个体户,采购他们编织的手工拖鞋,并且还与这些个体户签订了合同,即所有产品都由黄木华的公司进行包装、设计、开发、销售。黄木华早已为手工拖鞋起好了名字:"传奇"。他希望能在这条创业路上创造出传奇。

下一步,黄木华找人帮他设计"传奇"品牌的 LOGO,而他的网络推广之路也在同时展开。"我们用电子商务当然是有作用的,如果没有用电子商务的话,我现在还在汕头做一些小客户和局域客户,根本谈不上贸易。"网络让广东之外的许多客户逐渐知道了黄木华的公司和产品,而黄木华坚信,电子商务就是他转型的开始。"我要从这里建立公司全新的起点,拓展各地的客户,而我的目标就是能在以后办工厂,办企业,办集团。"

是网络让他和客户相识,是网络造就了"拖鞋王子",是网络让他认识更多的朋友。现在"拖鞋王子"这四个字对他来说是一种无形的财富,也是他来阿里论坛的收获,更是广大网友对他支持和信任的体现。

黄木华一直坚持写博客,几乎他的所有网络客户都会认真研究他的博客,通过博客认识他,最后成为合作伙伴。有人写博客是为了让别人认识自己,有人写博客是为了和别人一起分享创业心得,有人写博客是为了提高知名度。黄木华写博客是想通过博客让客户更深入地认识自己,通过博客增强曝光率和知名度。博客已经成为他生活中的一部分,他几乎天天在坚持写博客。

第8个客户

在阿里,他接到了很多大的客户,其中他的第8个客户是海口市一家民办学校的校长兼董事长。学校从小学到高中共有60多个班,全校师生3 200多人。该客户还有9家商务宾馆和1家洗漱公司。她想做全海南省最大的拖鞋批发商,这个计划她考虑了半年之久,有一天在网络上搜索拖鞋,知道了黄木华,通过贸易通找到了黄木华,看了他的博客和介绍后想实地调查一下。黄木华当时并没在意,因为这样的网友每天都会碰到很多,只给她留下了一个联系方式。半个月后黄木华接到对方的电话。"'拖鞋王子',你好。你人现在在广州还是汕头?我来找你来了,找你进货来了。"他当时还不敢相信,也不知道是谁,等她说出名字后才想起半个月前的事,告诉她自己在广州新开的档口,出乎意料地是她马上往广州赶。一个小时后她到了黄木华的档口,看样品后说想去汕头总部考查一下,多了解一下公司。于是他们一同赶到汕头总部看拖鞋样品。当时公司共有10 000多种产品,对方看罢当场表态要做海南省一级经销商,负责全海南省的业务和销售,要求公司提供所有产品。对方说:"这样一来,我的产品就不会少于海南的老同行,而且款式新颖,价格便宜。"她一个劲感叹,真是找对人了,真正找到了一个好公司。

黄木华说能轻松拿下这个客户的另外一个原因是专业。黄木华在拖鞋行业摸爬滚打了10年,对拖鞋的认识可以说是相当深刻。只要是拖鞋,他马上能判断出是什么地方生产的或什么材料加工的,还可以分析市场份额和拖鞋销售情况。光凭这个,客户马上就折服了。她认为自己选择黄木华做供货商是明智的选择,不仅省心,还省时间,少走弯路,而且这个合作还有个特别的好处:只要是公司提供的产品,在一个月之内不好销的话可以换其他款式,减少了产品积压量。

黄木华说是网络造就了自己,让他成为拖鞋王子,网络给了他发挥的空间,网络让他在创业路上创造了不少奇迹。于是他打算在广州做一家行业网站,网站名就叫"拖鞋王子"网,专门为那些提供拖鞋和需求拖鞋的商家提供一个互动的平台,让中国所有的拖鞋产业都集中在他的"拖鞋王子"网上,同时也为他们提供供应信息和求购信息,为他们之间的友谊和合作搭建一个交流的平台。"拖鞋王子"这四个字,他已经在广州工商局注册为"诚信发"鞋业的一个品牌。

创业要先学做人

2006年10月的一天,黄木华开车去医院,半路车抛锚,天又下雨,手机没电,他准备下车推车时,有个好心人路过,帮他把车拉到了修理铺,还送他到了医院。得到陌生朋友的帮助,黄木华心里实在过意不去,就问他是哪里的,有机会路过去谢他。一问才知道他们曾见过,只是黄木华没有了印象,原来他就是黄木华一个客户的亲戚。此人当时刚犯过错误,找工作四处碰壁,黄木华鼓励他出来创业,而且还给他讲了很多做生意的要点和做人的道理,没有想到今天居然遇到了。自己帮过他,自己在遇到困难时得到他的帮助,太巧了,但冥冥之中自有安排啊。

生活中类似这样的事情还有很多,甚至还有更复杂的。虽然是生活的一些琐事,但它可以让我们体会到做人的真理,可以让我们的生活多一份温暖,让人间多一点爱。创业成否并不是最重要的,重要的是你会不会做人。只有学会了做人,才能让你全心去创业,放心去创业,才会让你有创业的机遇,也只有这样,在创业的路上才会顺顺利利,才会心平气和。

时刻准备着

记得小学四年级时,黄木华的数学老师说过这样一番话:你们要时刻做好准备,做好准备的人去参加考试或测试都不会匆忙和紧张,只有时刻做好准备才能考出好成绩。

就是照这一番话去做,黄木华当年参加数学奥林匹克比赛,荣获县第一名。黄木华刚来广东汕头时,不懂当地的方言、人情世故和风俗习惯。这对于刚踏入社会的他来说,无疑是个大问题。单单语言沟通就相当困难。无论做什么都不方便,几乎寸步难行。那时他想会说几句流利的潮汕话该有多好。于是他下定决心,要做好准备。

经过艰苦的努力,他主动学会了当地方言。因为学会了方言,与顾客沟通交流方便,和顾客产生亲近的感觉,他的生意好了很多。尤其是对于要立足当地的生意人来说,意义更加重大。本地人和他做生意也多了一份信任。他说:"比方说,在菜市场卖拖鞋,如果不会说本地话,那些本地人会来买鞋吗? 再说,进菜市场的都是些妇女和老婶子们,她们多半都是不会说普通话的。只有用本地话和她们交流,生意才有的做,而且大部分顾客都来自她们。"

也因为学会潮汕方言,他娶到潮汕姑娘为妻。如果不是因为会说潮汕语言,他的生意也不可能做得那么顺利。他的一些合作伙伴都是潮汕人!"就拿拖鞋厂家来说,如果不是因为自己会说潮汕话,会合作得愉快融洽吗? 他们愿意把那产品的代理权交给我吗? 那些货款就那么放心地分期付吗? 有时候因为太忙或者资金紧张,代收款晚几天再付,那货运公司就那么放心帮我担保吗? 甚至他们就一直把我当作是潮汕人。我的成功更可以说我早已经做好准备了,所以说朋友们做好准备吧,只有做好准备,那成功离你们才不会太远,有时的失败和损失,不是我们做的不够好,也不是因为我们运气差,而是因为我们还没有准备好。"

信誉是练出来的

黄木华从摆地摊到租档位,从租档位再到租店铺;从零售再到批发,从批发再到代理,从代理再到电子商务,而且目前正向外贸和世贸发展。一步一个脚印地走过了 10 个年头,从昔日的打工小子变成今天的"拖鞋王子",他认为其中最重要的一点是诚信。

都说创业苦,都说创业累,他觉得创业既不苦又不累,因为只有累过、苦过才知道成功来之不易,才知道天下没有一件事是不经过努力就能成功的。当然创业成功不仅仅是这些,而是有很多因素。但黄木华觉得创业要成功,信誉最重要,创业精神最重要,创业心态也极其重要。

说起"信誉",大家都知道。不但创业需要信誉,做人也需要信誉,做事也需要信誉。只要信誉招牌树起来了,只有信誉的大门打开了,创业路才会越走越好,创业人生才会越来越丰富。

那"信誉"到底是怎么得来的呢? 黄木华觉得是用时间"炼"出来的,与其说创业信誉还不如说是做人信誉! 只有你在人们心中有了信用,在人们心中有了地位,那才算是在人们心中赢得了信誉,信誉不是三天两日就能做到的,也不是三天两日能得到的。那可是要在日积月累的岁月中炼出来的。只有那样,你的信誉才得之无愧。

在创业初期资金有限的情况下,信誉很重要,一不小心就会翻船,一不小心就会失去大家对你的信任。因此从一开始他就注重信誉,注重做人,注重诚信。他之所以给公司取名诚信发,就是这个原因。因为他知道,一个商人最重要的不是生意的大小,而是诚信度。他坚信诚信能给他带来商机,诚信能给他带来财富,诚信能给他带来美好的未来!

一毛钱招商

在发展品牌代理商的过程中,黄木华有自己独特的办法。他的招商信息发布后,得到很多商友和朋友的关注与支持。

其实最主要的办法就是他从公司的经销商角度出发,象征性地只收一元钱的经销代理费用。他渴望利用拖鞋王子的名望为社会做一些事情,为一些未来想创业的人做一些事情,为一些未创业的朋友做点事,为一些没有选好创业路的朋友提供创业项目,为一些下岗员工或家庭妇女提供一个稳定的职业。

黄木华强调,其实关键是加盟的操作方法比较简单,既不要加盟费,又不要签什么合同。只要乐意做,愿意做,相信天下没有做不成的事,天下没有难创的业。他自己用200元做拖鞋生意,从摆地摊做起,创下了大业。现在的人有很多好的条件,创业应该更容易走向成功。

"公司的经营模式很简单,只要是合法公民,只要想成就一番事业,只要有能力经营一家小店,都可以来加盟,都可以加入我们的优秀团队。无论你是男是女,无论你是否曾创过业,无论你有5 000元还是10 000元的创业资本,都可以加盟我们公司,都可以做我们的代理商、经销商。钱少就做钱少的计划,钱多就做钱多的买卖。所以我们非常欢迎大家加入我们的团队,邀请大家来我们公司做客,不管你有没有做好准备,不管你有没有经营过拖鞋,都可以成为我们的朋友,都可以成为我们的合作伙伴。其实我们的优惠条件很有创意,只要是我的代理商和经销商,只要加入我们的团队,就可以得到一个会员证,都能拿到拖鞋王子的品牌特约证,都可以成为公司的金牌客户。凡加入公司的加盟商,不管你是代理商还是经销商,不管是贸易商还是海外客商,公司只赚取你们的一毛钱利润,每双拖鞋除运费外只赚取你们一毛钱的服务费。"

上面这些就是拖鞋王子的加盟承诺,其实他这样做的目的就是要迅速打开市场,全国连锁后形成一个庞大的连锁系统。一毛钱招商的做法确实能吸引很多人。我们期待"拖鞋王子"能做得更好。

本案例使用说明

一、教学对象与目的

1. 本案例主要适用于 MBA 的创业管理课程、工商管理类别相关硕士课程的教学和管理培训,也适用于电子商务类、经济类、管理类本科课程。

2. 本案例的教学目的在于帮助企业各层级的管理者和想创业的人以及已经创业的创业者更好地理解创业的实质,把握创业中遇到的机遇,认识到创业者在创业中的重要性。

二、思考题

1. 请分析黄木华的整个创业历程,总结出其创业过程,分析各个阶段的特点。

2. 黄木华为什么打算自己做品牌? 为了创造自有品牌,他做了哪些打算和步骤?

3. 黄木华一毛钱招收加盟代理商的做法该怎么评价?

4. 创业需要一个好 SPECIAL PEOPLE,就是创业者。在这个创业案例中,黄木华本人有什么特点? 这对于整个创业过程有什么作用?

5. 如果黄木华大学毕业,试想情况会如何? 如何看待人生的逆境?

三、教学思路

教师可以根据教学目标灵活使用本案例。以下思路,仅供参考。

1. 黄木华从艰难中起步,创业是相当艰难的。几年时间里,他从沿街叫卖开始,摆地摊,开批发部,加盟代理,到网络推广产品,每走一步,对于这个来自偏僻农村、没有多少文化的小伙子来说都相当艰难。他能一步步走出来,其中最重要的因素就是摆脱贫困的渴望和对经商的热情。

2. 黄木华打算创造自己的品牌,应该说从他开始经营杂牌到代理品牌的过程中就已经意识到品牌的价值,消费者更乐意相信品牌,相信名牌。进军超市时价格问题仅仅是他想打造自有品牌的催化剂而已。

3. 一毛钱利润,其实就等于是白送,在品牌初步建立阶段,这是没有办法的办法,也是迫不得已的选择。

4. 黄木华本人聪明,善于学习和总结,而且有决心、恒心和毅力。这些应该是所有创业者都具备的特质。这些特质在黄木华身上得到了更好地体现和阐述。这些特质,使他能够不断发现,不断创新。在某种程度上可以这样说,商业可以激发人的潜力和才华,在黄木华身上是又一次验证了这句话。

5. 如果黄木华大学毕业,那么相信摆地摊的事情绝对不会发生,可能直接会就业,然后积累经验去创业,创业的起点会高一些,但是体验创业的艰辛与忍耐的程度则可能会低一些。

6. 其实逆境并不适合所有人。坚强的人在逆境中能够挺过来,能够创造好的事业;但是对于一些意志薄弱的人,逆境可能会折断他们梦想的翅膀,会让他们失去斗志,最后退缩,人生进入低谷,还会影响心理等各个方面。但是,逆境总是人生必然要经历的,只有经历了逆境才能更加成熟,能够面对所有困难。

四、教学要点

1. 了解黄木华的全部创业过程,理出他的创业思路和每一次创业的难点以及关键所在。

2. 了解创业中创业机遇的重要性,任何微小的部分都有可能成为创业的关键。

五、建议课堂计划

本案例适用于专门的案例讨论课,在创业管理课程中来进行。以下是建议的课堂计划,仅供参考。

整个案例课的课堂时间控制在80～90分钟。

课前计划:提出启发思考题,请学员在课前完成阅读并作初步思考。

课中计划:简要的课堂前言(2～5分钟)。

分组讨论(30分钟)。

引导全班进一步讨论,并进行归纳总结(15～20分钟)。

课后计划:如果有时间,请学员相互交流一下,写出自己的读书报告。

第十五章

设计创新之光照耀服装品牌崛起路①

摘　要：本案例全面而深入地记录阿卡"随心手艺"的欧式品牌的建立过程，还有大凤与小凤姐妹创造的民族风"裂帛"品牌成长的过程，系统分析创新设计对于拯救传统行业的作用，探索电子商务对于小企业发展的影响。

关键词：创业　创新　设计　裁缝店　品牌

---

① 本案例是江苏大学工商管理学院教师胡桂兰、毛翠云收集整理编写而成。未经允许，案例的所有部分都不能以任何方式与手段擅自复制或传播。本案例授权中国 MBA 培养院校案例中心共享使用。由于企业保密的要求，本案例中有关细节作了必要的掩饰性处理。

裁缝业的没落

古时候,裁缝全凭一尺一针,辛苦缝制。20世纪80年代末至90年代初,裁缝店进入全盛时期。逢年过节,裁缝店里衣料堆积如山,裁缝彻夜加班是家常便饭。前来做风衣、西装、裤子的顾客,络绎不绝。掌握了裁缝手艺,意味着衣食无忧。各种裁剪学校应运而生,生源奇好。裁缝业的祖师爷是轩辕氏,每年7月23日,全行业停止干活,为祖师爷做会祝寿,即举办"轩辕会",声势浩大,极其热闹。但进入21世纪以来,裁缝店的生意一天不如一天。2003年,裁缝店大批倒闭,"轩辕会"也销声匿迹。许多低档裁缝店的裁缝不得不加入打工族的行列。

"现在,裁缝不再是香饽饽了。我回村招学徒,在家务农的女孩子们说,现在谁还学做衣服,学了也没用。"一位曾经风光一时的裁缝痛苦万分,但又无可奈何地说。而与此同时,探索、寻求重生之路的尝试与讨论此起彼伏,从来没有停止过。一些裁缝提出重生的理念,而专家毫不客气地指出,受技术限制的低档裁缝店与重生无缘。

"裁缝店的没落有三个原因:一是大多数从业人员技术不过关;二是缺乏大资金支持,一旦直面市场的间歇抵触期,就难以为继,土崩瓦解;三是无法突破原有的裁剪观念,做不出引领时尚潮流的高质量服装。"一位业内人士如此分析。在太原市桃园四巷,20世纪90年代,有的裁缝店一年能赚百万元。在过去的几年中,曾在这里掘到第一桶金的创业者,有的怀揣赚到的银子衣锦还乡,有的转战太原服装城,凭着创新精神起死回生。李某就是一个成功典型。他在太原市工商局注册了自己的服装品牌——"豪威",主打简约的男装。他租用民房作为裁剪制作车间,自己专心研究流行服装的款式,设计推陈出新,货单一份份送到他的手中。如今,他在太原服装城已有3个批发点。有些新裁缝铺也让人耳目一新。这些创新后延伸的裁缝铺的发展,并非以"裁缝"的名义出现。裁缝,在这里只是一个环节,一个辅助销售的手段。这不能不让人疑惑,在今后的市场发展中,裁缝是否还能以"裁缝"手艺博弈商场呢?

体型各异有望补缺

答案是令人欣喜的。在北京生存下来的一些裁缝店,反而凭一种手工艺的奢侈消费品而被推崇。这部分着装者重新选择量体裁衣，并掏出不菲的钞票，让前途黯淡的裁缝群体看到了一线生机。

　　太原市桃园四巷秀秀服饰工作室温州籍裁缝徐贤敏也曾经困惑过："究竟是市场不需要裁缝了，还是裁缝自己不行了？"徐贤敏从事裁缝行业20余年，他考察了大半个中国的裁缝市场，走访了各大服装厂。目睹全国裁缝行业的巨大变化，他得出结论："裁缝粗加工必然要被淘汰。""在几个品牌时装的加工厂，我请教了设计师和裁剪师。他们称，服装厂只生产65%的标准号，而在我国有35%的人体型各异，有的挺着将军肚，有的耸肩，有的溜肩，有的驼背，有的肥胖……这是一个缺口，如果生产成衣号码的话，需要几百个号。显然，这个缺漏是要填补起来的，依靠填补这个空缺，裁缝店就可以丰衣足食。"

　　但为什么有这么大的市场空缺，裁缝店仍举步维艰呢？因为人们的审美观念在提高。他们将裁缝店里的成衣与商场里的成衣作比较，会在做工和款式上提出更多的要求，而裁缝没有办法满足他们的需求。"技术做精，工艺流程要快，服务要好。"取经后，徐贤敏打消了退出裁缝行当的想法，开始琢磨各种时装的流行元素，精通各种裁剪技法，打算做大、做强。"工业化流程中的单调复制，注定让一部分人厌倦，他们或要标新立异，或要高档合体，这部分人大约占到5%，多数人是先富者。技术高超的裁缝店不仅可以借此生存下来，还可以再掀制衣热潮。"桃园四巷另一家时装设计工作室的裁缝比较乐观。徐贤敏认为，当前是裁缝店的低迷时期，再掀制衣热潮尚需时日："工业化流水线制衣，成本低，速度快，它的成本显然要低于手工艺制作的成衣。加之他们的设计理念驾驭在流行之上，手工艺在今后的几十年里，都无法与其争锋，只能是分得工业化制衣缺漏中的一杯羹而已。"

定做服装让裁缝店重新焕发光彩

　　裁缝店似乎已经成为夕阳产业，但当下却受到一些时尚新人类的钟爱。与以往不同的是，如今大中城市开始逐渐有不少年轻人喜欢走进裁缝店。新的一些创业者为裁缝店赋予了新的生机和活力，也许将来，有一天，他们将成为引领创意产业的先行者。

　　一名在美国长大的厦门女孩，到古龙商业城定做衣服。她想做套装，但有特殊要求：裤子不能是直筒，也不能是喇叭，得先直、后宽，再往回缩一点。她解释这种裤子的好处是：穿高跟鞋，宽度可以往回缩；穿平底鞋，不会显得拖沓。裁缝师傅说，做了十几年的裁缝,还是第一次听说有这种款式的裤子。"最近有不少年轻人来做衣服,专做有个性、市场上买不到的。"开元路裁缝师傅杨庆奎反映了同样的现象。

杭州,淘宝网皇冠卖家阿卡在工厂里忙得不亦乐乎。她几乎一直是爬在设计台板上,而旁边的很多图样让她应接不暇,她必须要在今天完成很多订单,才能够满足已经下单的顾客的需要。各个加盟店的催促使她恨不能一天能有72个小时工作,如此才能完成所有任务。

在位于某省城城北的某时装店,女老板诺倩在忙着接待新来的顾客。她原在下元开裁缝铺,生意萧条后,她做起了服装生意。她定期阅读时尚杂志。如今,她店里的服装基本上是她自己顺应时尚潮流缝制的。"很好卖,一些有个性的女性一眼就能看中,多贵都能卖掉。"诺倩认为,资金不足以及把握不住市场脉搏是制约裁缝铺发展的主要原因。如果能够把握住时尚潮流,根本不愁服装卖不出去。

北京,一对姐妹在紧张地设计着。她们更担心的是,30多个机工根本没有办法完成目前的订单。妹妹汤小风说:"现在我一切办法都想了,甚至连贴小广告的事情都干了,挖工人的事情也想过了,但还是找不到机工,无奈,只能少做一些了。"她们姐妹俩是"天鹅纵横"服装厂的老板,做裁缝起家的网店店主。

此上几个画面证明裁缝店有其存在的价值。2007年3月,法国《纺织报》称,法国政府的新纺织品计划涉及个性化服装市场。该计划运用人体扫描室为顾客量身订做服装,并通过因特网数码技术实现个性化服务。看来,裁缝行业与市场接轨,与高科技接轨为时不远。眼光长远的精明裁缝需要养精蓄锐,顺利过渡,争做靓装订制的前锋。

有专家预测,未来3年,手工艺产品将会成为奢侈品:"'订制'是个性化设计的一大载体,当手工艺没落到临界点,又将会因其独特的表现形式而重新被认可。私人订制是生活品质提高的标志,也将是手工艺裁缝的一个主要方向。"

量体裁衣便宜

和笔者讨论定做衣服的美女告诉笔者,之所以选择借样衣后再找裁缝做,是因为便宜。商场的成衣确实是款式独特,质量不错;但是我们在裁缝店购买的衣服质量也不会差到哪里去,更何况是完全仿照款式做的呢? 如果裁缝师傅技术比较好的话,那就更没有必要担心了。除了没品牌之外,其他几乎一模一样,而价格却便宜很多。当然,这里涉及侵权的问题,我们并不提倡这种做法。

相比而言,厦门一位制作衣服的杨师傅一语道破机关,到裁缝店定做有两个好处:量体裁衣和便宜。24 岁的杨师傅说,年轻时尚的女孩们偏爱韩版时装,但韩版服装贵,很多人买不起,一般会到外贸店或淘宝网上购买,但是,网上的图片和衣服实物又有差距,而裁缝店正好兼具这两者的优点。跟原价名牌服装相比,定做的价格便宜不少。甚至临出校门的大学生,也选择裁缝店做套装,用来参加面试、实习等,好一点的一套正装加白衬衫,比商场能便宜 200 多元。

虽然有这么多的利好因素,好像裁缝业的发展有了转机,但年轻消费群体的壮大,究竟能否挽救裁缝店日渐没落的趋势呢?多数裁缝师傅认为很难,主要原因是:价格上不去、手工难度大和后继无人。对于消费者来说,裁缝工钱低是优点,但对行业来说是缺点。杨师傅举例说,10 年前做一条裤子的价格是 30 元,现在还是 30 元;以前做套西装 70元,现在也一样。薄利却不能多销,裁缝是手工活儿,一个工人再快,一天也只能做 3 条裤子。"一个裁缝一个月要很累,才能赚 1 500 元钱。"另外一位师傅说。而现在物价上涨,成本增加,裁缝店难以生存。更重要的是,裁缝店几乎没有后继者,现在的年轻人不喜欢干裁缝,以至于近来裁缝店招不到工人。一个裁缝至少要用 3 年,才能熟悉整个工序。连裁缝店老板也坦言,不会把自己的孩子培养成接班人。十几年前,厦门的裁缝店遍地开花。一位师傅回忆,那会儿他附近至少有 100 多家,现在只剩下 30 多家。对于目前的生存状况,他们大多以"赚不到钱,又饿不死"来形容。裁缝师傅们一致认为,最能赚钱的是要做批单、做演出服,而年轻人形成的市场,尚待挖掘。

但是创新的光芒总在闪现,任何地方都会有黑马腾空而出。如果在传统行业注入新的元素,借助新的模式,情况是不是可以有所改观呢?"阿卡"和"天鹅纵横"开辟了新的模式,走出了一条崭新的道路。

"阿卡随心手艺"

网络无疆,空间无限,突破了传统的时空限制,创造着一个又一个奇迹。网络一旦与一个有创意、乐于表达创意并坚持梦想的人联系起来,就能创造出许多奇迹,阿卡就是其中之一。

阿卡,真名黄露洁,集才女、美女和"财女"各项称号于一身。2004 年毕业于杭州商学院艺术设计学院视觉传达系,现为淘宝"阿卡随心手艺"店主,自己设计并制作欧洲古典风格服装,开创了在淘宝 C2C 平台上自主建立、推广和发展服装品牌的先河。

身材与皮肤超好的阿卡从自己做模特,把自己设计的服装拍成照片上传到网店里销售到拥有服装加工厂、实体店,同时接受品牌加盟店,仅仅用了两年的时间。如今她已经是淘宝皇冠级卖家,拥有众多忠实FANS,形成了独具风格、自成一派的新品牌。她的新品牌是目前淘宝网平台上第一家自有服装品牌。

杭州——这个文化与商业气息都很浓厚的美丽的江南城市,孕育出了阿里巴巴、网盛等中国数一数二的大型电子商务网络公司,同时也造就了无数在网上做生意的中小企业。它们在这片沃土中茁壮成长。"阿卡随心手艺"就是其中之一。杭州是淘宝网中交易量最高的城市之一。很多人可能在网上,比如在淘宝或者易趣上买过成品服装,但却很少买过那种由个人设计并制作的衣服。阿卡,这个皮肤白皙、身材玲珑、从艺术院校毕业3年多、脑子里充满设计创意的女孩儿,花了两年多的时间,把她的网店做到了皇冠级,有几十个员工的服装加工厂、5个旺旺客服团队、一个实体店、十几个全国加盟店。

这些在阿卡的日记以及回忆中得到了详尽的再现:

一个宁静的夏日午后,阿卡对着仙人掌喃喃自语,我要给自己做条最漂亮的裙子,就这样一切开始了……

这样子的生活有自由,有压力,五味俱全,希望我可以一直坚持下去,不要磨平自己的棱角。

2005年

5月,春暖莺飞,油菜花开。工作郁闷时,偶然认识了淘宝网。

6月,小荷才露尖尖角。辞去了工作,在淘宝网开起了小店,卖自己做的首饰,很兴奋。

7月,艳阳高照。开始圈布,做出了第一批衣服——半截花裙,居然卖得不错。美丽的花朵正如我喜悦的心情。偶看见了偶的梦。

8月,酷热难耐,经常在烈日下奔波于各个材料市场、图书馆和缝纫机之间,堆满布料、衣服的小小房间,五味交杂。

9月,秋高气爽。在家人的支持和帮助下,亲手创办了第一个工作室。越来越多的新老顾客开始关注和支持我,终于奔钻了。

10月,桂花飘香。业绩一路飙升,很多困难已经可以坦然面对了。很感谢我的老裁缝爸爸重操旧业,在偶身后默默地帮助偶。

2006 年

1 月,有了自己的第一个品牌,新的一年 AKA 要好好努力!

2 月,换了 N 个车工后总算找到了质量比较好的工厂,可是路途遥远,满是大卡车的路上,灰头土脸的 AKA 押着满满的面料。

3 月,成为三钻,但经常忙到半夜才有空上网,好多 MM 提出了抗议。唉,偶就一个人 24 个钟头哦,还得了失眠,是时候招兵买马了,锱锱锱锱……

4 月,终于一个更大的集设计、加工、销售于一体的工作室搞定了。搬家的时候发现,一年的成果就是 60 个麻袋的面料和衣服,哈哈这个春天真美丽啊。AKA 的想像力就像是被春风唤醒的野草,在希望的原野里疯长。

5 月待续……

后来的情形,忙的不容阿卡记下来了。这些日记,简单而精练地叙述了阿卡创业的经过。

从事文学艺术职业的人都有一个共同特点,就是表达自己,表达自己内心对世界的一种观感,一种体会。作家用文字表达,画家用线条和色彩表达,而服装与建筑等行业的设计师与画家类似,不同的是设计师要满足商业需求。阿卡在大学学的专业是视觉传达,她在一些公司实习时做过广告设计、装潢设计等。阿卡可以熟练地用 CAD 做出美丽的头花设计图、装潢效果图,最后实习的公司是一家效果图公司,毕业之后她就来到这家公司工作。

阿卡在这家效果图公司的职责不是设计而是制作。设计师设计好简单的图,由阿卡这样的制作人员完成效果图。"这种工作根本不用你的创意,你的脑袋。窝在那里是很郁闷很郁闷的哩。这样时间长了,肯定一个人棱角都被磨平了。"无法表达自己,使阿卡无法继续忍受。经历了两家效果图公司之后,2005 年 6 月 1 日,阿卡就辞职不再上班了。也就是在那几天,阿卡把自己制作的串起来的小首饰放到淘宝的网店里销售。此时阿卡只是想休息一下,还没想好接下来做什么,她一边做首饰玩,一边放在网店里卖。

上大学的时候,阿卡开始在杭州的仿古街、河坊街上销售自己制作的手工首饰。那时只要是星期天或晚上没有课时,她就跑过去弄个小铺子卖自己做的首饰。这回算是重操旧业了,只不过是换到了网上。阿卡从小喜欢画画,有很好的美术天分。爸爸早年是裁缝,小时候爸爸在家裁裁剪剪,耳濡目染,阿卡给娃娃做了不少衣服,那时做的东西当然并不精致。看到网店首饰销路很好,她就想试一试在网上销售自己设计制作的服装。于是设计了两条裙子拿到网络上去卖,"一开始卖的都是非常简单的东西啦,一个长方形,放一个带子就可以了。最早的时候,都是自己趴在地板上咔嚓、咔嚓剪两下,然后找裁缝用缝纫机帮我做一下。"因为有设计的元素在里面,阿卡最初这样半 DIY 出来的衣服居然也都卖得很好。

爸爸很奇怪,这样的衣服也能卖出去?在他的眼里,肯定裁剪要很精准,做工要很细致才行。但看到阿卡有收入,能自己养活自己,他就不干涉了。阿卡的设计理念是自己想穿什么样的衣服了,就画出样子来,买来合适的面料,裁剪好了请服装店加工。深受欧洲古典文化和服饰的影响,阿卡的设计中融入了许多欧洲古典服饰的元素。其实,此时阿卡已经不再是简单的裁缝,而是从裁缝升为设计师了。

阿卡的设计在淘宝网上独一无二。当那些修饰着蕾丝、褶边以及泡泡袖等欧洲中世纪风格元素的女装呈现在你面前的时候,仿佛你内心的某种情结被这些衣服唤起来了。当这些衣服穿在身上引来大家称赞的时候,你的满足感就更加强烈。"我这儿的老顾客特别多,有的是每个月都买,每个月都买好多件的那种(阿卡每三周半就推出一批新款),很疯狂的那种,就像上瘾一样,不停地买。"阿卡的设计与色彩搭配确实培养了一批忠实的 FANS,而她自己的魔鬼身材和白皙皮肤,以及雅致的图片处理风格完美地演绎着她的设计,完美而真实地再现了服装穿在女人身上的效果。于是或者理性,或者冲动,或者最后还是耐不住想像的美丽,永远都缺一件衣服的女人纷纷掏出腰包,购买阿卡的复古优雅的波西米亚风格的衣服。这使阿卡设计的服装销量不断上升。

"自己设计的东西,你想弄成什么样子,它就变成什么样子。"阿卡享受着让创意变成现实并为买家推崇所带来的快乐。每天自己聊旺旺、设计并定期推出新款、拍照、上传商品图片、买面料和辅料、找加工的裁缝店、送原料、取成品、邮寄……阿卡快乐地忙碌着。这样的日子每天重复着,而阿卡的工作量一天比一天大,直到最后每天忙完了线下的一切之后,上网聊旺旺时已经是半夜 12 点了。

看到女儿很辛苦,已改行的爸爸在业余时间也帮忙加工衣服。但订货量不断加大,爸爸帮忙也来不及完成了。阿卡只好找了一个距家比较远的工厂加工。2006 年 5 月,阿卡自己一个人经营快一年,忙不过来,只好让老公关掉公司(老公是阿卡毕业后第二个效果图公司的老板),一同经营网店。"太忙了,他不来帮我,我肯定是趴下不干了。"阿卡笑着说。

别看阿卡年纪不大,对于品牌和公司的发展却有着自己深刻的想法。从一开始做网店,阿卡就非常重视营造品牌形象。"事情虽小,但要当一个品牌去操作。店铺虽小,但形象不能忽略,产权更要得到保护。"阿卡学的是平面设计,作过广告设计,所以对自己设计的服装,有着良好的商标保护和品牌意识。开网店之后的第四个月,她就到工商局注册了"ARTKA 阿卡随心手艺"这个品牌。

随着服装销售增加,有些人非常喜欢阿卡设计的衣服,就问阿卡是否能品牌加盟或批发。问得多了,阿卡开始考虑让一些实体店加盟。2006 年,阿卡已经有十几家遍布全国的加盟店了。目前因为生产场地的原因,生产供应不足,无法继续让更多加盟店加入。为了打造品牌形象,2007 年 3 月 18 日,阿卡在杭州开了品牌旗舰店。她认为开实体店,"一是为了品牌形象,一个品牌要有展示的地方;二是为了让那些不上网的人也了解这个品牌"。

如今,阿卡原来一个人忙的小小的网店创造了这样的奇迹:爸爸退休了,帮忙管理几十个人的工厂,工厂还有专门管理的厂长;老公全面负责整个公司的运营;客服由 5 个人的团队组成,每天倒班,还有专门的客服主管;送货有专门的人负责;阿卡自己负责服装的设计与网上图片的拍照,以及新款服装面料和辅料的购买。分工明确,有条不紊,一个完整的生产兼销售型的公司雏形就这样在爆炸式的销售增长中催生了。

阿卡网店里的衣服,面料和做工都比原来阿卡一个人剪裁并请人帮忙制作时要好得多了,质量有保障了,当然价格也比原来高了。因为设计独特,销量并不受价格影响。"生产成现货销售以及网上订了再生产这两种方式都有。今年的生产有点跟不上,销售跑在生产前面了。"由于网上购物渐成风尚,淘宝用户与购买者日渐增多。阿卡的工厂将于明年重新选址,扩大规模,以缩短购买者等待的时间,并满足更多加盟店的加盟需求。

民族风"裂帛"的瑰丽

> 无序也是一种美丽的姿态,一直偏爱那些偏执而生动的词语,魔力般的吸引。
> 疯癫的色彩,放纵的美丽,也是女人的另一种衣裳幻想。
>
> ——苦芙

笔者非常喜欢这段话,喜欢到想背下来。虽然不经典,虽然从骨子里笔者知道只有符合主流的才能够持续长久地生存下去,才能够为大众所接受,但还是喜欢,也许因为我们在现实的生活中有太多的压抑需要放松吧。

这个世界也许只有两样东西会让女人疯狂,那便是衣服和爱情。漂亮而优雅的衣服似乎是带着邪气的诱惑,其结果是,让女人盲目又冲动地付出。章小惠为衣狂的结果导致了家庭破裂,婚姻解体,但是依然不改爱衣的初衷。虽然她是个极端的特例,可是这个世界上几乎所有的女人在内心深处都特别钟爱衣服,世界上有为了爱情而甘愿牺牲一切的女人,笔者想可能世界上也有为了绫罗绸缎而不惜拼命工作的女人。

前排(左起):兰兰[销售] 引星[售后/批发] 王楠[发货] 小珍[发货/销售]
后排:大风[店长]

　　上小学时笔者曾经总是逃学,因为小朋友们给笔者取了个外号,小小的心理的那份自尊容不下那个外号。后来,笔者又一次逃学,妈妈找回了笔者。妈妈对笔者说,你不说你们班上邓老师整天有漂亮衣服穿吗? 你上了大学,将来自己赚了钱,就会有漂亮衣服穿了。这事情如果不是妈妈提起,笔者可能永远都不记得了,不知道是不是这些漂亮衣服的魔力改变了笔者生命的轨迹,反正笔者回到了学校,漂亮衣服的诱惑或多或少在笔者的身上起到了作用。又想起了张爱玲,她曾经说出名要趁早,可以有华服美衣,可以花枝招展,从本质上,依然是狂热地迷恋着美丽的衣服。

　　我们常用艳羡的目光看着T型舞台上飘动的时装,但我们却并不在日常生活中使用它们,因为,有的衣裳只属于梦想。因此女人的衣橱永远缺少一件衣服。对着橱窗的女人,只会在幻想中看到自己身着灿烂的华服。

　　但就是这样的幻想,让衣服华美起来壮观起来,势不可挡。"裂帛"就是其中之一。

　　今天华美的"裂帛",壮观的"裂帛",有着众多粉丝的"裂帛",其成长其实如同很多知名品牌的成长一样,当时仅仅是出自小姐妹俩对于衣服狂热的爱与执著,甚至还包含着一个自以为是的工厂的骄傲的失误。如果没有这些,没有创造了中国 C2C 奇迹的淘宝的存在,那么"裂帛"的产生可能要推后很长时间,美丽的"天鹅"将在未来的很多年后才能真正"纵横"天下。

裂帛
rip

萌萨的字面意义
撕裂绿帛

当然/也一样/可以撕裂绸缎/撕裂礼服/撕裂规则
撕裂那些委屈而难以割舍的情感/撕裂常偶的苍白人生
这些/仅仅是一种可能
从每個看見并喜歡[裂帛 Rip]的人這裏
引申并生成并備注的一種可能
人生需要裂帛的勇氣
在這些繁華與荒蕪的背後 是怎樣一種澄靜
等待着我童般的我們

Tips 小提示
[裂帛] 是小店工商注册在案的服装品牌名称
[天鹅纵横] 为小店工商注册在案的公司名称

　　"天鹅纵横"是淘宝一家店铺的名字,事实上也是北京一家公司的名字,是一对姐妹(汤大风和汤小风)依托网络、依托淘宝迅速发展起来的一家集自行设计、自己生产、自己销售于一身的公司。

　　这个公司创造着几乎每个月销售都大幅增长的奇迹,吸引着无数爱美的、喜欢独特的、渴望不同于其他人的女性的关注。"裂帛"是这个公司旗下服装品牌的名字,是一个已经注册了的商标。在平面设计公司工作过的姐妹俩对于知识产权的保护观念和品牌意识相当浓厚,她们给店铺取名为"天鹅纵横",是喜欢自由的感觉,而在注册公司时,也用了这个名字,一来保护了自己的知识产权,二来让自己店铺的名声更响。

　　她们在店铺公告里这样介绍自己:Rip(裂帛)是原创设计品牌,这里包含着狂喜、神秘、异域等。其中包含的深意值得我们久久寻味。人生需要裂帛的勇气,大风和小风姐妹俩用她们独特的方式告诉我们:人生需要不断地探索、创新和发现;生命的意义在于创造价值,享受快乐。

2008 年过年后新工厂扩大了规模,如今拥有 30 多个技工,姐妹俩忙得不可开交。小风告诉笔者,1 月 2 号刚刚搬到新工厂,过年的繁忙让她们整天加班加点。但是工厂的技工、销售部的客服和后勤采购人员都忙得相当满意,在顺利升皇冠后的第二天,他们在"必胜客"举行了庆典仪式。

回首过往,其实"裂帛"就是火中的凤凰。她在一次次蜕变中越来越美,她是顾客的骄傲。大风和小风脸上展现着灿烂的微笑。她们为自己骄傲,顾客为他们骄傲。

2007 - 08 - 13（大风）

> 每个周一都是裂帛最忙的日子,但是偶还是做了个奇怪的梦,然后睡晚了,一直到小风叫偶。小风最近比较乖,每天 8 点多起来进布料,打钱,一个又一个电话,最搞笑的是她每次张口都说:"你好,我是汤大风……那个亚麻的布料到了吧？好,那我找人来拿……"其实她叫汤小风,不知道她为什么冒充偶呢？估计下次别人来讨债她就可以说,不是偶不是偶,是汤大风！

笔者专门摘选这段日记,是因为小风告诉笔者,她最近在转换角色。为了能将"裂帛"品牌推广,为了能让"天鹅"真正"纵横"天下,她需要做更多的工作,将从繁忙的日常事务中解脱,过渡到策划与设计的角色。具体而言,就是自己不再从事琐碎细致的采购工作,目前已经在逐渐过渡,但是这个阶段是相对比较长的,要用很长时间培养采购人员。从 2007 年 8 月到 2008 年 1 月,4 个月的过渡时间内,小风仍然需要时不时地去面料市场,直接和供应商对话协商,有时她还需要紧急充当救急员,繁忙的工作状态下,她基本每次都要到晚上 3 点后才能休息。

笔者翻看了她们的日记,这些日记记录着"裂帛"的成长历史并见证了创始人的艰辛。

2007 - 08 - 13 下午(大风)

> 我们在工厂搞了 2 个小时,制版阿姨看着我们的图纸心惊胆寒,估计……衣服足足有十几个款,每款需要 2~3 个色,10 天的时间,要赶出来所有款式和颜色,还要改,还要拍照,还要上传,偶都不敢多想,不可能完成的任务,简直……

这样的事情,小风说经常发生,她们需要经常突击完成任务,需要经常做不可思议的事,所有的员工都已经习惯了加班加点,习惯了应对紧急任务。所有这些,从另外一个侧面证明了她们的速度和效率,以及对于女人爱美心态的把握程度。

　　大风小风是一对亲姐妹,她们来自无锡,江南人的勤奋在她们身上得到了别样的体现。大风小风姐妹俩先后来到了北京,姐姐学习服装设计,妹妹学习国际贸易,一开始都在平面设计公司上班。设计公司工作时间并不长,一般是一个月做3~5本书或杂志,其他时间比较空闲,年轻的姐妹俩根本闲不住,总想找点事情自己干。2005年的一天,她们知道淘宝后,就开始到处淘衣服卖,刚开始卖的都是在市场上淘来的衣服,质量难以保证,数量更不能满足需要。一年多后,姐妹俩觉得难以满足自己和顾客的需要,开始尝试着自己做设计。学过画画和服装设计的姐姐起了关键作用。没想到自己设计的衣服相当好卖。问题又来了,数量上跟不上,个人加工难以保证质量,怎么办? 他们想到了自己的一个朋友,就是苦芙。当时苦芙在大理,大理有很多独特而别致的民族服装,而这些正是姐妹俩期待和喜欢的衣服。姐妹俩想,如果能在大理找到加工工厂,那么她们的后备货源就能解决了。姐妹俩来到了大理。

HTTP://RIP.SHOP.TAOBAO.COM
DESIGN THE BRAND [RIP]
REJOICE WITH WILD JOY.
MYSTERY.WANDER ABOUT.
FOREIGN COUNTRY.RACE
ORIGINAL LADYS' WEAR DRESS

姐妹情深

　　然而,大理之行最终还是失败了,大理的工厂骄傲地拒绝了她们的要求。在他们的心中,网络是遥远的、虚幻的、难以相信的,两个女生的话只能当作玩笑听听。在无奈和绝望中的两姐妹发起了狠,实在不行,只有自己办工厂一条路可以走了。

　　于是两个人,两台机器,开始了作坊式的、最原始的裁缝生涯。因为工作是创造性质的，工作是幸福的，更重要的是，她们在一年的零售生涯中知道顾客需要什么，渴望什么，而她们又能为顾客提供什么。所以，作这个决定其实并不冒失，作这个决定也并不偶然，几乎是偶然中的必然，是迟早要走的一步。不同的是，如果当初工厂同意了大风小风姐妹俩的要求，那么今天"裂帛"的诞生可能要费些周折。

小风说，做创造性的工作有动力，不会生厌，不停地吸引着自己去探索，去创造，而不是按部就班，不停地催人奋进，不停地渴望出新款，不停地接受来自买家和市场的挑战，自我的挑战。小风和大风都喜欢民族类服装，所以她们的设计一直有民族特色。笔者知道，我们的城市有类似的服装出售，昂贵的价格见证着独特的美丽，陶玉梅等很多民族服装师走红的背后验证着"民族的是世界的"之真谛。

独特评价

顾客的评价从侧面揭示这个充满着神秘而令人惊喜的民族风格的小店迅速成长的秘籍。

前几天在搜店的时候偶然发现，裂帛，爱之。

店面垂首的几片荷叶下赫然写着，人生需要裂帛的勇气。我于是在电脑前默然。

曾几何时，所谓的勇气和荡漾在清晨微凉的寒风中的笑语，已经淡淡消散去。在这些繁华与荒芜的背后，却还仍旧奋力地睁着双眼，感受苍凉人世给我的一抹惊喜。

这个店铺内华丽丽的色彩在瞬间就把偶击倒了。

偶拿出偶对待美食的癫狂心情，贪婪地把店内的衣物看了一遍又一遍。

一任那些色泽，那份欣喜，那种痛感，那刻甜蜜，一点一点地沉淀在我心底。

嗯，对待太美丽的事物，我又一次承认了我的浅薄，我爱得那么不遗余力，我陶醉得那么轻而易举。

写到这里突然自省，小风嗖嗖地吹着，裂帛小朋友们是否应该施舍些广告费用了呢？我与店家姐妹们是不识的，只是看到她们的心血结晶，便像是耳畔回荡她们的絮语。相逢若只是初见，今夕何夕。

另外一个顾客的评价更是特别，几乎是全部心路历程的概括，也代表了相当一部分FANS的心态。

这几天在着急找老妈能穿来做瑜伽的衣服。无意间闯进来，就磨去我一个通宵（磨去的何止是时间，我连牙槽都快磨秃了！）——原想只收几件顺眼的，存着，给老妈，有空过来，我这里定音后再拿下。我时间紧巴，但进了小店就不想走，等我粗略看完天都亮了！（我那个恨啊！磨牙中，嘎吱！嘎吱！！）

衣服再美也不过是个身外物，看过也就放下了。咀嚼掌柜的真人秀耗去了我大半个夜晚——初入眼时严重不爽：心想着这么疯癫的糙丫头怎么特别煞风景，好好的衣服穿她身上楞给糟蹋了。但多看几张后，我开始汗颜刚才的想法，终于我哑巴懂了掌柜的表达：随性随心，自由最美，省去奢华，略掉繁琐，只留下淡定的从容和似有若无欲盖弥彰的暗香——我刚才的浮躁真是的浅薄！我呸！！！（扭头满地找擦汗的纸巾和用来抽自己大嘴巴的拖鞋）——真要找个妆容精致的娇俏可人儿来配这身衣服那才叫糟蹋！罪过！罪过哟！

转身再回看之前的真人秀，惊鸿何止一瞥？我瞥了又瞥，每瞥一次就惊艳一回。光瞥瞥怎么甘心，于是仔细拿自己的近视加散光的熊猫眼上下左右地端详。那叫一个香啊！不有一词叫通感么？我看着看着就真的闻到了草和阳光的味道（在万籁俱寂的一个人的夜晚），甚至还恍惚听见了低回虫鸣和婉转鸟语……

于是诱发了我多年前落下的病根，后半夜基本上是翻出陶渊明《桃花源记》和白居易《琵琶行》自个儿摇头摆尾吟吟喔喔……

就这么折腾了整个晚上，等真的确定鸟在叫了，天也就大亮了。真是烧心！！！

拐过来，发现掌柜这有很多带字的文章，俺就好这口，但时间是断不能再赊了，先留个爪印，容我闲时再品。刨去不多的几件略嫌花哨的，店里的宝贝儿们基本都被我收了。就等老妈得空过来再下手了。

看来，我得赶紧去想方子捞银子了。

掌柜，着了你的道，我恨！

就此打住，悲愤掩面扶墙泪奔而去。

（PS：掌柜的名字起得妙！不管大风小风，刮走了俺滴浮躁，势必也要卷跑我羞涩的荷包……）

长长的顾客感触，长长的评价絮语，其实真正打动我们的是衣服透露出来的那份独特、灿烂。这深深印证了衣服的主人的眼光，坚持在一线的人，才真正知道顾客最需要什么，最渴望什么。

对于小店的发展，小风说自己没有明确估算过，但到目前为止，可以说是3年3个台阶。从 2006 年 11 月开始正式进入私人裁缝状态,进入小作坊形式,到 2007 年 12 月,小小工厂屡次搬家,不断地需要搬到更大的地方去。随着业务量的迅速增加,总感觉原来的小工厂小了,还是小了,于是又一次搬家,直到现在搬到一个 1 000 多平方米的场地,这已经是第四次搬家了。但是依然觉得场地紧张,不够用。

3 年前,只有小风大风姐妹俩,之后随着发展需要,开始有了第一个车工,第一个销售客服,第一个技工,之后开始是第一个广告设计人员,之后是第一个售后客服……到现在技工达到 30 多人,网络销售部突破 8 人,但依然满足不了日益增加的客户的需要。"我们甚至在淘宝从来不敢做活动,因为不做活动,已经都难以应付了,如果做活动,我都不知道该怎么办才好。到现在,不敢再接单了,接了的单过年前做不出来,顾客会失望的。"笔者说其实你可以多招聘一些人满足大家的需要,为什么不呢?"不是我不想呀,过年都是旺季,哪里都缺工人,我甚至连电线杆都贴过广告了,但是招不到人,没办法,只能如此了,而且即使招到人,短期内的各种培训和售后服务也跟不上的,因此,只能遗憾,遗憾了,但是一定要保证质量和让现在接单的姐妹们满意开心,快乐地过个好年。"小风的叙述让笔者深刻感受到发展之快。

小风告诉笔者,网络的无限宽广的特性,以及口碑效应的推波助澜,加上她们服装本身的独特性、稀缺性,产生了一定程度的规模效应。这也就是为什么非常小的非主流的产品在网络过滤器作用的支撑下突然蓬勃壮大的重要原因。

2007 年 9 月 15 日杭州品牌论坛上,小风提到了关于人的管理的一些问题,但没有细致深入地展开。关于这个问题,笔者又一次问到了小风。小风给笔者的回答特别意外,因为在访问中,无论大卖家、小卖家,也无论是工厂的一些老板,以及笔者在自己小小的淘宝店的经营过程中,都充分感觉到管理人的难度。小风居然告诉笔者,管理人几乎一点都不难。到目前为止,在淘宝店工作的员工一路走来,都没有更换过,没有人退出过,甚至小风说,有一个阶段,3 个客服完全是自己做账目,自己给自己发工资,客服之间也相互帮忙,根本不存在彼此不信任的状态。对于这种状态,笔者理解为是发展初期的相互信任,大家为了共同的目标,共同的事业,在一切都相对透明的情况下工作,彼此没有隔阂,能够融入其中。

笔者继续深入,逐渐了解到,在"天鹅纵横"快速的发展状态下,员工日益增加,以前单纯的一些管理方式就逐渐显示出其弊端。为了方便管理,也为了更好地平衡收入,小风对于销售部员工的管理进行了改革:

(1)在销售人员人事方面,实行小组负责制,小组组长要负责培训自己的小组成员,并且带好自己的成员,让他们很快进入正规,满足企业运行需要;

（2）在薪酬方面，实行底薪加提成的模式，刺激员工的工作积极性；

（3）对小组负责人实行考核制度，按照业绩提取一定比例的奖金。负责采购的人员参考大家的制度享受奖金。

笔者深刻赞叹这次改革，从很大程度上，标志着这个单纯的淘宝小店已经开始向正规的公司化运营方面转变。而且，小组负责制也密切了小组成员的关系，虽然目前仍然是师傅带徒弟的形式，但这个最简单的形式，往往最高效，是最能实现目标的方式。小组成员少而精，效率高，同时互相帮助，能实现效益的最优化。

笔者问小风，你们的目标是什么，尤其是目前已经成为皇冠。小风说，我们渴望"裂帛"将来成为一个名牌。同时，她强调，实现这个目标的过程可能相当漫长，会遇到很多艰难，但是她和姐姐相信，她的团队也相信，相信创意变为现实是快乐的，相信会有越来越多的人会加入其中。为了这个目标，小风在进行转型，她在逐渐脱离采购的工作，而开始进入推广工作并专心设计产品，甚至明年她们将请专门的设计衣服的人员来强化设计队伍。

网络提供出路

中国许许多多的中小企业都是从一个人或夫妻店成长起来的。类似淘宝这样的C2C平台，无疑加快了这些中小企业的成长速度。设想一下，如果以传统的像阿卡爸爸的那个年代的方式在线下销售自己设计的衣服，无论如何也不可能以同样的成本获得这样的增长速度。同时，这些平台也为像阿卡、小风大风这样年轻而有创意的人提供了一个舞台。如果你有创意、有梦想并且执著坚持你的梦想，你也会像阿卡、小风大风姐妹一样成功。创新式的设计，在这个年代颇为宝贵，当设计的产品为众多有欧洲古典情结的消费者所喜欢的时候，当潜藏在我们内心深处的精神的需要得到昭示之后，产品的价值就得到了体现；网络，让这些本来都是非常微小的、散落在某个地方的需要得到了聚集，也让更多精神渴望者得到了表达自己、诠释自己的方式，所以产品自然而然就红了起来，火了起来。如今，无论阿卡，还是大风和小风姐妹，其网店都已经发展成一个线上线下相结合的小有规模的企业。她们在其家人或团队的鼎力相助下，在网络的快速发展下，将会越走越好，越走越远。

专家认为，创意产业处于产业链的上游，资源消耗少，产出附加值高，并能有效融合第一产业、第二产业和第三产业，提升传统产业，发掘新的市场需求，是拓展资源利用空间、转变经济发展方式的重要抓手,也是实现产业升级、提升城市竞争力的重要途径。当前,应该进一步完善有利于创意群体创业发展的市场环境,加快创意产业聚集区的建设,充分利用创意拉动相关服务业和制造业的发展。

最后,用苦芙姐姐的话,提醒天下女人:

"关于穿衣服,前几天随手翻了翻刘索拉的散文集,里面说到服装,看得我一身汗。这位大姐说得真好,设计师都不是傻子,谁都知道钞票买不来文化,一套衣服,什么人穿上添彩,什么人穿上露怯,他们比谁都清楚。高级时装是如此,风格化的服装也是这个道理。衣服特色越明显,穿错了就越有毁灭性。录下,与大家共勉。找到自己的穿衣风格,是件急不得的事情。"

本案例使用说明

一、教学对象与目的

1. 本案例主要适用于 MBA 的创业管理课程、工商管理类别相关硕士课程的教学和管理培训,也适用于电子商务类、经济类、管理类本科课程。

2. 本案例的教学目的在于帮助企业各层级的管理者和想创业的人以及已经创业的创业者更好地理解创业的实质,把握创业中创新与探索的重要性。

二、思考题

1. 试列出阿卡与"天鹅纵横"姐妹创业的历程,对比分析二者创业的差距和创业中不同品牌、不同风格的差异。

2. 你认为在大风、小风姐妹和阿卡创业发展过程中,最重要的因素是什么?

3. 如何看待创业精神和创新设计灵魂?

4. 从裁缝行业来看,传统行业的创新该如何走?

三、教学思路

教师可以根据教学目标来灵活使用本案例。以下思路,仅供参考。

1. 阿卡与"天鹅纵横"的大风小风姐妹依靠自我设计,走出了一条全新的道路。二者创业不同的是:首先,阿卡是从郁闷的工作得到解脱,大风小风姐妹则是因爱好服装而上路的,创业的原因不同;其次,阿卡的服装以欧洲奢华古典风格为主,大风小风姐妹的服装以传统中国的民族风格为主;第三,创业过程中,阿卡的创业得到了家人的大力支持与帮助,大风小风姐妹则完全依靠团队的力量走出新天地。

2. 大风小风姐妹与阿卡的创业发展的最关键的因素是,以创新为基础,以网络为最新发展的平台,并将二者完美结合。

3. 创业精神是一种能力,其实是可以培养的,在特定的条件和环境下,在一定的范围内,进行培养是应该有成效的。

4. 传统行业发展必须依赖创新,依赖技术方面的创新、企业运营方面的创新,还有精神方面的创新。

四、教学要点

1. 把握阿卡和大风小风姐妹的全部创业过程,比较一下设计与创新在创业过程中的作用。

2. 了解创业中的创新模式,把握团队人员及其发展的重要性。

五、建议课堂计划

本案例适用于专门的案例讨论课,在创业管理课程中进行。以下是建议的课堂计划,仅供参考。

整个案例课的课堂时间控制在80~90分钟。

课前计划:提出启发思考题,请学员在课前完成阅读并作初步思考。

课中计划:简要的课堂前言(2~5分钟)。

分组讨论(30分钟)。

引导全班进一步讨论,并进行归纳总结(15~20分钟)。

课后计划:如果有时间,请学员相互交流一下,写出自己的读书报告。

第十六章

致力健康连锁经营的兰州"海尔斯"①

摘　要：本案例讲述的是兰州海尔斯商贸有限公司总经理晁代伟的创业之路。他渴望人人都健康，人人都幸福。为所有人送上健康食品的同时，他更希望能培养国民的健康理念。

关键词：海尔斯　诚信　员工　连锁

①　本案例是江苏大学工商管理学院教师胡桂兰、毛翠云收集整理编写而成。未经允许，本案例的所有部分都不能以任何方式与手段擅自复制或传播。本案例授权中国 MBA 培养院校案例中心共享使用。由于企业保密的要求，本案例中有关细节作了必要的掩饰性处理。

我们是否需要保健食品

保健食品也称功能食品。按我国《保健食品管理办法》中的定义，保健食品是指"具有特定保健功能的食品，适宜于特定人群食用，具有调节机体功能，不以治疗为目的的食品"。这类食品除了具有一般食品必备的营养和感官功能（色、香、味、形）以外，还具有一般食品所没有的或不强调的第三种功能，即调节生理活动的功能。保健食品在国外的称谓不尽相同，日本称之为功能性食品，欧美一些国家称之为健康食品、营养食品、改善食品等。每个保健食品都有保健食品批准证书，这个就和人的身份证一样。每个保健食品的批准证书的号都是唯一的。

在丰衣足食的今天，我们还需要保健食品吗？每当笔者与人们谈及这个话题，发现很多人把保健食品和补品混为一谈。事实上，保健食品不等于补品，补品基本上是针对身体孱弱的人，如产后、手术后需要增强体质的人，而保健食品则是为每一个希望健康的人准备的日常食品。那么，为什么我们都需要保健食品呢？晁先生与他经营的海尔斯用行动给出了答案。他经常和朋友谈到这样的问题，现代人的生活质量提高了，然而却随之产生了严重的现代疾病，如癌症、中风、心脏病、糖尿病、脂肪肝、肾病、高血压等，这些疾病正在威胁人们的健康，离人群越来越近。

血的案例证明了这个可怕的现实：在美国每年都有上千万的人死于癌症；在我国，目前癌症已经成为威胁大众生命健康的主要杀手。近 20 年来，我国的癌症死亡率上升了29%；高血压已成为国民的一大杀手，已有超过 1.5 亿的成人血脂异常，10% 的中小学生有高血压；糖尿病每天新发 2 700 人，人数居世界第二位；90% 的城市人口处于疾病边缘的亚健康状态，而他们却浑然不知……这些，都像是藏在我们身体内的定时炸弹，平时感觉不到，自以为平安无事。可等炸弹一旦爆炸，想救也没用了！

从晁先生的谈话中，笔者能体会到他对生命面临威胁的忧虑。事实也的确如此：看看昔日那么美丽迷人的大自然，如今雾气弥漫，生活污水、蓝藻事件、工厂排污、酸雨等频频在新闻报道中出现；看看生命赖以生存的食品，各种防腐剂、色素、添加剂导致吃肉有激素、吃菜有毒素、饮料有色素，在饮食方面，以清淡饮食为主的中国人，一下子变得无肉不欢。家里家外，大餐小餐，都是鸡、鸭、牛、猪齐上阵，白酒、红酒、啤酒同助庆。把粗粮、糙米拒之门外，把蔬菜、水果当作润喉之物，造成营养水平极不平衡。脂肪、蛋白质、碳水化合物过多，矿物质、维生素、纤维素过少，这些成为心血管疾病的基本诱因。上述毒素问题、饮食平衡问题,再加上烟、酒、熬夜、缺乏运动等造成的问题,让你接近癌症等严重疾病。有朋友说,我很少吃肉,吃很多蔬菜水果,可以平衡吗?答案是:除非吃的都是远离化肥、农药的有机食品。有人说加强运动不就可以吗?答案是:NO!人体是由物质构成的,运动并不能补充食物中欠缺的微量元素;相反,在没有平衡好营养素的前提下加强运动,只会令人体的耗损加快,导致各种退化性疾病蔓延、加速。

所以,现代人需要保健食品,帮助平衡日常饮食中出现的营养不平衡的问题,清除体内积存的毒素,配合适当的运动和正确的生活饮食习惯,这是我们远离现代都市病最好的预防手段,也是"海尔斯"赖以生存的生命之源!

快速发展的市场

随着社会进步和经济发展,人类对自身的健康日益关注。20 世纪 90 年代以来,全球居民的健康消费逐年攀升,对营养保健品的需求十分旺盛。在按国际标准划分的 15 类国际化产业中,医药保健是世界贸易增长最快的 5 个行业之一,保健食品的销售额每年以 13% 的速度增长。

20 世纪 80 年代起步的中国保健品行业,在短短十几年时间里,已经迅速发展为一个独特的产业。保健品产业之所以蓬勃发展,首先,是因为是人民生活水平明显提高;其次,是人民生活方式的改变,为保健品产业发展提供了重要契机;再次,多层次的社会生活需要,为保健品产业的发展提供了广阔空间。

2006 年中国保健品企业在发展规模上基本呈金字塔的结构,即投资规模在 1 亿元以上的企业占总数的 1.45% ,5 000 万元到 1 亿元的企业占 12.5% ,100 万元到 5 000 万元的企业占 6.66% ,10 万元到 100 万元的企业占 41.39% ,10 万元以下的企业占 38%。2006 年中国医药保健品进出口额突破 300 亿美元大关,达到 306.7 亿美元,同比增加 20.4%。其中,出口额为 196.1 亿美元,同比增加 26.3%;进口额为 110.6 亿美元,同比增长 11.2%。

2007 年中国医药保健品对外贸易再创历史新高,达到 385.9 亿美元,同比增加 25.6% ,其中,出口 245.9 亿美元,同比增加 25.1% ,与全国整体出口增速相当;进口 140 亿美元,同比增长 26.6%。全年医药对外贸易顺差达 105.9 亿美元,但进口增幅高于出口增幅 1.5 个百分点。

中国保健食品产业尽管 10 年前规模很小,但经过多年快速发展,已经逐渐壮大。虽然仍面临诸多挑战,但是,中国保健食品产业的发展前景是光明的。在市场需求、技术进步和管理更新的推动下,中国营养保健食品产业在"十一五"期间将会走上快速、持续、健康发展的道路。

保健品的作用和特点

保健食品的社会效益和经济效益十分显著。有资料显示,由于保健食品的应用,大大降低了医疗费用的支出,而降低的这些医疗费用,远远高于保健食品的投入费用。

保健食品既不是七分功效三分毒的用于治疗疾病的药品,又不是普普通通用于充饥的食品,而是由天然营养成分和特殊活性物质所构成的、对人体具有某种或多种特定功能的食品。保健食品中,有些是保护机体的正常功能,有些能促进机体功能的正常或超常发挥,有些能延缓机体各项功能的下降趋势,有些能调节机体出现的不正常生理指标,有些能对抗或抑制外界不良因素对机体的侵害,有些是作为某些疾病治疗过程中或身体康复过程中的良好辅助食品,有些能改善生理上的不适状态,有些能增强机体的应变能力,有些产品还具有美容功能。总之,保健食品的益处是很多的,随着保健食品功能的开发与增加,其益处也在增加,随着保健食品应用范围的扩大,人们会总结出许多更有意义的理论来进一步指导实践。

保健食品的一大特点是适宜于特定的人群,有些保健食品的适宜人群范围宽一些,有些则具有针对性。我国保健食品的保健功能,正朝着满足于各类人群的需要的方向发展与完善,人人都可根据本身的生理、生活或工作需要找到与自己相关的保健食品。21世纪保健食品向天然、安全、有效的方向发展,第三代保健食品将是21世纪发展的重点。21世纪保健食品的发展趋势是天然、安全和有效。保健食品是一种食品,长期服用应无毒、无害,确保安全。因此,一个保健食品在进入市场前应根据所在国家食品的安全性的要求完成安全检测。近几年,我国的保健科技工作者在广泛收集资料的基础上,经过严格的科学论证,扩大传统的既是食品又是药品的名单,明确哪些中草药不能作为保健食品的原材料。保健品的有效性,是评价一个保健品质量的关键。今后还将建立更多、更新的指标评价体系来满足保健食品发展需要。但是鉴于我国的国情,在今后相当一段时间内,第二代保健品仍占多数。

"海尔斯"今昔

　　兰州"海尔斯"商贸有限公司是专营品牌保健食品、蜂产品、蜂胶化妆品等 300 多个知名品种的商贸企业。公司成立于 2003 年,位于兰州市小西湖温州城 4 楼东区。经过 5 年的发展,办公及仓储面积达到 250 平方米。目前下设 11 个海尔斯健康连锁店。

　　总经理晁代伟,1992 年涉足保健品行业,1995 年开保健品专卖店,2002 年成立保健品批发部,2003 创建兰州海尔斯商贸有限公司,可以说是保健品行业的专家。一路走来,经历过业务不断壮大的发展期,也经历过困难的低潮期,体验过艰辛的转折期,有过柳暗花明的体会。2005 年公司开始涉足淘宝,2008 年开始涉足阿里巴巴,实现两条腿走路。现在公司的连锁加盟店发展到 11 个,终于走上了事业发展的快车道。以下是各店地址。

> 兰州海尔斯商贸有限公司地址:兰州市七里河区小西湖温州城 4 楼东区
> 海尔斯健康连锁第 1 店地址:白银市北京路西区嘉华园
> 海尔斯健康连锁第 2 店地址:兰州市西固区山丹南街
> 海尔斯健康连锁第 3 店地址:白银市四龙路羽毛球馆对面
> 海尔斯健康连锁第 4 店地址:兰州市西固区新天乐西门
> 海尔斯健康连锁第 5 店地址:兰州市西固区庄浪西路市场
> 海尔斯健康连锁第 6 店地址:武威市民族街中段
> 海尔斯健康连锁第 7 店地址:兰州市城关区铁路局工贸天桥北侧
> 海尔斯健康连锁第 8 店地址:兰州市城关区甘南路路桥音乐广场站
> 海尔斯健康连锁第 9 店地址:兰州市城关区火车站
> 海尔斯健康连锁第 10 店地址:临夏市红园新村
> 海尔斯健康连锁第 11 店地址:兰州市七里河区西站西太华超市东门

我为健康,我为质量

　　2003 年,在保健品行业有着十多年从业经验、做过专卖、干过批发的晁代伟成立了兰州海尔斯商贸有限公司,这个公司是他梦想的载体和多年的心愿。随着社会的发展进步,健康身体、健康生活成为大家关心和关注的焦点。晁代伟的目标是期望所有人都健康,都享受健康生活,当然与此同时也希望通过努力使自己拥有更多的财富。他从 1992 年开始涉足保健品行业,在创建公司前做过保健品专卖店、保健品批发部。这些经历使他对行业内的产品、厂家、保健品销售等各环节均非常了解,与生产保健品的各个厂家也建立了良好的人脉关系。他希望能用这些资源更好地服务社会。当然,丰富的行业经验也成为公司良好发展的重要保证,是公司遇到困难需要改变经营策略时所必需的凭借。

多年的从商经历及对保健品行业的深刻体会,加上他内心对于客户的责任感,使他明白:过硬的产品质量和有竞争力的价格是企业经营之根本,决不卖质量不好的产品。公司成立之初,凭借他在保健品行业从业多年的便利条件,他很快与国内各著名的保健品厂商建立了互惠互利的业务联系。但是在产品选择上,他有一个前提:一定要选择国内知名的保健产品,选中国名牌,起码也要是省内的著名品牌,绝对不允许次品牌的保健品进入兰州"海尔斯"。晁代伟总经理有一句名言:"像管理药品那样去管理保健品,像选择药品那样去选择保健品。"在兰州"海尔斯"经营的 300 多个知名品种的保健品中,我们看到的是:"太阳神"、"安琪"、"金日洋参"等中国驰名商标,其中"太阳神"和"安琪"都是上市公司;"脑白金"、"养生堂"系列、"万基洋参"、"康富来"洋参等中国知名品牌;"绿 A 螺旋藻",今年在创中国名牌产品,是螺旋藻行业的领跑者。近年来,面对行业的残酷竞争,晁先生试图将经营的目标向女性保健美容倾斜,尝试真正的内调外服,从而让女性拥有美丽与健康。为此,他慎重选择了 2 个品牌的化妆品,其中"圣洁兰"是蜂胶产品,而"金纳斯"则是第四代化妆品,是生命科学渗透到日化行业的典型代表,它含有生命因子——rhEGF(重组人体表皮因子)。

"海尔斯"强调产品的质量,从来不卖假货。晁总始终认为,做生意,开公司,如果没有质量过硬的产品,产品的价格没有竞争力,那么公司能够快速而持久的发展是不可能的。如果卖不好的产品,就对不起自己的良心,对不起客户的信任,也对不起"海尔斯"的金字招牌。

正是由于"海尔斯"人严格把关,只做优质产品,只做厂家一手代理,只做有价格竞争力的优质产品,不断把优质、低价的产品供给药店、药品超市及平价超市,再加上晁总的精心打理,即使在保健品行业刚刚起步的情况下,公司发展形势非常好,在刚成立两年多中每年的销售额都超过 800 万元。

坚冰刺骨,何处逢春

就在"海尔斯"以良好的势头向前发展的时候,问题出现了。随着商品经济的发展,经济主动权向着买方市场倾斜,导致许多厂家将苗头指向终端市场,而且采取店中店或者店内导购进行终端拦截。以此来占领市场,致使供应商的优势消失了,这种情况下,即使产品质量再好,价格再优惠,也抵挡不住导购的截留。可以这样说,当时的产品质量和价格已经不是左右销售的最大因素,而有没有店内导购成了一个很重要的问题。尽管有过仿效别人的努力,可是也难以挽回昔日"海尔斯"迅速发展的势头。屋漏偏遭连夜雨,货物滞销导致的积存过期,造成报废产品,这给"海尔斯"造成严重打击。

销售业绩的下降,加上药店和药品超市名目繁多的费用,如进场费、条码费、店庆费、年节费、端架费、管理费等,导致公司产品进入药店的费用越来越高。即使晁先生有良好的个人交际关系,也难以降下巨额的开支。"海尔斯"该如何面对考验,如何在艰难中向前发展,晁先生和他的员工们在苦苦探索着。

面向终端

找到问题的症结后,晁先生带领他的"海尔斯"改变了经营策略,从 2006 年开始进行连锁店铺经营。"海尔斯"的连锁经营分为两种:一种为直营公司,另一种为加盟店。目前为止,"海尔斯"已经拥有 11 家连锁店,已发展到兰州及其周边城市如白银、武威、临夏等地。谈到连锁经营,晁先生这样分析:(1)在价格和产品质量上,拥有普通的药店和药品超市不可比拟的优势;(2)连锁经营后,连锁店的经营真正成了连锁店主自己的生意,他会加倍努力打理好自己的店铺,再用心经营和扩展健康连锁店。

晁代伟认为,第一步是必须要分析出原因在哪里。经过分析,晁代伟发现了问题的症结所在,那就是产品被药店和药品超市拿走后,在简单地卖产品。因为所卖产品并不是"海尔斯"一家,所以不可能像经营自己的产品那么用心来经营,再加上当时行业环境的不佳,才导致了艰难局面的出现。其实说到底,根本原因是超市和药店直接掌握了终端,他们在终端市场上直接面对顾客,拥有着最直接的便利,他们的推荐意向会在很大程度上影响到消费者的购买意愿。现在企业界流行这样一句话:谁掌握了销售终端,谁就是市场的赢家。再深层次的原因是,经济的腾飞导致商品销售已从买方市场转向卖方市场,在琳琅满目的产品面前,消费者开始挑剔,销售人员必须具备专业化知识才能胜任销售工作,这一切变革让从小生产者一路走来的晁先生有些力不从心。他发现缺少终端是其弱势所在,因此,晁先生选择了走向终端市场、直接面对顾客、改变经营方式、走健康连锁经营的发展之路。

做好终端建设，成为每一个生产消费品企业的必修课。产品只有占据终端市场，在销售点上与顾客见面，才有可能被顾客购买。企业只有控制了终端，才能拥有控制市场的主动权。在这样的情况下怎么办？掌握顾客才是根本，要改变一直以来供应商的做法，才能真正拥有发展之道。出路只有一条：直接面对顾客，把握自己的命运，改变目前的经营方式，走连锁经营之路。

搞连锁经营并不是海尔斯现在才有的想法。在公司业绩好的时侯，晁代伟总经理想过开连锁店进行公司直营，但是考虑到这样做可能会影响连锁店周边客户的销售，所以当时只保留了想法而未付诸实践。后来，随着在药店和药品超市的经营越来越难以开展，他索性做起了连锁经营。当时药品超市和药店的生意仍然在做，只是方式上作了重要调整。现在只有两类他们还在做：一类是自己派了导购；另一类是现金提货的。其他一律砍掉，尤其是原来欠款的药店和药品超市。

经过这一系列的调整，公司又走上了良性发展的轨道。原来经常退货的现象不见了，原来经常赊账现象不见了，原来欠账收不回来的现象不见了，这一切的变化都得益于"海尔斯"经营策略的改变，得益于"海尔斯"走的连锁经营之路。

持续挺进的秘诀

从 2006 年到现在差不多两年的时间里，"海尔斯"已经有了 11 家连锁店，而且这些大部分是 2007 年下半年之后开的，现在的趋势是连锁店铺的数量增长越来越快。"海尔斯"为什么能做到这些呢？主要有以下两方面原因。

1. 激发潜力，让业务员、促销员、导购成长为连锁店老板

美国心理学家马斯洛把人的需要分为 5 个层次，它们从低到高分别是：生理需要，安全需要，社会需要，尊重需要，实现需要。他认为，人的潜能是无限的，"非不能也，是不为也"。只要真正了解了人，了解了他们的需要，就能够把握他们，激励他们，让他们在实现个人需要的同时，为实现整个企业目标而努力工作。晁代伟自己从业务员干起的经验告诉他，必须激发员工的积极性和潜力，才会有更好的发展。在西北经济比较落后的地方，金钱上的刺激肯定是相当有效，但却不能长久，所以必须要综合考虑如何激励人。他想起"蒙牛"的成长经验，决定培养优秀员工成为连锁店老板。

这是晁代伟最自豪的一点，也是他最值得一提的地方。从作出这个决定开始，他就真正迈出了成为企业家的一步，公司也成长为真正的企业。之后，晁代伟在业务员、导购

员进入公司的第一天就给他们传达一种理念：给别人打工永远是没有出息的，人应该有点想法，只要大家用心做，"海尔斯"愿意把大家都培养成老板。

晁总经理是这么说的，也是这么做的。大家在这种理念的引导下，在公司经过长期的实践，真实感受到了"海尔斯"的优势和专业，真切感受到"海尔斯"老总晁代伟的人格魅力。在公司努力工作而成长起来的业务员、导购员，走上了连锁经营之路，从公司员工转变成了连锁店的老板。这个连锁成长模式不是自动生成的，而是晁代伟总经理有意培养的结果。这样的连锁店熟悉保健品行业，与"海尔斯"保持良好的关系，对"海尔斯"有着很好的忠诚度，这在"海尔斯"的最初连锁经营发展过程中起了非常大的作用，这是值得大家借鉴的地方。

2. 大力扶持连锁店铺

与一般的连锁经营不一样的是，"海尔斯"人把健康连锁放在第一位，连锁一家成功一家，而连锁店铺数量的增长则放在了第二位。正像"海尔斯"人常讲的那样，要健康首选"海尔斯"健康连锁，保证品质。

对连锁店铺的大力扶持政策，第一个要说的就是，公司为连锁店铺提供了优质的产品和有竞争力的货源，在价格上，连锁店铺甚至能做到以药店和药品超市的批发价格来销售，这种扶持应该是根本性的。兰州市内免费送货，加盟店免收加盟费；开业时公司给予一定的赠品支持，开业前3个月，滞销品种可以任意换货；每年公司都有4次左右的专业培训，培训师都由厂家派，对产品的销售有很大的帮助。为了更好地服务客户，公司今年安装了免费电话4008110129（免长话费），这种免费电话座机手机都能打，而800开头的免费电话手机是不能打的。

为了加强对公司和连锁店铺的管理，更好地为连锁店铺服务，公司舍得花钱对内部员工做大量专业的高级培训，公司高层带头参加。比如锡恩培训，这可是由国内最权威的专业企业管理培训机构北京锡恩企业管理顾问有限公司负责的，每人每次的培训费高达5 000多元。

除了上面这些扶持政策外，兰州"海尔斯"还在网上和网下大力宣传兰州"海尔斯"，尤其是在淘宝和阿里巴巴上的力度很大，这在一定程度上也帮了连锁店铺不少忙，这一点下文会有详细叙述。

能有上面的扶持政策并能认真执行，这得益于"海尔斯"人健康连锁经营的理念，那就是连锁一家、成功一家，公司与连锁经营者走双赢的道路。正因为这样，服务于连锁经营店铺就成了不只是口头上的宣传，而是实实在在在为连锁经营店铺做实事，而且是用心帮连锁店铺做实事。

诚信经营获得八方客户

"八坊顺天"有一个大药房已经经营了 10 年,在临夏市可谓家喻户晓。现在又开了一个保健品店。"八坊顺天"来兰州向给自己提供药品的批发商打听从哪里进保健品,给自己供货的药品批发商一致推荐兰州"海尔斯"商贸有限公司,因为"海尔斯"的品牌知名度已经相当响,在兰州经营保健品行业的,没有不知道兰州"海尔斯"的。

在临夏当地,其实"八坊顺天"并不是最早和"海尔斯"联系连锁加盟的,原来要加盟的是"鸿康"大药房,这个加盟只是被"八坊顺天"抢了先。原因是这样的:"鸿康"大药房老板来兰州,听朋友介绍来找"海尔斯",找到一些给自己供货的保健品经销商,询问"海尔斯"的地址,因为是同行,所以有的说不知道具体在什么地方,有的说根本没听说过这个公司。为此"鸿康"大药房的老板在兰州住了 4 天。一天下午,该老板经过小西湖天桥时,无意中在天桥的楼梯上面发现了"海尔斯"做的广告,原来她就住在"海尔斯"公司附近的招待所,真是"踏破铁鞋无觅处,得来全不费工夫",第一次到公司就采购了一大批保健食品,另外计划加盟"海尔斯"的健康连锁店,但谈的店铺因为房屋押金需要 10 万元而没有谈成。在该老板谈房屋押金的时候,"八坊顺天"已经从一个药店手里接手了一个铺面,因此"八坊顺天"赶在"鸿康"大药房前面开业了。开业当天,"海尔斯"总经理晁代伟参加了店庆开业仪式,下午顺便走访了"鸿康"大药房。去的时候,"鸿康"大药房的女掌柜刚打完点滴,她对没有加盟上"海尔斯"深感遗憾。她告诉晁总,"鸿康"大药房专门装修 2 个货架,一个货架专卖"海尔斯"的保健食品,一个专卖"海尔斯"的蜂胶化妆品,为此还要招一个人专门来卖这些产品。之所以这样,是因为"海尔斯"的产品在她这里一直卖的很好。

网络发展两大利器

经过近两年的连锁经营后,"海尔斯"开始逐步调整连锁经营策略,新策略就是连锁只做加盟店,以前的公司直营店都将承包出去。目的就是使连锁经营做的更精,最大限度地使公司得到发展。公司直营是在连锁经营之初进行的,是为了使连锁经营尽快有一个好的开端和支撑,应该说这种方式给公司最初的连锁经营带来了很大的经济效益。但随着连锁经营规模的不断扩大,问题出现了:连锁经营会占用公司大量的人力,对公司真正做大健康连锁经营之路不利,而且公司直营店并不能从根本上变为自己做老板,这对连锁经营的最终发展有些制约。

晁代伟苦苦寻找办法的时候,办法出现了。

晁代伟是个网络爱好者,对网络商机很敏感。晁总其实很早就接触了电子商务(那还是在公司成立前),2002年他经营花店,他用专业的商务快车软件在互联网上发布跳舞草的信息,卖跳舞草的种子,结果每周都可以收到邮局的汇款单,整个花卉市场只有他的花店有汇款。

2005年,"海尔斯"已经在淘宝开店,可是经营状况受到网络大环境的影响,加上保健品市场相当混乱,销售情况一直一般,处于不好不坏的状态。但他一直坚信:两条腿走路赛过一条腿,电子商务将是大势所趋。他一直坚持诚信经营,因此经历了风雨波折后终于成长起来了。现在他已是四钻卖家,是淘宝西北五省保健品信誉度最高的淘宝卖家,有网络加盟店十几个。开业第一个月销售了4 000多元,以后的销售额逐步递增,最高达到每月6万元销售额。

吸取实体店的经验,"海尔斯"在淘宝上不但自己销售,同时还招网上加盟店;加盟店所售商品要标同样的价格,利润各分一半,这个举措成效显著。西安的一个网上加盟店店主是一个退休的大夫,她在淘宝上考察了许多保健品,最后选择加盟"海尔斯"的店铺。有一个淘宝加盟店,每次现款购买"海尔斯"的货,然后直接就卖给医院的药房;有的是在当地的论坛发帖子,组织团购。

"海尔斯"非常注意跟淘宝以及其他机构合作。多年的经验告诉晁代伟,多一种渠道,多一个模式,就多一种机会。因此在淘宝经营上,他一直积极主动地参与各种活动,聆听各种意见和建议。现在,有两件事情让他非常骄傲和自豪:一个是淘宝店铺对保健品按照功能对号入座,就是采纳了他的建议,当时淘宝的小二曲洋就此事专门给他打过电话;另一个是在2006年淘宝西北商盟成立前,他策划了有100多人参加的兰州淘宝卖家第一次经验分享交流聚会,这在当时的兰州淘宝卖家中反响很大,聚会活动很成功。

在淘宝经营上,"海尔斯"不只把销售产品当作参与淘宝的全部。他积极赞助淘宝网上的社区活动,比如在淘宝论坛冠名赞助摄影摄像活动。这扩大了兰州"海尔斯"在淘宝网上的知名度,给了兰州"海尔斯"在淘宝上足够的曝光率。正因为这样,很多网络卖家通过淘宝认识了兰州"海尔斯",这对公司网下的实体发展起了很大的推动作用,兰州当地的很多朋友见到"海尔斯"时,经常会说:"这不是淘宝上的那个兰州'海尔斯'吗,卖保健品的淘宝西北五省的著名商家。"可以这么讲,"海尔斯"在淘宝上的发展与宣传,不但直接带来了销量及对网下实体的宣传,更为兰州"海尔斯"今后走向全国,在北京、上海、杭州、南京开连锁店,打下了基础。兰州"海尔斯"要通过淘宝把连锁经营做到省外,做到全国去。

谈到"海尔斯"在阿里的经营,不得不说晁总是一个非常聪明的人。网络经营需要卖点,需要足够的曝光率。如果不能在阿里巴巴这个平台上找到一个好的切入点,可能是白费很大的精力。

晁总聪明之处就在于找到了一个在阿里很好的切入点,那就是财富值。财富值是阿里的一种虚拟货币,只要在阿里注册的用户都会有财富值,财富值可以用现金买卖,一般一元钱几百个财富值。财富值可以用来购买阿里社区上的广告位,可以购买阿里财富值商城上的物品,可以转让或者奖励给社区上的朋友,也可以用来冠名社区上的好多活动。更重要的是,阿里会根据持有财富值的多少和购买财富值时所交的税金多少进行排行。财富值最多的前 10 名,阿里提供免费的推荐位。这个非常好,又不花钱,只要你的财富值够多就可以了,不管你是个人还是商家,能进入这个排行榜对商家的宣传作用是非常大的。

海尔斯是阿里论坛首富

本月财富值之星

健康专家海尔斯
要健康 首选海尔斯

爱·恋
要健康 首选海尔斯

温控器专家
家电论坛版主/专家

海尔斯-专业保健品
要健康 首选海尔斯

财富值大富翁

会员	财富值
1 健康专家海…	9513411
2 daxia…	7000097
3 金盾防水	6769737
4 单忠诚	4011536
5 大象棉织	3607432
6 爱·恋	3569432
7 纸杯大王怒吼	3557210
8 一新不锈钢	3547220
9 湿部化学仙子	3246958
10 boxim…	3167888

2008 年,"海尔斯"用两个月的时间在阿里社区购买了足够的财富值(888 万),成为阿里财富值首富。其实这个并没有花太多的费用,因为 1 元钱可以买几百个财富值。"海尔斯"的聪明就在这里,不但能看到商机,而且还能去把握这个商机。

手里有了足够多的财富值后,晁总用手里的财富值做足了文章。

首先,他把自己是阿里财富值首富这个卖点做足了宣传,通过各种角度来宣传,吸引眼球,增加曝光率,强化宣传效果。

其次,他用财富值大量收购阿里商友的社区签名档、社区头像、社区中的各种广告位,收购阿里商友博客中的标题图片,赞助社区中的各种活动,这些大大增加了"海尔斯"在阿里上的曝光率,使"海尔斯"在阿里社区得到了极大的宣传。

最后,他还把阿里和淘宝的资源共享,把能证明阿里财富值首富的链接引入淘宝店铺。

阿里和淘宝的网络营销给海尔斯带来了极大的宣传效应,使"海尔斯"从兰州走向全省,直到走向全国。现在的"海尔斯"已不仅仅是兰州的"海尔斯",而是中国的"海尔斯"。这为"海尔斯"连锁经营走向全国打下了基础。相信不远的将来,在全国一些重要城市都会出现"海尔斯"的连锁加盟店。这一切,都要归功于"海尔斯"在淘宝和阿里的经营。

两条腿走路

为了更好地宣传公司和服务顾客,并对每一盒售出的产品质量负责,"海尔斯"在每一盒产品上面均贴有易碎纸标签。现在他还在努力和邮局联系,让邮局提供甘肃省内所有药店和蜂蜜专卖店的地址,然后一并发商业信函,这样可以把招商信息一次发到位。因为发货量大,好多快递公司争相和"海尔斯"公司谈合作。现在合作的是韵达快递,全国范围内,韵达送到的地方只要 6 元一千克。

目前公司健康连锁店的门头是统一的,下一步努力统一工服,等到本书出版的时候也就统一着装了。每个员工都有统一的胸徽,每个上面都有唯一的编码。"海尔斯"的保健食品和蜂胶化妆品目前已经入住阿里财富值商城。

兰州"海尔斯"给笔者印象最深刻的是,晁总总在不断探索新的方法,尝试新的工具。他强调,目前自己已经是两条腿走路。"海尔斯"经营之路与普通的保健品连锁经营之路有一个很大的不同点,即兰州"海尔斯"不但在网下发展,而且特别注重网上发展,找到在淘宝和阿里成功发展的切入点。网络上的宣传和发展对网下的实体经营起了很大的推动作用,这也是"海尔斯"连锁经营走向全国的重要保证。晁总期望"海尔斯"不仅仅是兰州的"海尔斯",还要变成中国的"海尔斯"。

本案例使用说明

一、教学对象与目的

1. 本案例主要适用于 MBA 的创业管理课程、工商管理类别相关硕士课程的教学和管理培训,也适用于电子商务类、经济类、管理类本科课程。

2. 本案例的教学目的在于帮助企业各层级的管理者和想创业的人以及已经创业的创业者更好地理解创业的实质,把握创业中遇到的机会,重视基础管理。

二、思考题

1. 试简述兰州"海尔斯"创业历程。当中说明什么道理? 如何看待掌舵人的作用?

2. 试从兰州"海尔斯"转变为连锁经营来谈终端营销。

3. 试从兰州"海尔斯"培养员工成为连锁店老板来谈谈团队管理中如何激发人的积极性。

4. 试从兰州"海尔斯"的两条腿走路来谈企业的发展经营之道。

5. 如何看待兰州"海尔斯"的扶持政策?

6. 如何看待保健品和保健品市场?

7. 试谈兰州"海尔斯"今后该如何发展?

三、教学思路

教师可以根据教学目标来灵活使用本案例。以下思路,仅供参考。

1. 兰州"海尔斯"的创业其实基本是在做一个产品,和保健品相关的一个产品。从零售到批发到连锁经营都是规模上的扩张,产品上的扩张,其背后更多的是经营方法上的转变和制度上的改变。另外,创业中掌舵人丰富的从业经验是公司成功发展不可缺少的因素。本案例的主人公,兰州"海尔斯"商贸有限公司总经理晁代伟,从 1992 年开始涉足保健品行业,在创建公司之前做过保健品专卖店、保健品批发部,这些经历使他对行业内的产品、厂家、保健品销售等各环节了如指掌,多年的从业经历打下了各方面的良好关系。丰富的行业经验,不但是公司良好发展的重要保证,而且是公司遇到困难需要改变经营销策略时所必需的因素,如果没有这些丰富的行业经验,遇到困难时,也许公司就垮了,也许就不是大家现在看到的快速而健康的连锁经营之路了。

2. 兰州"海尔斯"在发展中遇到了一个困境,这个困境迫使老总认真而细致地分析了市场,最后决定在买方市场中分一杯羹,进入连锁经营。这个说明终端市场极其重要,企业一定要重视顾客、关怀顾客。

3. 兰州"海尔斯"在激发人的积极性和主动性方面加以探索,提出新的模式,即培养员工成为老板,与其让他们成为自己的敌人,不如让他们和自己一起成长和飞翔。

4. 兰州"海尔斯"严格意义上是一家零售批发公司,属于小企业,选择电子商务是迫不得已的,但也是必需的。应该说,"海尔斯"走在了前面,已经占有了先机和优势。"海尔斯"必然凭借电子商务的优势成为中等企业。

5. 在这个成功的案例中,公司发展遇到困难时,改变了经营策略,应该说这是兰州"海尔斯"能够得以重新快速发展的重中之重。这得益于公司领路人对公司遇到困难时作的一种深度、正确的分析。经营策略和方向上的改变使企业走上了一种良性发展的道路。最初的连锁经营之路能够得以顺利展开,与培养自己的业务员、导购员等成为连锁店主是分不开的,这使连锁经营的起步变得简单,而且降低了风险。初期的成功对经营策略和方向的改变是非常有益的。"海尔斯"的连锁经营之所以能够成功,一个重要的方面就是对连锁店铺的扶持,这是经营连锁店必须面对的问题。这里的关键就是看谁能真正把扶持方法落实到位,在这一点上,兰州"海尔斯"无疑给大家作了榜样。

6. 兰州"海尔斯"的经营和选择告诉我们,保健品市场未来肯定是潜力无限,但是竞争也将相当激烈。必须要有一条自己的道路。

7. 建议兰州"海尔斯"公司更加专业化、正规化,先把员工培养成营养专家、服务专家,让他们培养潜力顾客。

四、教学要点

1. 把握兰州"海尔斯"三次创业的基点和发展进程,深刻了解创业的各种机遇条件环境和转机,理解最大的转变其实是思想的变化。

2. 了解创业中管理的重要性,尤其是如何培训和管理员工,如何调动员工的积极性共同发展。

五、建议课堂计划

本案例适用于专门的案例讨论课,在创业管理课程中进行。以下是建议的课堂计划,仅供参考。

整个案例课的课堂时间控制在80~90分钟。

课前计划:提出启发思考题,请学员在课前完成阅读并作初步思考。

课中计划:简要的课堂前言(2~5分钟)。

分组讨论(30分钟)。

引导全班进一步讨论,并进行归纳总结(15~20分钟)。

课后计划:如果有时间,请学员相互交流一下,写出自己的读书报告。

附录 A

大学生淘宝网 C2C 创业访问调查报告

胡桂兰

摘 要：中国的电子商务市场具有巨大的潜力。随着就业压力的增加，鼓励大学生创业成为解决就业压力的重要举措之一。本文调查大学生在中国 C2C 第一的淘宝网的访问情况，探索大学生 C2C 创业的现状，给更多的大学生网络创业提供参考。

关键词：电子商务 C2C 创业 大学生

引言

中国电子商务协会理事长宋玲表示："网上创业主要是鼓励学生通过自己的努力开辟自立自强的创业新路，它将为全国大学生提供网上实验基地，并将为更多优秀大学生提供就业机会。"中国互联网络信息中心（CNNIC）最新发布的中国互联网发展统计报告（第 21 次，2008 年 1 月发布）显示，截至 2007 年 12 月，中国网民数已达到 2.1 亿人。中国网民数增长迅速，2007 年一年增加了 7 300 万，年增长率为 53.3%。在过去一年中平均每天增加网民 20 万人。目前中国的网民人数略低于美国的 2.15 亿，位于世界第二位。

本次调查的对象是大学生。之所以选择大学生，是因为他们是特殊群体。大学生凭借独有的教育优势和专业优势涉足网络创业，这种现象将越来越普遍。但由于大学生以学业为主，所参与的多是 C2C，参与 B2B 的非常少，所以笔者把重点放在 C2C 上。笔者用半年左右时间（2007 年 3 月至 8 月）对淘宝网上 56 位大学生进行了访问调查，他们来自上海、湖北、广东、湖南、江苏、浙江、北京、黑龙江、辽宁、内蒙古、宁夏、贵州、山西、陕西、香港、福建等地，发现他们的创业形式是淘宝网开店练摊，经营的范围涉及所有在网络上能销售的物品。

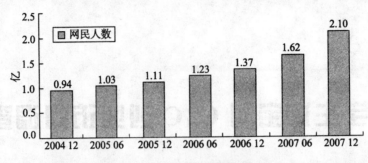

图 A-1　中国网民人数增长情况

大学生选择网上创业的原因

网上创业之所以会受到诸多大学生的青睐,其原因有以下5个方面:

(1) 网络创业启动资金少、成本低、交易快。

据调查,100%的学生都认为网络创业是个好机遇。目前国内C2C市场上,所有的平台都是免费的,可以说是零成本创业,而且交易迅速、快捷。同时,网络创业使大学生可以灵活安排时间,比家教或者从事其他形式的实践打工有更多优势;此外他们可以不必受老板的气,40%的大学生渴望自由的愿望在网络创业中得到了满足。

(2) 帮助大学生理论与实践结合,弥补大学教育的部分缺失。

目前大学教育在很大程度上落后于社会生产实践。80%的大学生认为,通过网上创业,他们能够更深刻地体会市场、体验社会,弥补高等教育的缺失。

(3) 为大学生提供创业或就业机会。

电子商务为大学生提供了就业机会。据教育部门提供的资料显示,2008年全国有高校毕业生559万人,比2007年大约净增64万人。加上过去数年未能就业的毕业生沉淀下来,2008年全国实际需要就业的普通高校毕业生可能突破600万人。在严峻的就业形势面前,电子商务给许多一筹莫展的大学生带来了希望。其中福建的几位大学生毕业后就直接去创业了,而没有选择去找工作,就是因为经过了一年多的网络创业后的抉择。

(4) 就业与竞争压力催生创业。

中国的电子商务市场具有巨大的潜力。中国的1.5万家大中型企业和1 000万家小企业,预计到2009年,将有80%能运用电子商务的手段进行贸易活动,而成千上万大学生的加盟,将为中国电子商务市场进一步发展锦上添花,也将为大学生的择业创业奠定良好的基础。

(5) 榜样示范的作用。

国内最大的个人电子商务网站易趣 2004 年统计数据表明,越来越多的大学生开始在网上做生意,在易趣网的店铺中,在校大学生开的"个人店铺"达到 40%。淘宝网上创业成功的大学生有的已经达到了每个月 60 多万元的营业额,有的已经开设了 10 多家分店和实体店铺,物品范围之广、营业额之高丝毫不弱于其他专业店主。一些将要毕业的大学生表示,他们已将网上创业与就业作为他们职场的新选择。"易趣杯"首届大学生电子商务竞赛组委会统计,全国 33 个城市上万大学生对这样一种"上网练摊"的创业形式产生了浓厚兴趣。根据比赛规则,所有选手从零开始,完成从找渠道进货、登录描述商品、设定价格到银行查款发货等商务的全部过程,最后将根据选手的成交金额、成交数量、信用情况等综合评定打分。3 个月比赛下来,这些选手竟创造了 681 万元人民币的交易额。这些榜样作用,在一定程度上推动了大学生选择网上创业。

大学生网上 C2C 创业的现状

(1) 大学生网上练摊开店属于小打小闹型,处在创业体验与创业边缘阶段,经营方式多为粗放式。

在本次访问调查中,大学生网上练摊所经营的范围是应有尽有,从服装、珠宝、首饰、手机、电子产品、化妆品到男士专用的皮带、ZIPPO 打火机等,甚至有人卖性保健品,男生卖女生化妆品、女生内衣,而女生卖男士内裤。到笔者结束调查为止,有 12 个学生做得不错,他们中有的已开了连锁店,有的已发展了多个代理,实现了月收入过万的梦想,而这些基本是靠业余完成的。但这只占 21.4% 的比例,剩余的 78.6% 的学生中有些是经营逐渐在变好,有些处于维持状态,有些处于放弃和维持的中间状态。

从经营的成本投入看,一般投入比较少,投资最大的只有 16 000 元,其中 10 000 元是风险资金。投入最少的就是零成本,依靠代理起步。由于风险与收益同在,低投入达到高回报的可能性比较小。所以大学生 C2C 开店创业基本处于小打小闹阶段,是一个从无到有的过程,是希望积累原始资本、赚取人生第一桶金的过程。确切讲,应该是处在创业体验和正式创业的中间阶段。这个正是我国 C2C 市场状况的一种反映。

(2) 大学生创业并非主流,仅仅是电子商务非常小的一部分。

据资料显示,中国互联网用户 70% 以上在 30 岁以下,53% 在 24 岁以下。这跟美国显著不同。中国网民年轻的特点决定了其不同于美国网民的网上消费行为特点。

首先,中国网民因为收入低,所以消费水平低,网民个人通过网络支出的费用都是有限的。

其次,中国网民大多数是年轻人,有很多网民如学生等甚至没有收入来源(占10.4%)。

这个年龄段的网民,其兴趣爱好和消费特征与其他年龄段的网民明显不同,游戏娱乐和交友的需求比较明显,而对网上购物和商业交易,既缺乏兴趣和动机,又缺乏相应的能力。在10.4%的无收入网民中,有一部分是学生,估计大学生在网上开店练摊体验创业的人数是比较少的。在淘宝752 780多家店铺中,标有学生创业的店铺有1 071家,实际上学生经营的店铺大概也只有这个数目,也就是说学生店主仅仅是淘宝网75万店主中微不足道的一个部分。

调查中,大多数大学生告诉笔者,学校对于学生从事网络创业没有明文规定。几乎99%的学生告诉笔者,学校没有开设相关创业方面的课程,没有网络创业方面的指导和建议。大学生选择成为兼职网商,有利于在实践中学习和探索。

(3)经济管理类学生更易体验创业。

本次访问调查中发现,学生中94.4%(46人)是经济管理类、社科艺术类学生,只有5.6%(10人)是理工科学生。这说明,与经济管理有关的专业和社科类学生很活跃,能捕捉到社会经济的脉动。经济管理类中,电子商务、金融、工商管理、国际贸易专业的学生居多,最多的是电子商务专业学生,这说明,创业与专业有关系。

(4)大学生网上练摊开店体验创业具有连锁效应。

本次访问调查中,100%的大学生非常看好电子商务,对电子商务未来的发展信心十足。他们认为尽管现在接受和运用电子商务的大学生还是比较少的,但是将来将会有更多的大学生进入这个行列。其中,有6位大学生介绍了自己的同学、朋友一同进行创业体验,而杭州的一位学服装设计的学生介绍了5位同学,她们都选择在淘宝网开店练摊,而且她们共同的目的都是为了积累创业经验,好为自己将来创业作准备。

网络创业五大驱动力

虽然说大学生网络创业基本处于初放状态,但综观历史上所有的创业经历,每一次创业都是艰辛的,都要经历初放状态,要依靠激情和努力来完成,因此这个属于正常状况。不过值得注意的是大学生网络创业的驱动力:为什么会选择网上创业?

　　大学生参加到网络创业中来,是什么样的力量促使他们选择网络创业方式呢? 根据本次访问调查,大学生网络创业的驱动力主要有以下 5 个方面:

　　(1) 体验新奇驱动。

　　电子商务在中国近几年发展很快,仅在易趣商务网站,就有 690 万注册用户;2005 年第二季度,新增加的用户达到 140 万,商品交易额超过 5 亿元人民币。中国社科院 2006 年 2 月 22 日首度发布电子商务市场报告,报告显示,2005 年中国电子商务市场整体增长迅猛,网上成交额由 2004 年的 3 500 亿元升至 2005 年的 5 531 亿元,增长 158%。有过网上消费、购物经历的比例达到 71.30%,首次超过亚太地区 70% 的平均水平。网民网上消费总额高达 135.05 亿元,比 2004 年增长 280%。其中,C2C 市场龙头老大淘宝占据了 70% 的市场份额。本次在淘宝网调查中,笔者搜索到有 371 家店铺中有学生字样,但实际上有一部分不是大学生。约有 37.57%(21 人)的同学认为在网络练摊体验创业是好玩,是为了体验新的事物。这也是大学生网上开店练摊的最低层次的动力。因为电子商务非常新鲜,而且淘宝经营方式与其他 C2C 网站相比,更具有人性化,所以他们乐于把业余时间花在这里。92% 以上的学生网商都是从网民、网友转为网商,从网络购物转为网络销售的。

　　(2) 竞争压力驱动。

　　教育部公布的数据显示,自 2001 年以来,中国高校毕业生的数量逐年大幅增加:从 2001 年的 114 万,到 2004 年的 280 万,再到 2007 年的 496 万。据估计,2008 年全国普通高校毕业生将达到 559 万人,比上年增加 64 万人,创历史新高。在严峻的就业形势面前,电子商务给许多一筹莫展的大学生带来了希望。在本次访问调查中,30% 的大学生选择网上开店练摊是为了锻炼自己的实践能力。随着就业压力增加,很多学生已经意识到就业难,他们有意识地想锻炼与提高自己,因此在业余选择了很多实践方式。网上开店练摊启动资金少、创业成本低、交易快捷,时间可以自由安排,风险比较小,还可以抢占电子商务的先机市场,就自然而然成了这些具有忧患意识和长远眼光学生的首选。事实表明,电子商务确实为很多学生提供了就业机会和锻炼平台。

　　(3) 经济驱动。

　　本次访问调查中发现,有 42 位同学选择网上开店,很大程度上是经济原因。这个比例占了 75%。他们一般是家庭经济状况比较困难的学生,在高昂的学费和生活费的情况下,只有选择打工;而且这些学生,还做过家教等。这些学生还有个特点,就是基本上是网上经营和网下经营同时进行。他们的主要顾客首先是学生,因为他们最了解学生,也最熟悉学校这个市场,所以一般而言经营得比较好。

（4）兴趣驱动。

调查中发现，大约26%（15位同学）的大学生选择网上练摊开店，是源于兴趣所在，其中复旦大学的两位同学最显著，而且更突出的是，他们把自己的专业优势发挥出来了。一位经营手机刷机的同学，他本人学习的专业就是电子类，自己又对手机刷机有着狂热爱好，用他本人的话说是属于数码狂人，所以他不断推出新产品，月营业额达到了60多万元；另一位同学，将自己的设计专业发挥得淋漓尽致，运用独到的设计眼光来选择和改造服装，使之满足不同人的不同要求，引领了新的审美观念，成为视觉品牌的先锋。南京一位女同学，因为不喜欢自己所学专业，所以选择了自己喜欢的服装，在网上进行营销，并在同学和朋友的帮助下，开始创建自己的服装品牌。

兴趣原因，起初听起来感觉迷茫，但笔者经过分析后，明白了其中的道理。比尔·盖茨对软件的兴趣可以说是狂热，他能放弃董事长的职位，放弃名利，急流勇退，是因为兴趣。只有兴趣、喜欢、迷恋甚至是狂热，才能达到不计名利、不辞劳苦、不计代价，为之付出一切的地步。宁夏大学的一位同学说，他一个小时做完的事情，别人需要3天才能做完，原因很简单：这个是他的兴趣所在，他对之有着深刻的了解和体会，别人很难进入他那种忘我的状态。本次调查中发现，兴趣驱动力成为促进创业发展的最大动力，也是最持久的动力，同时也将是激励他们发展、前进、成长的最关键的因素。

（5）实现自我价值驱动。

在所有前面4个驱动的背后，大学生创业体验都有一个深层次的动力，那就是实现自我价值。随着经营步入良性发展的状态，规模不断扩大，这个动力将越明显，越突出，并且将逐渐成为最重要的驱动力。

上面5种驱动，是5个递进的层次。但实际上选择网上练摊开店的大学生基本上都是受到几种动力的联合驱动。单纯的一种驱动基本是好玩与体验新奇，这是最低层次的驱动力。联系最多的层次往往是经济驱动，这说明，网上练摊开店者基本是一些经济上不富裕的学生。

七大亮点

（1）勇于接受和体验新鲜事物，勇于把心动变为行动。

虽说大学生选择网络练摊的原因有很多，但在其经营中，盲目性、随意性比较大。30%的学生选择网上经营时经营对象并不明确，也没有明确的目的和规划，好玩和体验新奇的心态比较重。面对日新月异的周围世界,各种因素、各种动力都在吸引与推动着大学生的自主创业。可以说,大学生是敢于憧憬、敢于向往、又敢于幻想的新时代的生力军,是富有激情同时又敢于超越的一代。大学生的创业活动已成为一国经济持续繁荣、平稳发展的强大动力。知识经济的资源特征为大学生创业提供了资源优势,因特网的普及为大学生创业提供了信息优势。以比尔·盖茨为代表的一批人创业的成功,就是以现代科学技术为主的知识经济的产物,是知识经济造就了这批创业英雄。同时,在调查中发现,更多的大学生在困难面前并没有放弃,而是寻找原因,分析情况,最终找到解决问题的对策。换句话说,一定的失败和困难刺激了他们更大的热情,激发了更大的潜能。

（2）技术型趋势和管理整合型趋势明显,可以后来居上。

虽然大学生选择网络体验创业的起点比较低,但他们的起点低正好反衬了他们的能力强,他们有很多创新。有的大学生网上创业不仅仅是单纯的销售物品,还通过增加产品的技术含量来提高其价值,本次访问调查中,22%的学生是依靠技术型路线和管理型路线进行创业的。他们为网上练摊开店的卖家提供服务,包括店铺装修、模板设计,而最多的是图片处理等。还有8%的同学是走管理路线,他们选择淘宝成为商盟盟主、论坛版主,进入到管理层次,为经营积累更多的经验,体验更高层次的创业。有的大学生创造了新的销售方式,更多的大学生对笔者强调了一个概念:整合。他们中不可能所有的人都走技术型路线,但是他们通过所学知识,利用已有资源,将不同的知识和资源进行整合,同样可以赚取第一桶金,完成原始创业。

（3）探索合作新渠道、销售新模式。

大学生自身的特点导致创业基础薄弱,资金来源紧张,很多人探索了新的合作渠道,采取了简单的股份制、代理制等,而且这些代理基本不用付钱。通过同厂家直接合作,通过利用其他风险资金,合作销售,实体与虚拟网络相结合,利用校园创业团队扩大宣传力度等,这些都在一定程度上进行了创新,在一定程度上弥补了大学生固有的缺陷。

（4）服务与信用意识浓厚。

采访中,许多大学生对笔者提到了两个问题:信用与服务。他们很多人参与电子商务时间并不长,但是很快就领略到了电子商务的真谛:信用与服务。这真是难得。每一个机会,每一次经营,都体现了信用和诚信,这些为将来缔造更好的电子商务环境、营造更好的商业氛围奠定了基础。

（5）具有超强的拼搏精神和进取心,责任意识比较强。

据调查统计,大学生是最具有发展潜力的群体。从这次调查中发现,大学生的拼搏精神和进取心是非常值得欣赏与提倡的,对于自己经营的事业的专注力、责任心以及他们的拼搏精神,让人敬佩。

(6)浮躁过后显理性。

访问调查中,大学生的创业有浮躁的一面,但更多的是呈现理性化的一面。复旦大学经营手机刷机的学生,从以前经营目标做大、做强转向了做精、做专,就是一个非常好的证明,他已经意识到了专业化的重要性,而不是规模大。同样,海南大学经营手机的同学也不再扩大代理规模,而是转向新的经营方式。还有宁夏大学的学生,在创业管理步入困境后,意识到了经营中管理的重要性,转而寻找规划;湖北一个大学生在笔者的指导下选择做规划,寻找强大的货源,也是理性的最好证明。大概有80%以上的学生,最后都在创业实践中变得理性,这是非常好的。即使他们创业失败,这些经验也可以为他们将来的发展提供帮助。

(7)学业回归现象。

调查中发现了一些新的趋向。有的大学生在网上创业的激情过去后意识到了创业的艰难。比如有的学生,创业最初的赚取人生第一桶金的梦想在现实中被打破了,几个月下来,赚取的利润相当少,有的甚至是赔本,在寻找原因未果的情况下,在经过认真分析后,意识到了学业的重要性,转而回归到以学业为重点,这是个非常好的现象。创业在一定程度上给了他们激励,创业很大程度上使他们意识到了知识的重要性,强化他们学习的积极性、主动性;而且即使是创业比较好的同学,他们也一再强调了知识的重要性,虽然有的学生为了创业不断休学,但是他们并没有中断学习,相反在不断地学习新知识,学习的积极性和目的性都得到了强化。这对于学校而言,也是非常好的。

大学生创业是对学业的促进和辅助

很多人怀疑大学生创业会耽误学习,那么我们来看看具体情况如何。

在调查中我们发现,这些选择创业的学生,基本上都是学校的精英:95%的学生品学兼优;98%以上的学生担任过班级以及学生社团的干部,有的甚至是学生社团的主力;80%以上的学生从事过家教、推销以及其他社会兼职工作。高等教育的本质是为了更好地培养学生的思维方式,提高学生的能力。我们可以发现,网上创业的大学生基本是学校的精英分子,他们将可能成为我国大学生的领军者。

无论大学生创业最后结果如何,对于创业的大学生都有着很大好处。

（1）创业可以激励学生。

创业过程是兢兢业业、励精图治的过程,创业者往往要面临许多困难和挫折,历经千辛万苦才能取得胜利。因此,创业过程是一个人意志锤炼的过程,它会使人更加成熟、更加精干;创业的过程也是大学生学习提高的过程、锻炼摸索的过程、自身发展的过程。创业成功,就可以实现回报社会、为国家作贡献的崇高理想,同时个人也可以获得回报。100%的大学生承认他们在创业中学到了书本中学不到的东西,而且很大程度上激发了他们继续学习的浓厚兴趣。

（2）大学生创业能够激发自己的创新精神。

大学生创业者是企业创业的中坚力量,大学生成为创业者或者转变为创业管理者后,大学生既是公司技术创新的直接运作者,又是技术创新的激励者、协调者和组织管理者。

（3）大学生创业可以促进经济的发展。

创业是美国经济增长的秘密武器,当今美国 95% 的财富是由 1980 年以后出生的美国人创造的。我国中小企业工业总产值和实现利税也分别占全国总数的 60% 和 40% ,中小企业是保持国民经济快速增长的重要力量,在进出口贸易、抵御经济波动、保持市场活力、技术创新等方面发挥着积极作用。

对于高校的建议

（1）增加创业方面的课程与培训,深化大学生对创业的认识. 对于大学生创业意识和能力的培养,不再局限于目前肤浅的认识。

（2）培养大学生创业意识,提高创业能力。大学生创业将逐渐增加,虽然目前并不是学生就业的主流,也不可能完全替代就业。但大学生创业的趋势将越来越明显,创业的人员将不断增加,创业的层次也将不断深入下去,将有更多的就业者进入创业大军,社会对创业的宽容与接受将促使大学生进一步创业。

（3）鼓励有特长的学生创业,在创业方面给予指导与建议。华东师范大学已经允许学生先创业,再毕业。虽然不一定所有的学校都提倡与效仿这一做法,但是鼓励那些有特长的、具有强烈创业意识和能力的人去创业,并不是一件坏事。

（4）形成良好的创业环境,形成尊重创业、学习知识后创业的氛围。在校园内,形成良好的创业氛围,体验创业,从失败中汲取经验,从成功中获得喜悦,强化学习知识的意识,将成为学生实践创业的最好动力。

（5）建议成立各种形式的创业基地。网络作为一种新型的创业平台,对未来大学生创业有很强的指导和实践意义。在学校成立一些创业基地,培养学生创业,为大学生创业提供更好的平台,便于为高校管理工作积累经验。

附录 B

让平凡人做不平凡的事①

这本书里写的都是平凡人。

用平凡心做平凡事,做出不平凡成就的平凡人。

比如韩洪英,曾经的功勋警察,开始只是希望在淘宝上倾销 3 万库存,现在每年销售的内衣超过 200 万,成为淘宝内衣女王。

比如下岗老板施玉叶,把自己淘宝小店"叶子的小屋"做成中国最大的雅芳销售商、批发商,年销售额超过 800 万。

比如山东农村高中辍学女孩孙颖,独辟蹊径,靠给其他卖家供应包裹箱、快递箱成为十大网商,现在不但快递公司甚至很多地方的邮局都从她这批发纸箱。

……

这些人让我非常敬佩,这些事让我非常感慨。也许没有电子商务,他们依然在自己原来的位置谋生,甚至挣扎;也许没有电子商务,他们仍然不知改变命运的路在何方。

就像 2006 年十大网商孙颖在获奖时的激动万分:我感觉我现在像在做梦,大家能不能把我叫醒。

让我欣喜的是,这些平凡人忙在淘宝网上,这些平凡事发生在淘宝网上,这些非凡成就也发生在淘宝网上;而我恰好是淘宝的一员。

我欣喜自己 2005 年 10 月的那个决定。当时,我在北京宣布:淘宝继续免费 3 年。当时马云给我的唯一硬指标就是到 2009 年时培养 100 万个钻石卖家,给社会创造 100 万个就业机会。

当初是这样订下这个目标的。2005 年的时候,我们细致调查过,一个钻石级卖家,一个月的纯利润大概是 3 000 多元,到 2009 年,纯利润大概是 5 000 多元,相当于一个人的

---

① 本文系孙彤宇先生为笔者《追梦》一书作的第一次序言。孙彤宇,淘宝网的创始人,花名"财神"。

月薪。因此,淘宝培养出一个钻石卖家,就相当于解决了一个人的就业问题,不管你是自己创业还是雇佣别人。如果淘宝能培养 100 万个钻石卖家,也就相当于为这个社会创造了 100 万个就业岗位。

目前来看,在完成这个目标的道路上,我们走得比预期的顺利。刚刚统计出来的数据显示,2006 年,淘宝的成交额超过 169 个亿,比 2005 年整个中国网购市场的容量还多;而在 2005 年,淘宝的交易量只有 80 个亿多一点;在 3 年半前,淘宝刚刚诞生,没人看好。

能取得如此持续、飞速的发展,不是因为我们有多少优秀的人才,而是因为我们有许多像韩洪英、施玉叶、孙颖这样的网商。他们大部分并没有高深的学识,没有显赫的学历,更没有雄厚的资本——他们是这个社会最普通的一群人;但他们扎实经营,诚恳服务,一起搭起了一个全新的平台,让自己尽情跳舞的平台,邀大家一起跳舞的平台。

卖纸箱的孙颖后来告诉我:"在我们那里想要找一份超过 600 元的工作是一件非常困难的事。我却坚信不疑地告诉家人,如果他们跟我一起到淘宝上开店,他们将会和我一同分享我在淘宝上获得的金钱和荣誉。"

现在她不但自己在淘宝上开了店,而且带动了她周围的亲戚朋友、邻里乡亲都在淘宝上开了店,走上了致富路。

一个不平凡的孙颖带动一帮不平凡的"孙颖"的例子还很多。因为所有淘宝人都在别人的帮助中牢记——淘宝是大家的淘宝,我为人人,人人为我。大家一起创造的淘宝给了我舞台,我如果在淘宝上淘到了自己的梦想,我就应该让我周围的人一起来淘他们的梦想。

当然,这个生机勃勃的平台,现在还略显粗糙,它是一个正在成型的梦想。正如同淘宝上叫"三创农民"的卖家说的:"我坚信,我们要去的地方,不是我们要找的地方,而是我们要创造的地方。"

孙彤宇

2007 年 2 月 5 日

后　记

忘我才能实现自我

江苏大学出版社徐编辑要我写个后记,我却不知从何写起。

三年前,我的职业生涯处于低谷,非常痛苦;更苦于体会到学生就业的压力,却找不到帮助他们的办法。在非常痛苦中,我偶然接触了网络,却没想到人生有了新的开始。

进入淘宝的目的极其简单:只为购物。突然发现网络特别神奇,上面有很多我们不曾听过、见过的东西。买得多了,想到自己是不是可以卖卖东西,于是工作之余开了个淘宝小店。店开起来了,却苦于找不到货源,到处打游击。在那些期待的日子里,我突然想是不是可以写些什么?于是开始写,也不知道到底写了什么,写了多少,今天翻起长长的《淘宝创业与经营规划》涂鸦之作还能回忆起当时的情景,记忆深刻的是一篇《在淘宝创业需要的八种能力》曾经拥有几万的浏览量,更让我感慨的是偶然搜索后居然发现好多人在网上发表新的文章而假冒是我的原创文章,可笑却无奈。

应该感谢网络,感谢淘宝,在我人生事业的最低谷使我摆脱痛苦、忘却痛苦,在网络这个平台与空间中找到了一个新的自己。

自从 2005 年 12 月进入"菲报道",我想我终于找到了归属。但"菲报道"很快停办,我刚刚找到的希望又破灭了。2006 年 6 月,我正式进入了"淘宝日报",本来要主持"掌柜秘籍",结果"淘宝英雄传"的主编无故缺席,在"寒之涵"的提携下我开始负责管理"淘宝英雄传"这个栏目。当时的"淘宝英雄传"得到了淘宝的大力支持,第一次报道时我压力很大,充满了悲壮感。

在"菲报道"时,我认识了一位减肥明星。她减肥成功后开始销售"自然美人"化妆品,极力推崇他们的老大,即"自然美人"的老板杨凯。我萌生了以杨凯为"淘宝英雄传"开篇的念头,因为在"菲报道"未解散前就和杨凯聊过,断断续续了解过一些情况。访问在正式与半正式中进行了。接下来,我这个论坛记者(被有些人称为小报记者),推出了第一篇报道,那也是"淘宝日报"历史上最辉煌的一次。报道一出,引起了广泛的争议,甚至有人举报,所以原定每期都在淘宝首页推荐的栏目改为论坛首页推荐。今天论坛首页推荐的广告位大概也要花十几万元才能买到。一年后我重新访问了"自然美人",结果引起同样的轰动,其中很大程度是因为"自然美人"是淘宝第一个广告大客户。有人说我要毁掉淘宝,杨凯说:"如果你能毁掉淘宝,那么你至少有10个亿的价值,以后我跟你混。"人生能有这样的经历,何其荣幸!

无论如何,报道算是成功了。我带来两个方面的收获:一方面,我站稳了"淘宝英雄传"主编的位置;另一方面,开始认识让我受益良多的朋友的旅程。我非常敬业,这个敬业很大程度上是受到创业者的感染和激励,他们忘我的精神、忘我的工作状态让我不得不忘我地追随。在忘我的追随中,我不断地进步。感谢我的先生,他几乎是忘我地支持我,在我失望的时候,鼓励我;在我失意迷茫时,如明灯般照亮我内心的渴望;在我取得一点点成绩的时候,他从来不忘鞭策我,告诉我人生应该进取,不要为一点成绩而沾沾自喜。还要感谢我的家人,没有他们的照顾,绝对没有我的投入、我的坚持。

我第一本书的名字"追梦"是我坐公交车的偶得,得到杨凯的大力赞扬与支持,于是它正式成为书的名字。这本书真正激发了我内心的梦想。应该感谢淘宝的创始人、淘宝当时的总裁孙彤宇先生。他为此书两次写序,只因为第一次我说:"这个序似乎太简单了,也不够流畅。"当2007年5月收到"财神"孙彤宇的新序时,我几多感慨、几多激动。淘宝拥有如此敬业的总裁,怎能不崛起!为了不让"财神"的序言永远停留在我的电脑中,我将他作的第一次序言在本书中以附录形式呈现,作为永久的纪念与回忆,也希望读者能理解和一睹"财神"的风采。

三年的时间并不短暂。我时常有个困惑:我到底在做什么?大学老师是不是不适合做网络记者和网商?听起来是不是很奇怪,很玄乎?很长时间我都没有暴露自己的真实身份。第一本书出版后,也没有多少人知道我的身份是大学教师,直到2008年4月《网海淘金》出版,在清华大学出版社的鼎力打造与推广之下,很多人才知道我的身份。直到今天,我仍然有疑问:教育怎么样才能将理论与实践相结合?

此书奉献给那些所有的忘我工作的人们、忘我努力的人们、忘我追寻梦想的人们,期望有一天,所有的自我能在忘我的状态中实现,梦想成真。

最后感谢江苏大学工商管理学院梅强院长,感谢他在百忙之中给予我的鼓励与支持,没有他的鼓励与支持,没有他无形的鞭策与督促,就没有本书的最后出版;感谢周绿林书记,感谢他对我的帮助和指导;感谢毛翠云老师,她一直与我共同收集整理资料,她对生活的热爱,她的奉献精神,都是值得我们学习的。

胡桂兰

2008 年 7 月 17 日